未名译库·当代西方学术前沿丛书　曾军 主编

赛博文化的
关键概念

Key Concepts of
CYBER
Culture

编者：[英]大卫·贝尔（David Bell）
　　　[英]布莱恩·D.罗德尔（Brian D. Loader）
　　　[英]尼古拉斯·普利斯（Nicholas Pleace）
　　　[美]道格拉斯·舒勒（Douglas Schuler）
译者：郝靓

北京大学出版社
PEKING UNIVERSITY PRESS

著作权合同登记号　图字：01-2019-0424

图书在版编目(CIP)数据

赛博文化的关键概念 /（英）大卫·贝尔(David Bell)等编；郝靓译. —北京：北京大学出版社，2020.5
（未名译库. 当代西方学术前沿丛书）
ISBN 978-7-301-31317-6

Ⅰ.①赛… Ⅱ.①大…②郝… Ⅲ.①网络文化-研究 Ⅳ.① G112

中国版本图书馆 CIP 数据核字 (2020) 第 054871 号

Cyberculture: The Key Concepts
© 2004 David Bell, Brian D. Loader, Nicholas Pleace and Douglas Schuler
All Rights Reserved. Authorized translation from the English language edition published by Routledge Press, a member of the Taylor & Francis Group

书　　　名	赛博文化的关键概念 SAIBO WENHUA DE GUANJIAN GAINIAN
著作责任者	［英］大卫·贝尔（David Bell） ［英］布莱恩·D. 罗德尔（Brian D. Loader） ［英］尼古拉斯·普利斯（Nicholas Pleace） ［美］道格拉斯·舒勒（Douglas Schuler）
责任编辑	刘　爽
标准书号	ISBN 978-7-301-31317-6
出版发行	北京大学出版社
地　　　址	北京市海淀区成府路 205 号　100871
网　　　址	http://www.pup.cn　新浪微博：@北京大学出版社
电子信箱	nkliushuang@hotmail.com
电　　　话	邮购部 010-62752015　发行部 010-62750672 编辑部 010-62759634
印　刷　者	三河市博文印刷有限公司
经　销　者	新华书店 650 毫米 ×980 毫米　16 开本　18.5 印张　280 千字 2020 年 5 月第 1 版　2020 年 5 月第 1 次印刷
定　　　价	65.00 元

未经许可，不得以任何方式复制或抄袭本书之部分或全部内容。
版权所有，侵权必究
举报电话：010-62752024　电子信箱：fd@pup.pku.edu.cn
图书如有印装质量问题，请与出版部联系，电话：010-62756370

赛博文化

在这个日新月异的世界中,赛博文化的重要性与日俱增。作为一份无所不包的赛博文化指南,本书旨在对这一概念做出最新概述。本书以清晰易懂的条目涵盖从技术到理论、从电影到日常等各个方面,具体包括:

- 人工智能(Artificial intelligence)
- 赛博女性主义(Cyberfeminism)
- 赛博朋克(Cyberpunk)
- 电子政务(Electronic government)
- 游戏(Games)
- 黑客行动主义者(Hacktivists)
- 超文本标记语言(HTML)
- 《黑客帝国》(*The Matrix*)
- 网络礼仪(Netiquette)
- 盗版(Piracy)

本书着力实现概念与概念之间的相互交融和引用,并在力求通俗易懂的同时给予读者关于深度阅读的建议。因此,对于任何对赛博文化感兴趣的人而言,这本书都将是一份不可或缺的重要资料。

作者简介

大卫·贝尔（David Bell），英国斯塔福德郡大学（Staffordshire University）文化研究教授。

布莱恩·D. 罗德尔（Brian D. Loader），英国蒂赛得大学（University of Teesside）社区信息学研究与应用系主任、国际期刊《信息、通信与社会》（*Information, Communication & Society*）编辑。

尼古拉斯·普利斯（Nicholas Pleace），英国约克大学（University of York）高级研究员。

道格拉斯·舒勒（Douglas Schuler），任教于美国常青州立大学（Evergreen State College），兼西雅图社区网络（Seattle Community Network）联合创始人。

您可能会对以下参考书目感兴趣

安德鲁·埃德加（Andrew Edgar）、彼得·赛奇维克（Peter Sedgwick）编：《文化理论：关键概念》（Cultural Theory: The Key Concepts）

安德鲁·埃德加（Andrew Edgar）、彼得·赛奇维克（Peter Sedgwick）：《文化理论：关键思想家》（Cultural Theory: The Key Thinkers）

约翰·哈特利（John Hartley）：《传播、文化和媒体研究：关键概念》（第三版）（Communication, Cultural and Media Studies: The Key Concepts (3rd edition)）

约翰·莱希特（John Lechte）：《五十个当代重要思想家》（Fifty Key Contemporary Thinkers）

杰森·惠特克（Jason Whittaker）：《互联网：基础概念》（Internet: The Basics）

萨拉·甘布尔（Sarah Gamble）编：《女性主义与后女性主义指南》（The Routledge Companion to Feminism and Postfeminism）

斯图尔特·锡姆（Stuart Sim）编：《后现代主义指南》（The Routledge Companion to Postmodernism）

罗伊·舒克（Roy Shuker）：《流行音乐：关键概念》（Popular Music: The Key Concepts）

比尔·阿什克罗夫特（Bill Ashcroft）、加雷斯·格里菲斯（Gareth Griffths）、海伦·蒂芬（Helen Tiffin）：《后殖民研究：关键概念》（Post-Colonial Studies: The Key Concepts）

丹尼尔·钱德勒（Daniel Chandler）：《符号学：基础概念》

(*Semiotics: The Basics*)

尼尔·凯西（Neil Casey）、博纳黛特·凯西（Bernadette Casey）、贾斯汀·刘易斯（Justin Lewis）、本·卡尔夫特（Ben Calvert）和利亚姆·弗朗斯（Liam French）：《电视研究：关键概念》（*Television Studies: The Key Concepts*）

目 录

引　言 ·· 1
概念清单 ······································ 1
关键概念 ······································ 1
　缩写 ·· 1
　访问 ·· 1
　可访问性 ······································ 2
　广告克星 ······································ 2
　代理人程序 ···································· 3
　《人工智能》 ·································· 4
　人工生命 ······································ 5
　日本动画 ······································ 6
　小应用程序 ···································· 6
　人工智能 ······································ 6
　异步通信 ······································ 8
　化身 ·· 8
　带宽 ·· 8
　大天空电报 ···································· 9
　《银翼杀手》 ·································· 9
　博客写作 ······································ 11
　蓝牙 ·· 11
　身体 ·· 12
　机器人 ·· 14
　宽带 ·· 14

2 赛博文化的关键概念

- 浏览器 …………………………………………14
- 故障 ……………………………………………14
- 电子布告栏系统 ………………………………15
- "食肉动物"系统 ……………………………15
- 国家互联网应急协调中心 ……………………16
- 通道 ……………………………………………16
- 聊天室 …………………………………………16
- 聊天盒子 ………………………………………17
- 克利夫兰免费网 ………………………………17
- 加密芯片 ………………………………………18
- 《通信规范法》 ………………………………18
- 社区 ……………………………………………19
- 社区信息学 ……………………………………19
- 社区记忆 ………………………………………21
- 社区网络 ………………………………………22
- 社区技术中心 …………………………………22
- 计算机 …………………………………………24
- 计算机会议 ……………………………………30
- 计算机成像 ……………………………………30
- 计算机中介通信 ………………………………31
- 计算机中介社会支持 …………………………35
- 计算机社会责任专家联盟 ……………………35
- 计算机支持的社区工作 ………………………36
- 计算机支持的协同工作 ………………………36
- 连通性 …………………………………………36
- 控制台 …………………………………………37
- 聚合 ……………………………………………37
- 小甜饼 …………………………………………37

著佐权	38
企业主导	39
肉体	40
异装行为	40
交叉所有权	40
密码学	40
社区技术中心网络	40
线索过滤	40
文化帝国主义	43
文化恶搞	44
网吧	46
网络犯罪	46
赛博女性主义	48
赛博组织	50
电子宠物	50
赛博朋克	52
赛博空间	56
赛博格	58
数据库	63
高精度电视	64
"拒绝服务"攻击或分布式"拒绝服务"攻击	64
数字文人	65
数字艺术	65
数字城市	67
数字公地	68
数字鸿沟	68
数字图书馆	70
数字签名	71

数字电视 …………………………………………… 71

数字村 ……………………………………………… 72

残疾／残疾人 ……………………………………… 73

虚假信息 …………………………………………… 73

远程教育 …………………………………………… 74

域名 ………………………………………………… 75

G8 数字机遇任务组 ………………………………… 76

互联网公司 ………………………………………… 76

下载 ………………………………………………… 76

动态超文本标记语言 ……………………………… 77

电子商务公司 ……………………………………… 77

电商 ………………………………………………… 77

电子论坛 …………………………………………… 80

公共服务电子化 …………………………………… 80

电子村落会所 ……………………………………… 80

电邮 ………………………………………………… 82

表情符号 …………………………………………… 83

加密 ………………………………………………… 83

专家系统 …………………………………………… 83

面对面 ……………………………………………… 84

常见问题列表 ……………………………………… 85

联邦通信委员会 …………………………………… 85

女性主义 …………………………………………… 86

文件传送协议 ……………………………………… 86

网络论战 …………………………………………… 87

自由软件 …………………………………………… 87

免费网 ……………………………………………… 88

免费软件 …………………………………………… 88

模糊逻辑	90
G3	90
掌上游戏机	91
游戏玩家	91
游戏	91
极客	101
性别	101
威廉·吉布森	105
全球信息基础设施委员会	105
全球化	106
革奴项目	109
图形用户界面	109
黑客	109
黑客攻击	110
黑客行动主义者	110
万圣节文件	110
健康	111
高清电视	111
隐蔽青年	111
点击	111
主页	112
超文本标记语言	113
超文本传输协议	115
人/机界面	115
超级临时工雇佣制度	115
"我找你"软件	117
身份	117
信息	119

信息通信技术 …………………………………… 121
信息社会 ………………………………………… 121
信息高速公路 …………………………………… 126
信息技术 ………………………………………… 126
信息战 …………………………………………… 126
即时通讯 ………………………………………… 127
交互式电视 ……………………………………… 127
界面 ……………………………………………… 127
互联网 …………………………………………… 130
网上银行 ………………………………………… 132
网咖 ……………………………………………… 132
互联网中继聊天 ………………………………… 133
Internet2® ……………………………………… 135
"在真实生活中" ………………………………… 135
互联网服务供应商 ……………………………… 136
嵌入 ……………………………………………… 136
Java 语言 ………………………………………… 137
JavaScript 语言 ………………………………… 138
《捍卫机密》 …………………………………… 138
杀手级应用 ……………………………………… 139
知识社会 ………………………………………… 140
劳拉·克劳馥 …………………………………… 140
LINUX 操作系统 ………………………………… 141
列表服务 ………………………………………… 141
潜水 ……………………………………………… 141
日本漫画 ………………………………………… 142
多对多通信 ……………………………………… 143
《超级马里奥》 ………………………………… 143

《黑客帝国》 …… 143
存储器 …… 144
面向对象的多用户域 …… 146
莫塞克浏览器 …… 146
mp3 …… 146
多用户域 …… 147
多媒体 …… 148
城市信息基础设施 …… 148
国家信息基础设施 …… 148
国家公共远程计算网络 …… 149
书呆子 …… 149
《网络惊魂》 …… 150
网络礼仪 …… 151
网民 …… 151
网络战 …… 152
网络组织 …… 152
网络社会 …… 154
《神经漫游者》 …… 154
新文化政治 …… 155
网络新手 …… 156
新闻组 …… 156
昵称 …… 156
电子特使办公室 …… 157
"随需应变" …… 157
在线 …… 158
开源 …… 158
操作系统 …… 159
御宅族 …… 159

数据包嗅探 …………………………………… 160
飞客 ………………………………………… 161
盗版 ………………………………………… 161
平台 ………………………………………… 163
《口袋妖怪》 ………………………………… 163
门户网站 …………………………………… 163
隐私 ………………………………………… 163
义肢 ………………………………………… 164
公共访问 …………………………………… 165
公共广播 …………………………………… 165
公共电子网络 ……………………………… 167
公共政策网络 ……………………………… 167
公共领域 …………………………………… 168
"道路战士" ………………………………… 169
机器人 ……………………………………… 169
机器人排除标准 …………………………… 171
搜索引擎 …………………………………… 171
自助 ………………………………………… 172
符号学 ……………………………………… 172
服务器 ……………………………………… 173
性别歧视 …………………………………… 173
硅谷 ………………………………………… 173
拟像 ………………………………………… 173
微笑图示 …………………………………… 175
短信服务 …………………………………… 176
社会资本 …………………………………… 176
社会信息学 ………………………………… 176
科学社会形塑 ……………………………… 177

软件代理人程序 ……………………………… 178
垃圾邮件 ……………………………………… 178
蜘蛛程序 ……………………………………… 179
尼尔·斯蒂芬森 ……………………………… 179
《21世纪的前一天》 ………………………… 179
亚文化 ………………………………………… 180
网上冲浪 ……………………………………… 182
传输控制协议/网际网络协议 ……………… 182
技术决定论 …………………………………… 183
电信银行业务 ………………………………… 183
电信中心 ……………………………………… 183
电话会议 ……………………………………… 183
电信技术 ……………………………………… 184
网真技术 ……………………………………… 184
电话购物 ……………………………………… 184
短信 …………………………………………… 184
《全面回忆》 ………………………………… 184
跨国倡议网络 ………………………………… 185
特洛伊木马病毒 ……………………………… 186
网络白目 ……………………………………… 186
《2001太空漫游》 …………………………… 187
通用存取 ……………………………………… 188
UNIX系统 ……………………………………… 188
统一资源定位符 ……………………………… 189
易用性 ………………………………………… 189
世界性新闻组网络 …………………………… 191
增值网络 ……………………………………… 194
Vchat聊天 …………………………………… 194

V芯片 …… 194
视频游戏 …… 194
虚拟聊天室 …… 195
虚拟社区 …… 195
虚拟组织 …… 195
虚拟现实技术 …… 195
虚拟实境标记语言 …… 196
虚拟社会支持 …… 196
病毒 …… 200
可视人项目 …… 204
语音邮件 …… 206
件 …… 206
破解软件 …… 207
网页 …… 207
网页浏览器 …… 207
网络摄像机 …… 207
网站管理员 …… 208
维基百科 …… 208
《连线》 …… 208
无线 …… 209
无线应用协议 …… 210
万维网 …… 211
蠕虫 …… 213

概念清单（补充词汇）…… **214**

关键概念（补充词汇）…… **215**

　　苹果 …… 215
　　比特币 …… 216
　　黑网 …… 217

暴雪娱乐公司 ……………………………… 217
区块链 ……………………………………… 218
云计算 ……………………………………… 219
暗网 ………………………………………… 220
深网 ………………………………………… 222
数字土著 …………………………………… 223
次元 ………………………………………… 224
脸书网站 …………………………………… 224
《攻壳机动队》 …………………………… 225
谷歌 ………………………………………… 226
知识快消 …………………………………… 227
网络流量 …………………………………… 228
虚拟私人网络 ……………………………… 228
微信 ………………………………………… 229
无线热点 …………………………………… 231
YouTube 网站 ……………………………… 232

BIBLIOGRAPHY ……………………………… 234
译后记 ………………………………………… 254

引　言

　　面对飞速发展的互联网和万维网，不少人正在寻找与之相关的术语、概念和研究成果。本书旨在为这类群体提供一份信息全且易上手的指南。在诸多新形式媒介的性质发生潜在转变的过程中，对于"赛博文化"这一问题的兴趣爆点在全世界范围内已经出现并将持续下去。数字技术、计算机和电话三者的融合预示着从"广播媒体"单一媒介形态向多个生产商、消费者和分销商三位一体新媒介形态的转变已经发生，这一新特色将重新配置传统意义上的通信边界。新型"虚拟社区"的出现提供了新的人际交往形式，该形式反过来又促成了新的文化话语的出现，而这一话语会引导、宣扬和深化人们对新型人际交往形式的理解。作为获取关于"我们之于世界"这一问题的新见解、新表现和新交流的途径之一，这些新兴赛博文化所产生的影响才刚刚开始进入人们的视野。

　　我们认为"赛博文化"这一话语不仅存在争议，而且处在不断的演变过程中。该主题下的讨论者包括社会运动参与者、政客、计算机爱好者、社会科学家、科幻小说作家和数字艺术家等诸多群体，他们无不创造着新概念和新想法。很多由他们所开发的术语、概念以及本书涉及的其他内容正在逐渐变得司空见惯。其中有些概念可能只是暂时的，有些则正被收录进官方词汇表。然而，赛博文化所具有的创造力和"共同发展"这一大背景下令人激动的机遇共享只有在参与者数量不断增加且做出贡献时才能实现。

　　本书旨在为"互联网""数字电视"以及与其他新兴信息和

通信技术等新媒体相关的主要术语和概念提供一份结构化的全面指南。本书所选取条目的覆盖范围较广，从以陈述事实为主的短篇到解读历史或围绕特定概念开展议论的长篇，无所不包。此外，各个条目在通常情况下还会包含该概念与其他概念之间的联系，这将有助于读者对赛博文化领域拥有更全面的理解。

　　本书的写作目的并不在于为读者提供一份能够穷尽赛博文化的完整、详尽的清单。恰恰相反，正如所有为了给出一份全面的参考资料所进行的尝试一样，本书将以作者所选择的词条作为基础内容。如果某一个词条获得了读者的广泛认可，我们将会对它进行增补和修订。此外，各个词条都应被视为一种阐释而非一种字典定义。我们的目的在于抛砖引玉，以刺激广大群体对之进行更为深入的思考和探索。为此，我们还给每一个概念都增加了一个深度阅读指南和一份内容回溯。如果这本小册子能够帮助更多人洞察新媒体对其生活产生的影响并由此展开一系列讨论，甚至促使他们迈入这个令人着迷的全新领域，那我们将会感到莫大的欣慰。

大卫·贝尔

布莱恩·D. 罗德尔

尼古拉斯·普利斯

道格拉斯·舒勒

2004年1月记

概念清单

Abbreviation 缩写

Access 访问

Accessibility 可访问性（见 Usability 易用性）

Adbusters 广告克星（见 Culture jamming 文化恶搞）

Agent 代理人程序

A.I. (movie)《人工智能》（电影）

A-Life（Artificial Life）人工生命

Anime 日本动画（见 Manga 日本漫画）

Applets 小应用程序（见 Java Java 语言）

Artificial intelligence（AI）人工智能

Asynchronous communication 异步通信（见 Internet 互联网）

Avatar 化身

Bandwidth 带宽

Big Sky Telegraph（BST）大天空电报

Blade Runner（movie）《银翼杀手》（电影）

Blogging 博客写作

Bluetooth 蓝牙（见 Wireless 无线）

Body 身体

Bot 机器人（见 Robot 机器人）

Broadband 宽带（见 Bandwidth 带宽）

Browser 浏览器（见 World Wide Web 万维网）

Bug 故障

Bulletin Board System（BBS）电子布告栏系统

Carnivore "食肉动物"系统
Cert Coordination Center 国家互联网应急协调中心
Channel 通道（见 World Wide Web 万维网）
Chat room 聊天室
Chatterbox 聊天盒子
Cleveland Free-Net（CFN）克利夫兰免费网
Clipper chip 加密芯片（见 Encryption 加密）
Communications Decency Act（CDA）《通信规范法》
Community 社区
Community informatics（CI）社区信息学
Community memory 社区记忆
Community networks 社区网络
Community technology centers 社区技术中心
Computer 计算机
Computer conferencing 计算机会议（见 Email 电邮）
Computer-Generated Imagery（CGI）计算机成像
Computer Mediated Communication（CMC）计算机中介通信
Computer Mediated Social Support 计算机中介社会支持（见 Virtual social support 虚拟社会支持）
Computer Professionals for Social Responsibility（CPSR）计算机社会责任专家联盟
Computer Supported Community Work 计算机支持的社区工作
Computer Supported Cooperative Work（CSCW）计算机支持的协同工作
Connectivity 连通性（见 Access 访问）
Console 控制台（见 Games 游戏）
Convergence 聚合
Cookie 小甜饼

Copyleft 著佐权
Corporate dominance 企业主导
Corporeality 肉体（见 Body 身体）
Cross-dressing 异装行为（见 Cyberfeminism 赛博女性主义）
Cross-ownership 交叉所有权
Cryptography 密码学（见 Encryption 加密）
CTCNET 社区技术中心网络（见 Community technology centers 社区技术中心）
Cues filtered out 线索过滤
Cultural imperialism 文化帝国主义
Culture jamming 文化恶搞
Cybercafés 网吧（见 Internet café 网咖）
Cybercrime 网络犯罪
Cyberfeminism 赛博女性主义
Cyberorganizing 赛博组织
Cyberpet 电子宠物
Cyberpunk 赛博朋克
Cyberspace 赛博空间
Cyborg 赛博格
Database 数据库
Definition television 高精度电视（见 Digital television 数字电视）
Denial of Service (DOS) or Distributed Denial of Service (DDOS) "拒绝服务"攻击或分布式"拒绝服务"攻击
Digerati 数字文人
Digital art 数字艺术
Digital city 数字城市
Digital commons 数字公地
Digital divide 数字鸿沟

Digital library 数字图书馆

Digital signature 数字签名

Digital television 数字电视

Digital village 数字村（见 Community informatics 社区信息学）

Disability/Disabled people 残疾/残疾人（见 Usability 易用性）

Disinformation 虚假信息

Distance education 远程教育

Domain name 域名

Dot Force G8 数字机遇任务组（见 Digital divide 数字鸿沟）

Dot.com 互联网公司

Download 下载

Dynamic HTML 动态超文本标记语言（见 HTML 超文本标记语言）

e-Business 电子商务公司（见 e-Commerce 电商）

e-Commerce（electronic commerce）电商（电子商务）

Electronic forums 电子论坛（见 Virtual community 虚拟社区）

Electronic service delivery 公共服务电子化（见 e-Commerce 电商）

Electronic Village Hall（EVH）电子村落会所

Email（Electronic mail，e-mail）电邮

Emoticons 表情符号（见 Cues filtered out 线索过滤，Smileys 微笑图示）

Encryption 加密

Expert system 专家系统

F2F 面对面

FAQ（Frequently Asked Questions）常见问题列表

Federal Communications Commission（FCC）联邦通信委员会

Feminism 女性主义（见 Cyberfeminism 赛博女性主义）

File Transfer Protocol（FTP）文件传送协议

Flaming 网络论战

Free software 自由软件

Free-Net 免费网

Freeware 免费软件

Fuzzy logic 模糊逻辑

G3 G3

Gameboy 掌上游戏机

Gamer 游戏玩家

Games 游戏

Geek 极客

Gender 性别

Gibson, William 威廉·吉布森（见 Cyberpunk赛博朋克，*Johnny Mnemonic*《捍卫机密》，*Neuromancer*《神经漫游者》）

Global Information Infrastructure Commission（GIIC）全球信息基础设施委员会

Globalization 全球化

GNU Project 革奴项目

Graphical User Interface（GUI）图形用户界面（见 Interface 界面）

Hacker 黑客

Hacking 黑客攻击

Hactivist 黑客行动主义者

Halloween Documents 万圣节文件

Health 健康（见 Virtual social support虚拟社会支持）

High Definition Television 高清电视（见 Digital television数字电视）

Hikikomori 隐蔽青年

Hits 点击

Homepage 主页

HTML（Hypertext Markup Language）超文本标记语言

HTTP（Hypertext Transfer Protocol）超文本传输协议

Human/computer interface 人/机界面（见 Interface 界面）

Hypercasualization 超级临时工雇佣制度

ICQ（I Seek You）"我找你"软件

Identity 身份

Information 信息

Information and communications technology（ICT）信息通信技术

Information society 信息社会

Information superhighway 信息高速公路（见 Digital divide 数字鸿沟）

Information technology 信息技术（见 Information and communications technology信息通信技术）

Information warfare 信息战

Instant messaging（IM）即时通讯

Interactive television 交互式电视（见 Digital television 数字电视）

Interface 界面

Internet 互联网

Internet banking 网上银行（见 e-Commerce 电商）

Internet café 网咖

Internet Relay Chat（IRC）互联网中继聊天

Internet 2® Internet 2®

IRL（In Real Life）"在真实生活中"

ISP（Internet Service Provider）互联网服务供应商

Jacking in 嵌入

Java Java 语言

JavaScript JavaScript 语言
Johnny Mnemonic（movie）《捍卫机密》（电影）
Killer app 杀手级应用
Knowledge society 知识社会（见 Information society 信息社会）
Lara Croft 劳拉·克劳馥
LINUX LINUX 操作系统
Listserv 列表服务（见 Usenet 世界性新闻组网络）
Lurking 潜水
Manga 日本漫画
Many-to-many communication 多对多通信（见 Computer mediated communication 计算机中介通信）
"Mario"《超级马里奥》（见 Games 游戏）
The Matrix（movie）《黑客帝国》（电影）
Memory 存储器
MOO 面向对象的多用户域
Mosaic 莫塞克浏览器（见 World Wide Web 万维网）
mp3 mp3
MUD 多用户域
Multimedia 多媒体（见 Convergence 聚合）
Municipal Information Infrastructure（MII）城市信息基础设施
National information infrastructure 国家信息基础设施
National Public Telecomputing Network（NPTN）国家公共远程计算网络
Nerd 书呆子（见 Geek 极客）
The Net（movie）《网络惊魂》（电影）
Netiquette 网络礼仪
Netizen 网民
Netwar 网络战（见 Information warfare 信息战）

Network organizations 网络组织

Network society 网络社会（见 Information society 信息社会）

Neuromancer（book）《神经漫游者》（图书）

New cultural politics 新文化政治

Newbie 网络新手

Newsgroups 新闻组（见 Usenet 世界性新闻组网络）

Nick 昵称

Office of the e-Envoy 电子特使办公室

"On demand" "随需应变"

Online 在线

Open source 开源

Operating system 操作系统（见 Interface 界面）

Otaku 御宅族

Packet sniffing 数据包嗅探

Phreak 飞客

Piracy 盗版

Platform 平台

"Pokemon"《口袋妖怪》（见 Games 游戏）

Portal 门户网站

Privacy 隐私

Prosthetics 义肢

Public access 公共访问（见 Access 访问）

Public broadcasting 公共广播

Public Electronic Network（PEN）公共电子网络

Public policy networks 公共政策网络

Public sphere 公共领域

Road warriors "道路战士"

Robot（"Bot"）机器人

Robot exclusion standard 机器人排除标准

Search engine 搜索引擎

Self-help 自助（见 Virtual social support 虚拟社会支持）

Semiotics 符号学

Server 服务器（见 World Wide Web 万维网）

Sexism 性别歧视（见 Cyberfeminism 赛博女性主义，Games 游戏，Gender 性别）

Silicon Valley 硅谷

Simulation 拟像

Smileys 微笑图示

SMS （Short Message Service）短信服务

Social capital 社会资本

Social informatics 社会信息学

Social shaping of technology 科学社会形塑

Software agents 软件代理人程序（见 Agents 代理人程序）

Spam 垃圾邮件

Spider 蜘蛛程序（见 Robot 机器人）

Stephenson, Neal 尼尔·斯蒂芬森（见 Cyberpunk 赛博朋克）

Strange Days （movie）《21世纪的前一天》（电影）

Subcultures 亚文化

Surfing 网上冲浪

TCP/IP （Transmission Control Protocol/Internet Protocol）传输控制协议/网际网络协议

Technological determinism 技术决定论（见 Social shaping of technology 科学社会形塑）

Telebanking 电信银行业务

Telecenter 电信中心（见 Community technology centers 社区技术中心）

Teleconferencing 电话会议（见 network organizations 网络组织）

Telecottage 电信技术（见 Community technology centers 社区技术中心）

Telepresence 网真技术（见 Virtual communities 虚拟社区）

Teleshopping 电话购物（见 e-Commerce 电商）

Text messaging 短信

Total Recall (movie)《全面回忆》（电影）

Transnational advocacy networks 跨国倡议网络

Trojan 特洛伊木马病毒

Troll 网络白目

2001: A Space Odyssey（movie）《2001太空漫游》（电影）

Universal access 通用存取

UNIX UNIX 系统

URL（Uniform Resource Locator）统一资源定位符

Usability 易用性

Usenet 世界性新闻组网络

Value-added network 增值网络

Vchat Vchat 聊天（见 Internet Relay Chat 互联网中继聊天）

V-chip V芯片

Video games 视频游戏（见 Games 游戏）

Virtual chat room 虚拟聊天室（见 Chat room 聊天室）

Virtual community 虚拟社区

Virtual organization 虚拟组织（见 Network organizations 网络组织）

Virtual reality（VR）虚拟现实技术

Modelling Language（VRML）虚拟实境标记语言（见 Virtual reality 虚拟现实技术）

Virtual social support 虚拟社会支持

Virus 病毒
Visible Human Project（VHP）可视人项目
Voice mail 语音邮件
Ware 件
Warez 破解软件（见 Piracy 盗版）
Web 网页（见 World Wide Web 万维网）
Web browser 网页浏览器（见 World Wide Web 万维网）
Webcam 网络摄像机
Webmaster 网站管理员
Wiki 维基百科
Wired（magazine）《连线》（杂志）
Wireless 无线
Wireless Application Protocol（WAP）无线应用协议
World Wide Web（WWW, or just "The Web"）万维网
Worm 蠕虫

关键概念

缩写

缩写是多种形式的计算机中介通信和信息通信技术相关用途的一个中心特征，手机短信就是例证。使用缩写形式既有助于人们提高打字速度，又能够增加信息传递量（对于移动电话/手机的小屏幕而言，这是非常有用的）。缩写存在于各种各样的计算机通信媒介形式的使用过程中，且在年轻人群体中尤为常见。

另请参阅：聊天室、计算机中介通信、线索过滤、电邮、互联网中继聊天

访问

计算机网络在新兴信息社会中所扮演的主要经济和社会角色使这些新型信息通信技术成为获得商业竞争优势、实现社会发展、捕捉生活机会的先决条件。人们可以通过互联网等计算机网络来获取更多信息，而电子邮件的使用则使数百万人能够在任何时间、任何地点进行通信。访问这些信息交流渠道对于个人和集体机会的增加具有至关重要的意义，这些机会具体包括就业前景、教育成就、健康状况、休闲体验、政治参与和商业机会。

正如比尔·达顿［Bill Dutton（William M. Dutton），1999］所言，实现信息访问对于理解信息社会和知识经济来说也很重要，因为人们往往误解为是网络通信技术"创造"了新信息或新知识。事实上，新媒体和可能被它促进的任何社会和经济形式的独特之处并不在于"创造知识"，相反，其独特之处实则在于它

们显著地改变了人们获取普通的知识、信息或专业知识的途径。

目前，互联网和信息通信技术的使用者数量在世界人口中的占比非常有限。在不同国家之间甚至在同一社会内部，以网络作为媒介的传播渠道也尚未实现统一。事实上，据估计，地球上有一半的人甚至连一个电话也没有打过。人们认为，不同人群在接触新媒体方面的不公平性将会带来横亘于"信息丰富"和"信息匮乏"之间的数字鸿沟。一些享有特权的群体将能够通过利用更大的带宽和更高速的连通性来访问互联网，这可能会大大增加他们的生活机会；而对于大多数不太富裕的人而言，想要实现这种高速的访问是不可能的。他们最多只能进行速度滞缓的电信联系。随着信息通信技术的加速发展和信息资源优势方所具有的竞争优势逐渐变大，数字鸿沟现象将会进一步加剧，甚至扩大至人们目前的社会地位和物质条件不平等的现象当中。

另请参阅：数字鸿沟

更多资源：海伍德·T. 格雷（Haywood T. Gray，1995）、布莱恩·D. 罗德尔（Brian D. Loader，1998）、比尔·达顿（Bill Dutton，1999）

可访问性

见"易用性"

广告克星

见"文化恶搞"

代理人程序

代理人程序是指一种能够以独立或准独立的方式组织和承担任务的应用程序。这个术语常常用来描述那些根据编程人员所设定的参数做出"决定"的软件。除软件的形式之外，它也可以指一种人机交互界面。使用这种界面时，用户不必借助操作系统间接向计算机发出指令，而可以直接与代理界面进行交互，这一界面往往显示为一个"人"或一个角色。早期相关实验可追溯至20世纪90年代中期，它记载了卡内基梅隆大学所研发的"聊天机器人"。在当时的技术条件下，借助一款名为"TINYMUD"的多用户域系统来实现多人实时交谈，这便是使用代理人程序进行实验的基础。多用户域的使用者们没有意识到他们聊天会话中的某个参与者其实只是一个模仿人类做出反应的应用程序。在与之相类似的其他实验当中，人们甚至可能会受骗并相信代理人程序是另一个人类——至少在短期内是这样。

这些实验的有用之处在于它们可以创造出一种不具威胁性且易于使用的人机界面。以教育应用程序为例，它可以让孩子与一个代理人程序进行互动。孩子们将能够用日常语言进行提问并得到一个容易理解的回答，此时的代理人程序便化身成为一名教师了。事实上，一个代理人程序也可以被赋予某种"个性"和其他不同特征。如此一来，其可靠性和吸引力将会得到孩子们和其他目标群体的肯定。用户将通过"人—（人机合成）—'人'"界面完成人机交互过程，从这个意义上来讲，传统意义上的非交互式操作系统最终将有可能会被代理人程序所取代。目前，经过一系列开发研究，包括信息代理、意向代理、软件代理、软件机器人、智能机器人和信息机器人等在内的一系列代理人程序功能已经由构想变为现实。

另请参阅：人工智能、机器人

更多资源：巴尔的摩郡马里兰大学分校（UMBC）的代理人程序网络：agents.umbc.edu；微软代理主页：www.microsoft.com/msagent

《人工智能》

由史蒂文·斯皮尔伯格（Stephen Spielberg）执导的电影《人工智能》（A.I., 2001）站在爱情、家庭以及人类意义的高度上对人工智能问题进行了思考。故事的背景设定在一个反乌托邦的未来，影片讲述了男孩大卫（David）［哈利·乔·奥斯蒙（Haley Joel Osment）饰］的故事，他是人类子女的替代品，是专门为了被人类领养而设计的机器人。大卫被赋予了爱自己养父母的生存使命，但作为机器人的他能够得到人类的爱吗？彼时，一个人类家庭收养了他，并将自己已经死去的亲生儿子马丁（Martin）冷冻了起来。后来，马丁复活了，大卫也被他所谓的"母亲"顺势抛弃了。游荡在外的大卫被抓住，并同其他被遗弃的机械一起被带到"肉品博览会"，也就是那个梅西斯（Mechas）在所谓的"生命庆典"（"celebration of life"）中备受折磨的地方。在那里，他遇到了"牛郎"机器人乔（Gigolo Joe）［裘德·洛（Jude Law）饰］，他们选择共同出逃。大卫踏上了寻找《木偶奇遇记》中的蓝仙女之路，因为他确信她能够让他成为真正的人类。怀着这个愿望，他们前往"世界末日"——曼哈顿，这里如今已因全球变暖而被淹没。在那里，大卫见到了自己的创造者霍比（Hobby）教授［威廉·赫特（William Hurt）饰］。在发现了自己的同款机器人生产线后，终于承认了自己非人类身份的大卫在崩溃中一跃而下，跳进大海。在海底，他终于找到了传说中的"蓝色的仙境"——那是一个已被淹没的游乐场。他被困在那里，海水逐渐冻结了。两千年后,大卫被外星考古学家发现,他们阅读了他的记忆。出于了解人类的需要,他们根据这份记忆的内容克隆出大卫的养母,尽管她只能活一天。在陪伴大卫度过了完美的一天后,她再次离去。但在那一天中,他们之间早已熄灭的爱却起死回生。与很多科幻电影一样,在影片《人工智能》中,导演斯皮尔伯格用家族之爱的主题来诠释横亘人机之间的鸿沟。与影片《银翼杀手》(*Blade Runner*)一样,"机甲"(人形机器人)与人类并肩生活的未来社会将意味着由不同的生命形式所带来的人机相对性地位、生命价值等问题的出现。

另请参阅:人工智能、《银翼杀手》、赛博朋克

人工生命

人工生命以复制数字环境中的生物进程、行为和生命形式这一过程所呈现出的可能性作为研究中心。正如人工智能研究致力于探索对于人类思维过程的复制问题一样,人工生命致力于研究人类生命体的繁殖、进化和适应等过程。如作家马克·路德维希(Mark Ludwig,1996a)或 N. 凯瑟琳·海尔斯(N. Katherine Hayles,1999)所谈到的那样,某些形式的计算机病毒可以被视作人工生命的原始形态,而其他的程序则遵循自然选择原则来完成虚拟形式的生命演化。这种思维进路同样适用于智能玩具或电子宠物——将机器人技术、人工智能程序和人工生命系统结合起来,以产生后生物生命形式。与自然进化不同,在赛博空间中,我们正见证着人工生命形式的最快繁殖。为了方便理解,我们可以把赛博空间想象成一个新的栖息地。同所有的栖息地一样,它正在被不同的生命形式所占领,其中最显著的是病毒。当然,倘若我们把后生物的人工生命形式同样视作鲜活的生命,一个问题随即产生,即"活着"究竟意味着什么,以及我

们对"生命"概念的界定是否有必要超越以碳为基础的传统生物形式。一些批评人士表示，这种将"生命"定义进行延伸、探讨广义上的"生命"的做法是积极的；另一些人则对新生命形式的出现对未来可能造成的不良影响表示担忧。

另请参阅：人工智能、赛博朋克、病毒

更多资源：N. 凯瑟琳·海尔斯（N. Katherine Hayles，1999）、马克·路德维希（Mark Ludwig，1996a）

日本动画

见"日本漫画"

小应用程序

见"Java语言"

人工智能

作为一个学术研究领域，人工智能的发展与一些赛博文化基本问题相关联：计算机能思考吗？它们在思考什么？它们与人类的区别又是什么？"人工智能"一词始于1956年，在迄今为止的五十多年中，该词的活跃度呈现出爆炸式增长。人工智能将"智能机器"的建构和计算机程序的编写作为重点研究对象，这两者在某种程度上模仿或者说复制了人类的思考方式和行为过程。人工智能最重要的用途之一是游戏应用，尤其是那些需要运用战略思维的游戏。1997年击败国际象棋大师加里·卡斯帕罗夫（Gary Kasparov）的国际象棋计算机"深蓝"就是最著名的人工智能设备之一。其他人工智能计算机所具有的功能则涵盖了数学解题、语言运用、翻译、推理、网络爬虫①（通过使用"知识机器人"来进行锚定式信息捕获行为）、医疗诊断和对话等多个方面。举例来说，一个名为ELIZA的简单对话程序其至被设计成心理医生的替代品，能够代替医生对病患给出心理治疗建议。茱莉亚（Julia），另一个人工智能实体的例子，则能够在多用户域系统中扮演一个（人类）玩家角色。[见雪莉·特克（Sherry Turkle），1997]将此领域与机器人研究相结合，能够发现人工智能还涉及的诸如运动、空间感知、学习和自动化等更高级的层面，甚至像情感和同理心之类的其他人类特征也能够被人工智能所复制（或模仿），这无疑进一步模糊了人机之间的界限。隐藏在图灵测试②背后的一个问题是计算机究竟能够在多大程度上模仿人类的信息传达，它旨在对一个人是否能分辨出他们究竟是在与另一个人交流，还是在与机器交流提出质疑。类似的测试也存在于电影《银翼杀手》中，即寻找移情迹象的"人性测试"（the Voigt-Kampff Test）。其他着眼于探索人工智能影响的科幻电影还包括《2001：太空漫游》（*2001: A Space Odyssey*）、《黑客帝国》（*The Matrix*）和《人工智能》（*A.I.*）。

另请参阅：《人工智能》《银翼杀手》《黑客帝国》

更多资源：雪莉·特克（Sherry Turkle，1997）、约瑟夫·维森鲍姆（Joseph Weizenbaum，1976）

---

① 网络系统的一种。它实际上是一种电脑"机器人"，指某个能以人类无法达到的速度不间断地执行某项任务的软件程序。由于专门用于检索信息，"机器人"程序就像蜘蛛一样在网络间爬来爬去，反反复复，不知疲倦。所以，搜索引擎的"机器人"程序就被称为"蜘蛛"程序，即"网络爬虫"。——译者注

② 图灵测试（The Turing Test）由艾伦·麦席森·图灵发明，指测试者在与被测试者（一个人和一台机器）隔开的情况下，通过一些装置（如键盘）向被测试者随意提问。进行多次测试后，如果有超过30%的测试者不能确定被测试者是人还是机器，那么这台机器就通过了测试，并被认为具有人类智能。——译者注

异步通信

见"互联网"

化身

化身指在一个图像化环境中,由其他用户对某一名用户所设置的一种图像表示。化身不仅在图像化的多用户域系统中有所应用,事实上,它在早期实验性的图像聊天系统,如微软公司的V-chat(视频聊天)中就已被使用。与使用互联网中继聊天或"我找你"软件相比,在使用V-chat的时候,用户可以相互挥手,可以做出微笑或皱眉的表情,甚至可以通过使他们的化身执行预先设置的动画程序来进行调情——而不仅仅是简单的"交谈"。起初,人们对于"化身的出现和应用究竟在多大程度上给计算机中介通信增加了一个新的维度"这一问题是存在争议的,因为过于缓慢的线上环境在极大程度上限制了图像细节的呈现级别。然而,随着计算机信息处理能力的不断提高和互联网等网络宽带接入的常态化,线上环境可能会变得越来越复杂。以在线角色扮演类游戏为典型的各种网络在线游戏都会使用化身,但这些化身的表征通常是由玩家使用"角色"这个不太专业的术语来进行指代的。

另请参阅:游戏

带宽

带宽是对一个电信通道所能够承载的信息量的标示(类似于以每秒比特率为单位来对一个数字通道的衡量)。一般来讲,带宽越大,通信的流量越大,信息传播速度越快。以同轴电缆或光纤为例,诸如此类的宽带通信介质可以处理多媒体应用程序和媒体聚合所需的大量数据。然而，在不同城市、不同国家之间，目前的宽带接入状况还尚未实现均衡分布。因此，人们普遍认为宽带的出现和互联网可访问性的不同是导致数字鸿沟产生的两大主要因素。

另请参阅：访问、聚合、数字鸿沟

大天空电报

1988年，蒙大拿州大学教师弗兰克·奥德斯（Frank Odasz）于蒙大拿州的迪伦市——一个拥有4000居民的乡村社区，创立了"大天空电报"。该电报所发挥的第一个作用是以微型计算机和调制解调器为媒介，用电子的方式将蒙大拿州四十多个一居室或两居室的校舍和12个乡村图书馆连接在一起。将这些场所相连意味着一种低成本信息共享方式的出现，教师们由此可以分享学科课程信息、提出问题并讨论解决方案。此外，教育软件的"先预览，后购买"也成了现实。"大天空电报"提供了600个K-12课程计划，以此作为在全球网络上运行的K-12项目的"电视信号交换中心"。此外，该系统还提供关于如何使用网络和电子布告栏服务的线上课程。20世纪的通信技术在美国西部农村所产生的影响力巨大。

另请参阅：社区信息学、社区网络、远程教育

《银翼杀手》

作为最具影响力的科幻电影之一，由雷德利·斯科特（Ridley Scott）执导的电影《银翼杀手》（影片上映于1982年，导演剪辑版发行于1992年）通过向观众呈现2019年大屠杀之后的洛杉矶场景，在实质上对"技术黑色"的场面调度类型做出了定义。影片的中心人物戴克（Deckard）［哈里森·福特（Harrison

Ford)饰]是一位"银翼杀手",即一位负责追踪和"炒鱿鱼"(杀死)基因赛博格或复制人的警察。这些复制人由泰雷尔公司设计,其作用在于在恶劣的环境里从事低级的劳动。然而,更新设计后的连锁6型复制人在原有基础上发展出了情感,但其寿命只有4年。于是,4名逍遥法外的叛变复制人在罗伊·巴蒂(Roy Batty)[鲁特格尔·哈尔(Rutger Hauer)饰]的领导下踏上了一条寻找之路——他们要寻找自己的创造者泰瑞(Tyrell)博士。"人性测试"是影片的核心情节,这是一种基于情感和移情反应的图灵测试,其目的在于把复制人从人类当中区分出来。戴克满世界地寻找复制人,一旦找到,就地处决。在此过程中,他还会见了泰瑞博士和他的助手瑞秋(Rachel)[肖恩·杨(Sean Young)饰]。瑞秋也是一个复制人,但她由于被植入了假的记忆而并不自知(直到这一事实被戴克所证明)。终于,巴蒂找到了泰瑞,并在国际象棋比赛(这是对人工智能棋手的一种检验)中战胜了他并最终杀死了他。随后,巴蒂又找到了戴克——那个被他挽救的人。最后,巴蒂终于还是迎来了"终结时刻",他的生命戛然而止。这部电影有两个结局:在1982年的版本中,戴克为了瑞秋选择停止杀戮,他们两人一起走向了不可知的未来。而1992年的导演剪辑版则为观众提供了一个关于戴克的暗示,即他可能也是一个复制人——尽管这一暗示相当可疑。[斯科特·布卡特曼(Scott Bukatman),1997]"究竟是什么使人成为人?又是什么使非人不能成为人?"作为科幻作品中的常见隐喻,这一问题是这部电影的核心主题。[珍娜·凯尔南(Jenna Kernan),1991]

另请参阅:人工智能、赛博格、赛博朋克、存储器、义肢

更多资源:斯科特·布卡特曼(Scott Bukatman,1997)、珍娜·凯尔南(Jenna Kernan,1991)

博客写作

以网页技术为基础的博客写作是一种发展迅速的新兴写作和出版形式。它是个人主页的形式之一，写作者按照时间顺序，像记日记一样将自己的日常生活经历、评论（尤其是关于其他网页的评论）以及个人观点记录下来。据估计，目前的网络上大约存在五十余万个博客。诸如blogger.com之类的网站可以提供免费平台，人们可以通过这个平台下载软件并创建自己的博客。这一软件起源于伊利诺伊大学的国家超级电脑应用中心，在那里，它被设计为一个可升级的网页链接界面，以便传输关于计算机发展的最新概念。早在1997年，"博客"一词就已被使用于一个名为"机器人智慧"（robotwisdom.com）的网站，该网站设计了面向个人兴趣的网页导航链接。迄今为止，博客数量激增并逐渐变得多样化，它几乎可以涵盖任何话题。博客不仅被视为能够使人们极具个性化地释放自我的重要媒介，此外，由于它不受传统写作和出版模式的约束和限制（尽管它也同样拥有自己的条约规定），也同时被视为创意写作的一条新出路。不仅如此，博客还促进了双向沟通，推动实现身处"亚文化"内部的不同博主之间、博主与读者之间的互动。在某种程度上，博客的出现和应用与早期的个人出版物和不同领域的爱好者杂志的使用情境颇具相似之处。

蓝牙

见"无线"

身体

在包括赛博文化研究范畴在内的人文社会科学领域,"身体问题"引起了人们的广泛兴趣。对此,我们可以通过一些不同的进路去了解"身体"这一问题相对于赛博文化的中心性,而"具身性"与"离身性"的问题是我们首先需要关注的。赛博文化的关键主题之一是从赛博朋克继承而来的"脱离肉体"理念,即关于发生在赛博空间中的离身性体验的幻想。在这种情况下,生物身体(我们可简称为"生物体")就沦为了一个累赘,而摆脱肉体的局限性并作为纯粹数据或经由网络上传的意识而存在则是理想所在。通过提供虚拟经验和虚拟环境,进而推动离身性体验(或至少是对于离身性的一种模拟)的实现——在这种影响下,赛博文化逐渐转变成为人们对于一种沉浸式体验的迷恋。在典型的电脑极客形象中,"离身性"主要表现为他们对于自身身体和需求的遗忘行为。当这些脸色苍白、营养不良、失眠多梦的网络沉迷者们在网络上耗费了太多时间时,他们正走向一种离身形式,即对自己物质性身体的压抑或否定。他们对于这个令人厌恶的肉身生物体的反抗情绪滋生出构建虚拟数据体或非实体化数据思维的梦想,即存在于屏幕上的"自我嵌入"。德博拉·拉普顿(Deborah Lupton)(2000)对于这些争论做了很好的概述。

事实上,批评家们已经表示这种脱离身体的梦想既是不可能的,也是不可取的。以"赛博格吃什么"这一问题为例,玛格丽特·莫尔斯(Margaret Morse)(1994)向我们提出了关于饥饿、睡眠和废物处理的现实问题,而这些都是我们无法借助网络来摆脱的具身性行为。更重要的是,在摆脱肉体的理念驱动下,我们逐渐忘记发生在赛博空间中的许多事情依旧是需要通过身体来进行体验的,而脱离肉体的梦想则使问题回到了原点——毕竟,"身体的分裂"仍然是一个很多当代理论都试图去做出解答的问题。然而,对于"身体的分裂"这一观点的支持者而言,将身体从其生物基础之上解放出来可以使之在赛博空间中获得包括个人身份实验在内的新自由。其中,性别是最明显的层面。这种解放究竟会催生出新的身体集群,还是仅仅复制了现实生活中的身体规范和关于身体的刻板印象?这是一个值得商榷的问题。[卡罗琳·贝塞特(Caroline Bassett),1997]

在赛博文化中,关于身体问题的第二个争论要点集中在生物体和其他技术的改进与修复之间的接合点上——正是这些技术性干预带来了身体与技术的新混合状态,其中最重要的形态是赛博格与后人类。通过分析这一组"技术—身体"相关形式,我们的确可以将网络技术与肉体相融合视为一种生产力,但它同时也意味着一种令人不安的结果。后人类可以通过义肢强化来克服生物机体的固有局限性,基于此,一些评论家预言"后人类"将是人类进化的下一步,或者说是后人类的后进化的第一步。[史迪拉克(Stelarc)① (2000)] 在这里,一种相对于"肉件"的平行视角浮现出来了——"肉件"意味着一种负担,它阻碍了我们充分认识赛博空间对于人类进化所具有的潜力。这种观念视野的分裂痕迹同样存在于关于人工生命和人工智能的讨论中,它指向一种残破的生物体和更适宜在赛博空间存活的、令人兴奋的新生命形式之间的分裂。在一些版本的赛博格中,我们的确见证了类似的想法。然而,电子人理论更侧重于强调身体—机器结合技术的模糊性。因此,由人体与赛博空间的结合所产生的一系列理论与实验成果正在通过不同表现得以呈现,新的身体形态和新的身体思考方式也逐渐应运而生。

---

① 史迪拉克是一位出生于塞浦路斯的行为艺术家。在墨尔本郊区的阳光下成长的他将作品重点放在延伸人体能力上。参考资料:en.wikipedia.org/wiki/Stelarc(访问时间2019年3月20日)——译者注

另请参阅：赛博格、嵌入、义肢

更多资源：大卫·贝尔（David Bell，2001）、德博拉·拉普顿（Deborah Lupton，2000）、玛格丽特·莫尔斯（Margaret Morse，1994）

机器人（Bot）

见"机器人（Robot）"

宽带

见"带宽"

浏览器

见"万维网"

故障

人们经常将"故障"与"病毒"相混淆——就像人们错误地命名"爱虫病毒"一样——"bug"指的是编程错误或故障。一个软件的开发往往会涉及无数的调试阶段，即在无尽的代码行中追踪并纠正错误。然而有时，错误在软件使用后相当长的时间内才会显现出来。关于故障最著名的例子要数"千年虫"或"计算机2000年问题"（即"Y2K事件"），它在2000年初的出现引发了相当大的恐慌，其中还包括其他形式的世界末日恐慌或千禧年恐慌。基于计算机不断发展、不断演进的逻辑事实，当时的软件开发程序员认为任何代码行中都没必要包含完整的四位数年份——基于这个假设构想，当千禧年结束时，他们所编写的程序将会被新程序所取代。然而，随着千禧年的来临，这个构想被认定是导致"千年虫"大规模故障出现的原因——按照计算机程序的操作逻辑,从2000年起就没有意义了。因此,当时间线从"99"变为"00"时,计算机就崩溃了。对此,英国政府发挥协调作用推动建立了一项庞大的合规计划,目的在于将这一故障所带来的影响降至最低。电视台则在对千禧年庆祝活动的报道过程中囊括了关于"Y2K事件"的公告,宣布这是一次基本无害的小规模事件。然而,就像计算机病毒和病毒预警一样,该事件揭示了我们对电脑的茫然无知和由此产生的焦虑情绪。

电子布告栏系统

电子布告栏系统是一种允许电子网络用户留下可以被许多其他用户读取的信息的计算机系统。

"食肉动物"系统

"食肉动物"系统是美国联邦调查局阅读大量电子邮件的最新方法。目前,该系统已经拥有了更为无伤大雅的名字"DCS",即数字采集系统。"食肉动物"系统是由美国联邦调查局开发的一种计算机诊断工具,它用于在合法(法院)的指令下截取和收集通信信息,同时忽略那些他们没有被授权截取的信息。(美国联邦调查局,2001)一些有组织的犯罪集团和贩毒组织严重依赖电信来计划和执行他们的犯罪活动,这便是"食肉动物"系统的诞生动机。(美国联邦调查局,2001)"食肉动物"系统的技术基础与其他嗅探程序类似。它之所以获此命名,是因为它能够在几万亿字节的"无肉"(以及法律禁入)的信息中找到"肉"。对此,隐私权倡导人士已经表达了自己的担忧:"食肉动物"会过度收集信息,而它的源代码却无法被我们查看。

另请参阅:网络犯罪、加密、隐私

更多资源：www.fbi.gov/hq/ab/carnivore/carnivore2.htm（访问时间2001年4月11日）

国家互联网应急协调中心

国家互联网应急协调中心是位于宾夕法尼亚州匹兹堡的卡内基梅隆大学软件工程研究所（该研究所受美国政府资助）的互联网专业知识中心。国家互联网应急协调中心会常规性地发出警报，以帮助网络管理员和互联网用户预测和延迟来自恶意软件（例如病毒或"拒绝服务"恶意程序）的攻击，以及从它们的攻击当中恢复正常。

另请参阅：网络犯罪、"拒绝服务"攻击或分布式"拒绝服务"攻击、黑客、信息战

更多资源：www.cert.org

通道

见"万维网"

聊天室

聊天室指的是一个实时的计算机中介交流论坛。参与这个论坛的个体能够与其他参与者（即在聊天室的任何人）通过打字来交换观点。由"美国在线"（AOL）等在线服务推广而来的聊天室通常由各个房间的主题事件或话题来进行区别，其所涉及范围往往很广，不同参与者通过他们的网名来对彼此的身份进行区分。有些聊天室提供了小型的图像化世界，参与者可以通过选择一个化身来显示动作或情感，以此作为一种图像化的自我表现。然而，目前大多数聊天室都只是基于文本的"房间"或"通

道"。它们通过互联网中继聊天软件来运行，这就意味着参与者只能借助书面语言进行交流。为了弥补非言语交际（如语气或手势）所需要的语境，参与者通常会在他们的文本信息中加入微笑图示。这种以计算机为媒介的早期沟通形式有助于多种在线关系的创建，将某些聊天室称为"虚拟社区"也是合理的。

另请参阅：互联网、虚拟社区

聊天盒子

聊天盒子是一个通过与用户进行交互来模拟人类存在的应用程序。在业已实施的一些实验当中，这类应用程序不仅参与了以用户为对象的计算机中介通信过程，还参与了那些用于教学目的的类人软件的开发过程。

另请参阅：代理人程序、人工智能

克利夫兰免费网

1986年，由汤姆·格鲁德纳（Tom Grundner）创建于凯斯西储大学的克利夫兰免费网是世界上首个免费网络，该网络为全球范围内数百个其他免费社区网络系统的创建树立了典范。20世纪80年代后期，克利夫兰免费网提供了免费电子邮件、论坛等许多服务，而这在十年后则几乎成了惯例。和许多社区网络一样，克利夫兰免费网也被组织成为一个电子"城市"中的一组"建筑"。其中，"行政楼"包含了目的、技术、内容、政策和其他行政信息；"邮局"负责发送、接收或过滤电子邮件；"公共广场"则汇集了包括"咖啡厅"在内的多种通信服务，用户可以在其中开展聊天、投票、参加论坛等活动。其他克利夫兰免费网大楼还包括"法院""政府中心""艺术中心""科技中心""医学艺术大厦"和"校舍"。1999年9月1日，凯斯西储大学行政管理机构拔下了克利夫兰免费网的终端插头,他们声称该系统不再符合2000年的要求——尽管此时该网络还拥有着一大批忠实用户。

另请参阅:免费网、社区信息学、社区网络、社区技术中心

更多资源:J. R. 霍本(J. R. Hauben, 1995)

加密芯片

见"加密"

《通信规范法》

《通信规范法》于1995年在美国通过,并于1996年2月开始具有法律效力。《通信规范法》是政府为限制互联网通信(特别是"对于淫秽、猥亵、放荡、肮脏或不雅的任何评论、请求、建议、意见、图片和其他传播方式")所做出的第一次尝试。违法者将被处以最高10万美元的罚款或两年监禁,或两者兼而有之。然而,这一法案却遭到了美国公民自由联盟等方面的起诉,这些组织机构声称该法涉嫌违宪。1997年6月26日,美国最高法院对此做出裁决,认为《通信规范法》违反了美国宪法第一修正案中"保证公民言论自由"的相关条例。法官约翰·保罗·史蒂文斯(John Paul Stevens)在其所撰写的法庭意见中声明:"《通信规范法》在言论保护问题上给公民带来了难以接受的沉重负担。"在《通信规范法》被否决后,时任总统的克林顿决定联合附加技术和评级系统,"确保我们的孩子不会置身于网络红灯区"。毫无疑问,随着互联网的日益普及和存在于文化规范当中的非普遍性现象的升温,人们终将意识到"如何处理赛博空间里的冗词、图像和其他内容"这一令人反感的问题不会很快消失。

另请参阅：网络犯罪、加密、隐私

社区

"社区"这个术语通常被认为有一个或多个含义，尽管这些定义并不精确且富有争议。一个社区可以由以下三类群体构成：

（1）居住在同一地理区域的人；

（2）在某种程度上"志同道合"，进而形成一个能够实现目标、价值观、原则或其他利益共享的利益共同体的人；

（3）当一种更大的社会团结感出现时，在这一前提下具有"社区意识"的人。

霍华德·莱因戈德（Howard Rheingold，1993）等人提出了赛博空间中的社区问题，并对这一论点的真实性和有效性进行了一系列讨论。此外，不少商业网站最近也在他们的网页上使用"社区"概念，以此作为商业策略的一部分。通过采用"社区"概念，成为社区成员的客户就能够在许多方面为企业目标的实现提供支持力量。这种商业手段的出现不仅加剧了关于赛博空间社区的争议，同时还向公众提出了新的问题，即赛博空间是否会像其他媒体形式一样受制于公司的统治地位。

另请参阅：社区信息学、社区网络、社会资本、虚拟社区

更多资源：本·H. 贝戈蒂克安（Ben H. Bagdikian，1992）、霍华德·莱因戈德（Howard Rheingold，1993）

社区信息学

社区信息学是一个多学科的研究领域，它致力于理解新兴信息通信技术在影响包含社会、文化和经济发展等环节在内的社区结构和关系方面的潜力。在英国和加拿大，社区信息学的起源与政府在工业衰落地区所采取的地方性经济发展举措有关。因此，

我们有理由将这些举措视为一种重要手段，它能够消弭存在于可接触新媒介者与日益被排斥在新媒介之外者之间的数字鸿沟。

在英格兰东北部，人们已经采用了一系列方法来提高自身对新兴信息通信技术潜在益处的认识，其意义在于增加就业机会、弥补教育缺口、加强社会网络支持和提高生活质量。以社区技术中心和电子网络为渠道，各种基于社区的项目都能够提供信息知识培训课程和关于获取信息通信技术的相关知识。所有社区信息项目都强调应采取一种基层方法，即由社区成员本人负责该社区项目的设计工作和发展方向。这一举措是通过与利益相关方（例如地方政府、教育机构、当地媒体、当地企业等）进行合作来实现的，而不是通过由上到下的架空式指导来实现的。

促成社区信息学项目成功的关键因素之一在于克服技术恐惧，这种恐惧往往与阶级、种族、性别、年龄、残障、国籍和其他社会特征等社会因素有关。各种创新项目和计划不再刻意强调人们与其日常兴趣之间现存的社会关系，而试图通过采取"减少技术"的措施来激发人们对信息通信技术的兴趣。这些措施包括：通过创造性使用互联网来推广来自布雷顿角和加拿大东北部沿海省份［迈克尔·古鲁斯坦（Michael Gurstein），2000］的民乐；发展流行于英国与其他地方社区之间的在线测试（www.communitychallenge.org）以及发展与爱好、兴趣和自助相关的众多社区组织网站。

另请参阅：社区网络、社区技术中心、数字城市、数字鸿沟、社会资本

更多资源：迈克尔·古鲁斯坦（Michael Gurstein，2000）、雷伊·凯博勒（Leigh Keeble）等（2001）

社区记忆

由埃弗雷姆·利普金（Efrem Lipkin）、李·菲尔森斯坦（Lee Felsenstein）和肯·科尔斯塔德（Ken Colstad）创立于加利福尼亚州伯克利的社区记忆是世界上第一个社区网络。该网络始于20世纪70年代中期。通过公共计算机终端进行的无中介双向准入信息数据库的实验开展于1972年至1973年间，作为该项实验的后续行动，社区记忆致力于研发出一项能够实现全世界各个社区之间信息自由交换的技术。社区记忆手册写道："强大、自由、非等级的沟通渠道——无论是通过计算机、调制解调器、钢笔、墨水、电话还是面对面交谈——都是使我们的社区获得恢复和振兴的前沿阵地。"受当时许多重要思想的影响，社区记忆的几位创始人也分享了20世纪60年代北加州的反文化观念，其中所蕴含的价值观颂扬了言论自由和反战运动。除此之外，这些理念还与提倡生态化、低成本、分散化和"快乐化"技术的适用技术运动有许多共同之处。最后，硅谷和那些呼吁"计算机解放"的、具有黑客性质的反文化也为实现社区记忆的理想做出了进一步贡献。

社区记忆创建者为打破信息技术壁垒所做出的承诺体现在以下两个方面：一是注重系统培养计划的简单性；二是坚持将所有的社区记忆终端机都安置于公共场所。于是，人们无法通过调制解调器或互联网找到社区记忆终端，却能够在图书馆和洗衣房中找到它们。社区记忆采取了"投币式终端"这一创造性的方式来获得资助，人们可以通过这些终端自由阅读论坛内容，但若想发表意见还需要付25美分，想发起一个新的论坛则需要1美元。可以说，最让社区记忆群组兴奋的是计算机在通信和社区组织方面的潜力。作为"社区发布"的一种替代性媒介，电子系统可以帮助维护当地社区的政治、社会和文化记忆。此外，所有与之相关的内容都可以通过与嬉皮士非主流文化相关联的一系列娱乐活动来实现。尽管社区记忆在1994年7月停止运作，尽管最后一个社区记忆服务公共亭已被拆除，但蕴含在社区记忆之中的理想愿景和精神风尚仍将在未来的社区网络计划中得到延续。

另请参阅：社区信息学、社区网络

社区网络

在美国，社区网络被开发为基于公共计算机的系统，旨在通过支持、扩大和延展现有的社交网络来为一个地理性社区提供帮助和支持。与公共图书馆的精神和动机类似，社区网络通常提供不含广告、低成本甚至完全免费的赛博空间、电子邮件和其他服务；此外，社区网络由社区经营并反过来服务于社区。它能够促进人们平等获取信息技术，能够激发社会资本，并同时将重点放在特定的地理位置而非兴趣社区或虚拟社区上。［道格拉斯·舒勒（Douglas Schuler），1996］社区网络组织经常参与培训和其他服务，有时也参与政策工作。人们通常将"社区网络"作为一个通用术语来使用，以涵盖从"社区记忆"开始到"自由网"再到最近的网络事例［如博尔德社区网络（BCN）］的关于网络社区的历代倡议。

另请参阅：社区信息学、社区记忆、免费网

更多资源：赫伯特·库比切克（Herbert Kubicek，2002）、罗斯·瓦格纳（Rose Wagner，2002）、道格拉斯·舒勒（Douglas Schuler，1996），www.scn.org/ncn

社区技术中心

社区技术中心是存在于地理社区当中的一个物理位置，它旨在为实现教育、培训及其他方面的社会改善提供访问计算机和互联网的机会。用于描述社区技术中心的名称多种多样，例如信息社区服务中心（ICSC）、电信中心、电讯村、网咖或电子村落会所。这几个概念之间并无固定差别，其区别多与本国所在地点或农村/城市的地理位置有关，而与任何显著的功能性差异无关。举例来说，"社区技术中心"是北美最常用的术语，而"电子村落会所"则更具有欧洲特色。"电讯村"这个词汇在农村地区更为常见，而"网咖"则多见于城市地区。

诸如此类设施是许多社区信息学和社区网络的重要组成部分。因此，它们的标题、功能和运作机制往往反映出相对应的特定地区和特定人口的不同需求和特点。事实上，社区技术中心成功与否在很大程度上取决于该中心与其所处的社会、经济和文化背景的"契合程度"高低，于是，大量能够反映用户的不同需求和愿望的社区技术中心就如雨后春笋般出现在世界各地。通常情况下，社区技术中心将提供以下一项或多项功能：提供信息和通信技术，使当地人能够通过互联网和万维网访问世界各地；提供关于计算机知识和信息通信技术方面的教育和培训；提供使当地人能够访问市政资料的信息服务；提供图书馆馆藏目录和其他国家甚至国际数据库；为当地企业和民众组织的发展提供技术咨询和技术支持；在社会环境中提供远程工作设施以促进职场友谊以及提供一系列设施（如：会议室、在线访问、议会场馆），推动社区的政治文化生活建设。

在20世纪90年代初期，美国创建了一个名为CTCNet的社区技术中心联盟。该联盟实行资源共享制，旨在促进社区成员之间开展讨论，还主办了一场年会。

另请参阅：社区信息学、社区网络、电子村落会所

计算机

　　计算机是一种根据程序指令来存储和处理数据的电子设备。以19世纪查尔斯·巴贝奇（Charles Babbage）的"分析机引擎"（"Analytical Engine"）概念为根据，关于"计算"的数学概念早在计算机出现之前就已经存在，并已拥有数十年的发展历史。现代计算的故事是北美——特别是加利福尼亚——的故事。然而，第一台名为"巨人"（"Colossus"）的可编程计算机实际上是在英国制造的。从技术上来讲，它其实是一个大型的、由电子管制造的可编程逻辑计算器。它和其他10台类似的机器是由伦敦北部的汤米·佛劳斯（Tommy Flowers）博士及其团队所制造，其目的在于为破译1943年德国的恩尼格马（Enigma）密码提供帮助。

　　从本质上来讲，第一批美国计算机也是用于解决复杂数学问题的电子计算器。在数学家约翰·冯·诺依曼（John Von Neuman）撰写于1945年的一系列论文中，"冯·诺依曼结构"得到了最终确立。这一理论成果构成了计算机开发的实际基础，工程师约翰·皮斯普·埃克特（J. Presper Eckert）与约翰·莫奇利（John Mauchly）1951年制造的 UNIVAC（通用自动计算机）就是例证。当国际商业机器公司开始引入计算机来取代许多企业为存储工作记录而使用的电子机械化打卡系统时，计算机产业开始在美国兴盛起来。尽管这些大型系统在最初依然使用了与早期的工作记录存储系统相同的打卡技术，但其突破在于在本质上实现了流程自动化。于是，繁杂的工作被批量提交，昂贵的计算时间得到了控制。计算机每周或每月进行一次数据打印，然后将其分发给企业或政府机构的相关部门，个人将能够从计算机运算系统（而非机器本身）中引用报告。一些大型美国公司和美国政府是这些计算机的第一批客户。因此，当美国以外的企业和政府开始计算机化时，他们就把目光投向了国际商业机器公司。

　　这一图景在20世纪50年代后期开始发生改变。此时，小型计算机出现。尽管它们被设计成专门用于进行低级运算的低成本系统，但它们的性能足够强大且价格相当实惠。这意味着大型组织中的各个部门都可以访问他们自己的计算机并按自己的意愿进行工作，而无须再依赖单个的大型"控制台"来完成整个组织的工作运转。此外，这些机器还能够传播运算能力，因为它们运行的方式与大型机不同。这些小型计算机并非像一条生产线那样通过完成大量工作来运转，而是以一种非常复杂的方式实现资源的共时轮询，这就意味着它们可以同时拥有多个操作员。所有的操作员都有一种错觉，即机器可以任他们支配。这种人与计算机的直接交互过程产生了两个问题，一是"机器可以做什么"这一新想法；二是"机器应以何种方式被使用"这一新问题。小型机的主要制造公司之一是美国数字设备公司（DEC），该公司1957年成立于马萨诸塞州。

　　集成电路或芯片的发明是另一个革命性的变化。受全尺寸电路的体积和用于执行操作的成百上千个阀门数量的限制，人们不得不将第一代计算机做得很大。以任职于德州仪器（Texas Instruments）的杰克·基尔比（Jack Kilby）为代表，在美国，许多个人和公司都参与了集成电路的开发。在他们的不懈努力下，集成电路芯片终于在1958年问世。这种芯片不仅有可能实现现有系统的小型化，还可以批量生产和提供更为稳定可靠的电路。美国政府在开发该集成电路的资金提供方面发挥了关键作用，因为集成电路的出现既有助于实现他们的太空计划，又能减少核导弹计划过程中的资源浪费。

　　1972年12月7日，在滚石乐队的杂志《滚石》（*Rolling Stone*）中，斯图尔特·布兰德（Stewart Brand）发表了著名声明："无论你准备好了没有，计算机都将来到人们面前。"这一声明将计算机与西海岸的非主流文化联系在一起。

当个人计算机出现的时候，将计算机视为一种"解放手段"的想法也随之脱颖而出。个人电脑的"发明"方式不同于大型计算机，它是通过微型处理器（感谢英特尔的功劳，现在整个计算机都已经被看作一枚芯片了）、更好的存储系统（尤其是软盘）和合适软件的发展慢慢实现了整合。下面的两款软件就是代表：一是由雏形时期的微软公司所研发的更可靠、更强大的BASIC软件；二是由格里·道基尔（Gary Kildall）开发的名为BIOS（基本输入/输出系统）的软盘及其他系统控制器。这两款软件对于个人电脑的发展是至关重要的。将个人计算机系统视为"人的计算机"的观点得到了广大计算机爱好者的支持，他们开始在美国各地会面并进而发掘这些机器的潜力。尽管究竟何人何时制造了第一台计算机尚不可知，但是第一台吸引了广大民众且定价为400美元（在1975年，这对于大多数人而言是一大笔钱）的个人计算机是由H.爱德华·罗伯茨（H. Edward Roberts）发明的，他将其命名为"牛郎星"（"Altair"）。将这个系统和与之相类似的系统同BASIC软件和被称为BIOS的控制器相结合，一台具有编程能力的计算机就由此产生了。

1977年，随着苹果II的到来和电子表格软件VISICALC的出现，个人电脑开始在办公场所得到应用。然而，国际商业机器公司1981年推出的个人计算机才是个人电脑领域的真正转折点。该计算机所使用的国际商业机器公司系统以其他公司的组件为基础但不受其控制。此外，该计算机同时使用的名为MSDOS的操作系统也遵从这一原理。由于缺乏对国际商业机器公司个人电脑技术的控制，康柏（Compaq）等电脑公司只能通过"克隆"机器来削弱国际商业机器公司，进而快速建立大型企业。这一过程迫使整个市场开始降低成本。与文字处理、数据库和电子表格绘制（尤其是Lotus 123）等办公软件的出现相结合，办公室计算革命由此开启。继体型庞大、远程运算、造型呆板等旧有模式下的大型机被更好用的小型机所取代之后，人们现在终于可以直接在办公桌上安装个人电脑。事实上，经过后来的证明，大型机和类大型机在记录存储方面优于其他任何机型。尽管它最终被我们现在称为服务器的小型机所取代，但它仍扮演着网络核心和网站控制台的角色。

即便个人电脑已经开始主宰我们的生活，将之视作一种经济和社会变革手段的观点也已经开始消失。随着标准化的推广，软件逐渐成为一种利润丰厚的商品；而曾被国际商业机器公司所控制的领域，现在则由微软接手，一统美国乃至世界市场。截至20世纪80年代后期，将不得不在集中化的大型机上工作的人们解放出来的个人电脑概念也遭到了削弱。兰克施乐帕罗奥多研究中心（Rank Xerox PARC）在20世纪70年代的工作不仅发展了图形用户界面系统（该系统随后演变成为苹果操作系统和微软的WINDOWS操作系统），还促进了名为"Alto"的工作站和以太网的发展，而后者也就是将个人工作站有效连接在一起的局域网原型。由斯坦福大学网络公司（Sun）等开发的、基于UNIX操作系统的网络工作站出现于20世纪80年代中期。尽管文件共享和在线集体工作具有便利性以及很多其他优点，但就个人而言，人们则失去了对自己台式机的绝对控制。起初，个人电脑无法遵循这种模式，因为它的处理器和软件都不够完善。然而，更多的网络友好型操作系统和更快的英特尔处理器的出现意味着在这个工业化世界中，许多大型公司和大学都将以个人计算机网络取代"独立"的计算机。随着互联网的出现，从实现独立运作的意义上来说，在政府和商业环境当中，"个人"计算的概念将进一步被弱化，而在家庭使用环境中则相反。同理，像甲骨文（Oracle）和太阳计算机这样的美国公司则在"视计算机为网络的一部分而非一个独立的机器"这一观念上处于领先地位。

与计算机相关的非主流文化，如计算机爱好者和孩子们仅仅在父母的车库里就能够创办价值数百万美元的企业等事件，可能会演变成一种烟幕弹并掩盖掉一个事实，即巨型自我服务公司驱动着现如今世界上最大的单一产业。这样的理念和图景依然存在着。苹果公司推出了麦金塔电脑（Macintosh），其图形用户界面比同一时代的英特尔和磁盘操作系统计算机所使用的界面早了好几年。虽然诸如苹果系统和LINUX操作系统在某种程度上可能自视为激进主义的替代品，但这实际上等于是说他们的电脑可以比目前基于英特尔和微软的系统更好。在很多情况下，与英特尔或微软有着相同的基本利润动机，但目前尚未那么成功的公司，都在谈论计算领域的"革命"。与此同时，许多关于计算机将成为社会变革工具的想法已经转移到互联网上。这究竟会创造出一种新的社会形式，还是创造出在大公司主导下的电子市场？答案依然是不确定的。

计算机的下一个演变阶段可能会集中在小型便携式设备的使用方面，这些设备将能使用户访问单个或多个网络。掌上设备和平板电脑可以与蓝牙等各种无线技术相结合，这样一来，即便是便携式设备也能够为用户提供与台式机相同的功能。于是，一位商人将可以在任何地方使用掌上设备阅读电子邮件、访问公司数据库和使用软件应用程序，医院里的医生也可以使用掌上设备收集病人的记录。随着时间的推移，这些便携式设备的外形可能会变得越来越小，而功能却越来越强大，且不必再局限于目前由高带宽无线设备所设置的"热点"范围内，而是几乎可以在任何环境中使用。

在商业或公共服务设施以外，目前，一些公司将手持式或高度便携式的网络设备（最明显的例子要数G3或第三代"移动"或"蜂窝"电话）视为向客户进行内容推销的新渠道。这类设备的服务范围将会涵盖从服务指南、地图，到全面的移动互联网访问（这种访问与20世纪90年代末许多手机提供的那种最初的、原始的互联网页面访问是不同的）等众多领域。

数字技术融合的重要性也将开始变得明显，尤其是在家庭中。以Xbox游戏的所有者微软公司和拥有优质游戏Playstation的索尼公司为例，它们的愿望是构建一个集游戏、娱乐（如电影）、完整网络访问以及目前能在家用电脑上找到的所有应用程序于一体的娱乐中心。

从某种意义上说，我们所理解为"计算机"的设备在未来可能会呈现出与当前所不同的形式。我们许多人放置在家里或办公室桌子上的机器可能会被电视和移动设备所取代，而这些设备可以通过远程网络为我们"随需应变"地提供内容和应用。

自第一台计算机出现以来，机器的处理能力就呈现出惊人的增长态势。高登·摩尔（Gordon Moore）于1964年指出集成电路上可容纳的晶体管数目大约每隔两年就增加一倍，此理论被称为"摩尔定律"。该定律预测截至20世纪70年代中期，单个芯片所包含的逻辑电路所产生的功率可能将与20世纪50年代的大型计算机具有的功率相同。该定律是成立的，并且从那时起就一直如此推演下去。现在的台式机和便携式机器比以往的大多数控制台都要强大许多倍，即便简单地运行一下现在计算机的文字处理器，其所呈现出的强大功能都会让20世纪50年代在这个行业工作的人们感到震惊。举例来说，像IBM RS/6000这样的大型现代服务器每秒可以进行3.88万亿次计算；根据国际商业机器公司的算法，如果换做计算器来处理，将大约需要63000年的时间。

另请参阅：聚合、信息通信技术

更多资源：保罗·E.科鲁兹（Paul E. Ceruzzi，1998）、罗伯特·X.克林格利（Robert X. Cringely，1996）

计算机会议

见"电邮"

计算机成像

"计算机成像"这一术语是由计算机所创造的电影特效的缩写。电影业与计算机产业之间增强的协同效应正在为电影院带来新的模仿形式,伴随着电脑游戏对电影词汇和视觉特效的部署与整合,这一模仿形式逐渐成了好莱坞大片生产和消费中心。在计算机与电影相互影响程度的展示方面,电影《黑客帝国》(*The Matrix*)与《古墓丽影》(*Tomb Raider*)所给出的角度并不相同。

从赛博文化的角度来看,计算机成像设备代表了一种对现实进行新的模拟的数字媒介。因此,它们其实隶属于现在作为娱乐场所来使用的、正处在不断扩大之中的虚拟环境家族。此外,这类设备与科幻电影之间的密切联系也使其成为用来想象和描绘我们的赛博文化未来的普遍性工具,是它们实现了未来世界的影像化。在这个语境下,计算机成像技术设备完成了两方面工作:一方面,它们代表了我们的科幻未来;另一方面,它们也向我们展示了当今技术展现未来的能力。[米歇尔·皮尔森(Michele Pierson),1999]我们的观赏乐趣来自于对特殊效果的享受,以及对计算机成像技术成品所具有的艺术性和技术性的惊叹。[西恩·科贝特(Sean Cubitt),1999]计算机成像技术自身所具有的赛博空间形式由此产生,电影院中的我们步入这个空间,也就是走进了一种集体共识的幻觉之中。

另请参阅:游戏、劳拉·克劳馥、《黑客帝国》、拟像

更多资源:西恩·科贝特(Sean Cubitt,1999)、米歇尔·

皮尔森（Michele Pierson，1999）

计算机中介通信

"计算机中介通信"是用来泛指各种通信手段的通用术语。其实这个术语的表述并不准确，因为它实际上指的是各计算机用户之间的通信，他们可以通过连接到互联网等网络的方式来互相交换消息和数据。

异步通信和同步通信是计算机中介通信的两种主要类型。异步通信包含基于文本消息的交换，尽管这种交换往往非常迅速，但这些信息的内容实际上并不包含传统术语。对于这一点，最相近的类比可能是一种允许近距离瞬间交换邮件或电报的机制。关于异步通信计算机交流媒介最好的例子是电子邮件和运行在世界性新闻组网络等平台的新闻组或电子布告栏系统。异步通信能够在不同的信息交流主体之间实现一对一、多对多的信息交换。当有人向其他人发送电子邮件时，他们正在使用的交流媒介在某种程度上与邮件交换的方式并无不同。然而，他们也可以选择去订阅一份电子邮件列表，其中包含许多彼此交换信息的参与者。对于新闻组的使用总是会潜在性地涉及多对多的交流（尽管有些新闻是小而孤立的，但任何人都依然可以潜在性地参与到阅读它的过程当中）。一些在物理空间上相去甚远的个体群组同样可能形成潜在的在线群体，尽管其中一部分群体的结构可能比其他群体更为松散。这些群组可以成为交流意见、讨论和分享信息的活跃论坛。这些群组的覆盖范围很广，从政治主题到兴趣爱好再到经验分享，无所不包。相关的例子包括新闻组内的在线健康讨论。在这些线上讨论中，人们彼此支持、共享健康状况并相互交换信息。

同步计算机中介通信与新闻组或电子邮件的不同之处在于它

提供了一些与参与者之间的对话相接近的内容。"类型化对话"是对该内容最恰当的描述。同步计算机中介通信的主要形式是互联网中继聊天、"我找你"软件和多用户域。互联网中继聊天可以允许两个甚至更多人通过打字的方式在被称为"聊天室"或"频道"的虚拟空间内进行一对一或多对多交流；"我找你"软件提供了与之类似的设施，但它只为一对一的交流而设计。多用户域在操作方面与互联网中继聊天室或聊天频道非常相似，不同之处只在于它能够提供一个主题化的虚拟环境。这其实起源于原始的在线文字冒险游戏（"多用户域"也即"多用户地牢"），参与者可能只是假装他们在酒吧里，或者正在和其他人玩"龙与地下城"风格的文本类冒险游戏。

20世纪80年代末90年代初，当互联网和相关网络开始被美国学者及其他中产阶级专业人士所使用时，大量的信息开始被解读为计算机中介通信的各种形式。以霍华德·莱因戈德为代表的一些评论人士提出，电子布告栏系统和新闻组等多个计算机中介通信场所不仅构成了新的交流形式，而且还指向存在于社会组织当中的潜在性革命。莱因戈德认为计算机中介通信或与传统地理意义上的社区共存，或将之替代；"利益共享社区"即将出现。以雪莉·特克为代表的另一部分人则认为，从另一个方面来看，计算机中介通信也改变着沟通和社会认同，特别是在计算机中介通信缺乏视觉、听觉和其他"暗示"的方面（见"线索过滤"）。人们可以发明自己的身份，也可以创造一种可能与性别、性行为和许多其他方面的"真实自我"有所不同的"虚拟自我"。关于"赛博格"这种"半虚半实之人"的社会学思想就与这种认知相关。许多人认为，恰恰是身份认证线索的缺乏为人们通过计算机中介通信进行平等和公平交流创造了可能性，而这种交流在面对面交流中是不可能实现的。这种想法之所以会出现，是因为一个人的性别以及其他任何方面都可能意味着没有人与他对话；换种说法，在现实生活里人与人的交流过程中，那些会破坏交谈或为交谈所不容的东西都是不可见的。

当这类想法出现时，计算机中介通信就被学者和评论家等专业人士以自身为例进行主导了。以朱利安·迪贝尔（Julian Dibbell）报道并引起广泛讨论的"Mr Bungle"案件为例，在这一事件中，一些人在一个由中产阶级专业人士所主导的多用户域里并未遵守规矩，他们通过打字的方式对另一名参与者实施性暴力等不正当行为。也许这就是许多早期评论员在计算机中介通信方面所拥有的独特报道经历的例证。

于是，关于计算机中介通信的真相迅速浮出水面。与其说计算机中介通信在可能实现以"虚拟自我"为基础的新形式下的平等和公正这一领域催生出新的交流类型，不如说是计算机中介通信正在逐渐向人性化演变发展。互联网中继聊天中的部分参与者会通过使用大写字母来"呼喊"对方，而不同形式计算机中介通信中的某些参与者们也会扮演怪人，这些行为在本质上无非是想在各种多对多论坛中散播不满情绪。青少年们闯进计算机中介通信环境并侮辱在那里的每一个人，直到自己被人们所驱逐。所有的一切之所以会发生，原因在于团体具有易被煽动的特点。参与者在网络上相互侮辱、相互威胁的程度往往是面对面的交流所无法达到的。对于这些负面信息，一些与参与者相关的评论者们既看不到也听不到。因此，"视觉线索"——这一被早期计算机中介通信评论员视为促进生成新的交流方式的重要因素，目前因缺席已经成为一种"障碍"，成为对当今网络交流中新的敌意的产生起到推波助澜作用的不利因素。

此外，人们往往还会遗忘其他重要问题。既然只有具备打字能力的人才能使用计算机中介通信，那么患有严重关节炎的人该怎么办？此外，想要使用这些基于文本的计算机中介通信形式，这个人还需要拥有"看"的能力，否则他只能求助于昂贵的专用设备。而那些无法访问网络、无法进行英文阅读和英文打字的人则无法参与这一"利益共享"的虚拟社区。除此之外，美国或英国社会中的经济边缘化群体也无法使用计算机中介通信（见"数字鸿沟"和"易用性"）。

值得注意的是，以巴里·威尔曼（Barry Wellman）为代表的社会学家群体开始着眼于计算机中介通信的混合效应。截至20世纪90年代中期，计算机中介通信技术既影响社会，又被社会所影响的事实逐渐变得明朗。由此而生的新型交流形式并未产生赛博格，相反，它其实正处在由社会所施加的改变与操纵压力之下，这种压力会加剧现存于计算机中介通信当中的分歧和偏见。

正如巴里·威尔曼等人所言，计算机中介通信所产生的影响在社会关系层面也有很多重要的体现。现今社会中，许多人都并非待在固定的地理位置上，他们所维系的社交网络往往是由在地理上相距甚远的人组成。诚然，计算机中介通信有时的确会被用来维系和巩固这些社交网络，但就这种"维系"作用而言，即便是电话甚至原始的信件也能做到，毋宁说汽车、火车和航空旅行了。如此说来，与其说计算机中介通信使人们拥有一个"虚拟的自我"，更有可能出现的情形其实是您在某一周给朋友们打了电话，又另选时间与他们会面，一段时间后，您又给他们发了电子邮件，您在另一个场合又会通过互联网中继聊天与他们交谈，而在那之后又电联他们出去喝咖啡了。虽然对于多对多或一对一的计算机中介通信来说，存在于虚拟空间中的关系显然早已开始，但随着中介通信种类的丰富和形式的发展，电话或面对面会议也将逐渐被囊括进这一趋势当中。

此外，还有一个重要因素需要牢记，即就信息通信技术的生命周期而言，支持很多计算机中介通信的软件逐渐过时，人们将会减少使用它们，甚至采用新的媒介形式来替代它们。随着3G移动（蜂窝）电话在全球范围内的普及，人们可能会通过广泛使用短信来替代电子邮件,这一情况在英国已经出现。目前,第三代手机已经支持视频通话。此外,在编辑文本时,手机与手机之间的图片互传机制在日本和英国已经建立(即对由手机内置数码相机所拍摄的照片进行传送)。随着带宽的增加,一切计算机中介通信形式也将变得越来越可视化,于是新闻组、电子布告栏系统和互联网中继聊天等原以文本为基础的计算机中介通信将逐渐被可视化环境所取代。在这个图像化的环境中,参与者们可以借助化身来进行交流,也可以更简单地通过视频直接看到彼此。因此,在未来,计算机中介通信可能会出现很大的变化。

另请参阅:朱利安·迪贝尔(Julian Dibbell, 1999)、霍华德·莱因戈德(Howard Rheingold, 1993)、雪莉·特克(Sherry Turkle, 1997)、马克·史密斯(Marc Smith)和彼得·克罗克(Peter Kollock)(1999)、巴里·威尔曼(Barry Wellman)等(2001)

计算机中介社会支持

见"虚拟社会支持"

计算机社会责任专家联盟

1983年,施乐帕克研究中心和斯坦福大学的计算机学家正式组建了一个非政府组织,以抗议人们在无人驾驶、战场管理等军事系统项目中不负责任地使用计算机技术,尽管这些项目为美国人工智能的研究提供了大量资金。计算机社会责任专家联盟将出台于本组织成立两周后的"国防计划"(又名"SDI"或"星球大战计划")确定为第一个反对目标,该组织将这一计划视为一种昂贵、危险且不可靠的武器系统。20世纪90年代以后,计算机社会责任专家联盟开始越来越多地涉及隐私和言论自由等赛博空间问题。目前，该联盟的重要分支机构已经遍布非洲、亚洲、欧洲和南北美洲等地。此外，对于一年两次的盛会——"参与式涉及"会议与"高级计算的方向与启示"会议，计算机社会责任专家联盟也曾两次予以赞助。作为2000年"高级计算的方向与启示"会议的后续项目，该联盟的"公共领域"项目于2001年正式启动。

更多资源：www.cpsr.org，www.cpsr.org/program/sphere

计算机支持的社区工作

计算机支持的社区工作是计算机支持的协同工作的替代，它通过强调"社区"的核心地位，从而使传统的计算机支持的协同工作重新变得引人注目。

更多资源：www.scn.org/commnet/cscw-00.html

计算机支持的协同工作

计算机支持的协同工作是计算机科学中的一个学科，它所研究的是如何使用计算机来支持协同工作，而这种协同工作通常指的是白领商业工作。计算机支持的协同工作中的一些主要议题包括工作流程管理、应用程序共享（群件）、远程工作呈现和文档管理。几场主要的计算机支持的协同工作会议通常会在美国和欧洲国家之间轮流举办。

另请参阅：托拉·K. 比凯森（Tora K. Bikson）和J. D. 埃弗兰（J. D. Eveland）（1998）

连通性

见"访问"

控制台

见"游戏"

聚合

"聚合"是目前用于描述一系列电子信息技术或多媒体应用的术语。比如那些具有上百个频道的数字电视所提供的内置型互联网接口，又比如家庭电脑上的诸多应用程序，这些都是"聚合"的例子。"聚合"指的是一种技术与其他技术进行交互的能力，而绝不仅仅是将几种设备所具有的一切功能一股脑地整合进同一个"盒子"里那样简单。随着录音磁带、模拟电视信号传输等技术开始被数字技术所取代，实现"聚合"逐渐变得可能。除此之外，网络的兴起可以"随需应变"地为各种家用仪器或掌上设备提供多种形式的数字内容（通过网络介入和应用程序下载，这些数字内容可以覆盖电信、游戏、电影等多个方面），这进一步促进了"聚合"的发展。举个例子，在我们撰写本书期间，一台冰箱可以与某个人的银行账户进行关联，然后在牛奶快要喝完的时候再去超市订购一些牛奶作为补充。作为一个最经常被引用的例子，尽管它可能缺乏想象力且并不浪漫，但这并不妨碍它成为一种设想之中的交流方式。此外，随着蓝牙等无线技术的发展，数字视频摄像头将承担起网络浏览器的使命，将自身记录下来的图像通过电子邮件进行数据传递。这些无线技术的开发动因与促进"聚合"进而从中获利密不可分。

小甜饼

小甜饼指的是服务器在与浏览器进行交互的过程中写入用户硬盘中的一个小文件。当用户再一次访问之前曾向这台电脑发送过小甜饼的网站时，该网站将会存储用户的详细信息，并相应自定义进行回复。具体到实际运作层面，人们在网上书店亚马逊的注册过程就是一个例子。亚马逊网站将一个小甜饼发送至用户的硬盘，当用户再一次访问亚马逊网站时，该网站将会读取小甜饼，并根据其内容中所包含的名称向用户打招呼。此外，网站能够借助小甜饼与用户进行交互，并根据用户过去的购买情况生成用户意向性新产品列表。根据网站编程者的设计，小甜饼通常会在数周或数月后失效。

著佐权

著佐权是一种通用的方法，它可以使软件（尤其是软件的源代码）免费且随时可用。此外，著佐权的特殊性质确保了与之对应的程序的所有修改版本和扩展版本在同样的意义上都是免费的。凭借著佐权和我们更熟悉的"版权"，其创建者理查德·斯托曼（Richard Stallman）一举赢得了令人垂涎的麦克阿瑟天才奖。此外，著佐权还是革奴项目的法律基础和哲学基础，而该项目的目的在于给予人们重新分配和修改革奴软件的自由。革奴项目的开发者并未只是简单地把革奴软件放在公共领域，而是使之"公共化"。而想要"公共化"某个程序，首先应确保它是受著佐权保护的，在此基础上再为它添加分配条款。这样一来，在分配条款保持不变的前提下，每个人都将有权使用、修改和重新分配该程序的源代码及其派生程序。尽管著佐权是一个通用概念，但它同样拥有特定形式，即在革奴项目中所通用的公共授权条款。

更多资源：www.gnu.org/copyleft

企业主导

自本·H.贝戈蒂克安（Ben H. Bagdikian）的书籍《媒体垄断》（*Media Monopoly*）〔其他例子还有：赫伯特·席勒（Herbert Schiller，1989）和奥利弗·博伊德-巴雷特（Oliver Boyd-Barrett，2003）的作品〕于1992年出版以来，作为一种会对民主进程造成消极影响的趋势，"企业主导"或"媒体帝国主义"概念得到了广泛的论证和讨论。一个不可避免的问题出现了：赛博空间是否会受到商业利益的支配？如果是的话，人们能够或应该采取什么措施来对抗它？当然，与互联网商业活动被严格禁止的时期（1995年之前）相比，现在的赛博空间变得更加商业化，这是一个不争的事实。此外，非商业利益目前在赛博空间中的表现突出且活跃〔赫伯特·席勒（Herbert Schiller）与彼得·戴（Peter Day），2003〕，毋庸置疑，这一趋势势必将在未来继续下去。然而，商业投资并非是一帆风顺的，而且赛博空间在未来将会如何被看待、被使用？这一问题也尚不可知。有确切的证据表明，无论是提供网络访问，还是在游戏网络上按消费者需求提供其他内容，企业对于开发游戏市场的兴趣都是存在的（见"游戏"）。因此，问题的关键在于有哪些商业活动可以在赛博空间中完成，以及应该采取什么样的政策导向来确保这些商业活动不因结构限制而被边缘化。

另请参阅：文化帝国主义、全球化、"随需应变"

更多资源：本·H.贝戈蒂克安（Ben H. Bagdikian，1992）、赫伯特·席勒（Herbert Schiller，1989）、奥利弗·博伊德-巴雷特（Oliver Boyd-Barrett，2003）

肉体

见"身体"

异装行为

见"赛博女性主义"

交叉所有权

当同一家公司在同一地理区域拥有电视、电报和报纸等多个主要媒体渠道时，就会产生交叉所有权现象。

密码学

见"加密"

社区技术中心网络

见"社区技术中心"

线索过滤

人们往往习惯于通过视觉直观把握交流对象的表情、立场和外貌，即人与人之间交流过程中的大部分信息内容都是通过非语言传达的。因此，基于文本的计算机中介通信会对人的交流造成一些困难，这些非语言的"线索"会被电子邮件、新闻组或互联网中继聊天所"过滤"。虽然电话也会过滤掉许多非语言线索，但一些能够简单通过人们发声进行传递的信息仍然是可用的（尽管电话交谈的确与面对面交流有所不同）。相反，基于文本的计算机中介通信则无法传递视听线索。有些人会将网络敌对现象和网络论战的出现归因于视听线索的缺失——无论是这种玩笑式的论调，还是那些至少被表达或语气的变化所中和的表达方式，其实都取得了与文字表达相反的效果：观点鲜明且充满敌意，进而得到了同样的敌对回应。当然，同样的，在缺乏上下文语境线索的情况下，无论这种言论是真实的还是戏谑的，它们都将会在表意方面起到额外的作用。

然而，人们很快就能适应非视听交流形式，因为计算机中介通信的参与者们可以使用键盘来绘制面部表情，这些表情符号被人们称为"笑脸符号"或"微笑图示"。以"[;-)]"为例，该符号就是一个由分号、连字符和括号所构成的眨眼微笑脸；将其稍微变化，则可以得到用于表示悲伤的"[:-()]"符号组合。

这些表情符号在手机短信中也占了很大比例，尤其是英国（相比美国，英国对于表情符号的使用更为普遍）。这些符号被用作单词和短语的缩写，其描述内容涵盖了从说话者的外表吸引力到内在精神状态等各个方面。虽然微笑图示并非象形文字，但在通过有限的排版来传达广泛意义的语境下，它们拥有极大的创造力。

人们可以像运用面部表情、手势或声调那样通过打字来设计自己言论的语气。当人们觉得需要强调他们所说的内容，或在某些情形下需要提高音量甚至大声呐喊时，他们就会用大写的形式来发布信息。因此，参与者们有时会将基于文本的计算机中介通信中使用大写字母的现象直接描述为"大喊"。

将计算机中介通信中的其他参与者的物理距离纳入考虑范畴时，会发现语言和听觉线索的缺失还会造成其他影响。有些人通过类型化的信息发现了一类"远程"交流，这是一种解放的环境，参与者们能够以一种在面对面交流中发现困难的方式去探索深层次的个人问题。对此，一种可能的解释是在真实生活中发生互动的亲缘关系难免会涉及尴尬和笨拙，而非面对面的交谈形式则可以避免这些不利情感。而目前被称为"虚拟社会支持"（即在线自助和支持团体）的交流手段已经得到了非常普遍的使用，从一定程度上讲，这可能与提供这种在线沟通的环境有关。诺尔曼·K.德津（Norman K. Denzin）认为，北美洲人同时拥有对技术的热爱、"自助"观念和分析水平，这三者必然会实现联合。（诺尔曼·K.德津，1998）

除此之外，其他争议点集中于基于文本的计算机中介通信将线索过滤掉之后可能会造成的影响。有观点指出，计算机中介通信提供了一个"中立"的交流环境。就交流参与者而言，无论是外表、性别还是相对的财富，大量的相关线索其实都是不可知的。霍华德·莱因戈德等评论家认为计算机中介通信促进"利益共享"型社区的潜力迸发，而这种潜力却并非由地理邻近性或某个人的表现所决定。对于那些不愿与别人交流沟通的人，或会以某种特定的方式与他人交流的人而言，因为归根结底是视觉线索决定了他们的表现，因此，他们现在已经被置于一种必须假设对方与自己平等的情境之中。形成这样的想法其实存在着一些困难。首先，这些观念是在计算机中介通信受北美洲中高级阶层所主导的时代发展起来的，这就导致据传这种"中立"的沟通实际上更多见于美国"中产阶级专业人士"和"大学教授"这两类共同点较多的群体中。其次，在计算机中介通信中很多口头线索可能会泄露某个人的性别、言论态度和身份背景等信息。以词汇上的差异为例，这一点就可能被用作确定参与者们大致的社会阶层和其他变量（如可能的收入水平）的一种方法，尽管这种方法显然是有失偏颇的。

对于事实的故意歪曲是另一个问题。最明显的要数由大众媒体所创造的一种由恋童癖者和儿童网络色情工作者所组成的计算机中介通信恶魔，它会在网上故意歪曲儿童形象。除此之外，还可能存在言辞微妙且形式多样的虚假陈述，其中一个尤其特别的倾向是参与者会改变自己的性别或为自己创造另外的身份。

想要对这些想法和假设进行检验需要克服很多困难。能够确定的通常是计算机中介通信的庞大规模以及为开展学术研究而监控有效对话的问题（见"潜水"）。计算机中介通信的大规模全球性研究无法开展，而且已经完成的工作也表明基于文本的计算机中介通信手段并没有得到统一的使用。此外，尽管新闻组等在线交流工具在某种意义上可被称为"公开"，因为它可以被任何人阅读，但在参与者们看来，这些在线交流究竟是公共财产还是私人谈话？这一点依然是值得商榷的。尽管通过联合计算机中介通信的使用者来达到观察其行为的目的的确具有可操作性，但这一举措可能会带来方法论问题，因为计算机中介通信论坛的参与者将会知道他们正处在他者的观察之下。

更多资源：诺尔曼·K. 德津（Norman K. Denzin，1998）、迈克·戈德温（Mike Godwin，1996）、玛格丽特·麦克劳克林（Margaret McLaughlin，1995）、史蒂文·芒沙（Steven Muncer，2000b）、霍华德·莱因戈德（Howard Rheingold，1993）、马克·史密斯（Marc Smith）和彼得·克罗克（Peter Kollock）（1999）

文化帝国主义

文化帝国主义实际上是一个"统治"的过程。这一过程是指全世界最具经济实力的国家试图推翻大多数较贫穷国家的价值观、文化传统，并用自己的文化观点取而代之，进而利用他国文化以维护自身优越性。这是美国及西欧一带先进的民族资本主义国家之所以能够系统性地在较弱的第三世界国家中谋求经济和政治利益的一个重要原因。因此，文化霸权主义也是全球化趋势中的一个重要组成部分。地方文化在它的影响下受到由跨国公司所主导的"西方"文化价值观的威胁，并最终流离失所。

已知的文化帝国主义手段多样且至少可以追溯至罗马帝国时期，具有悠久的历史。在当今世界，文化帝国主义所采取的措施包括对未来领导人和世界上较贫穷国家的统治精英进行教育。这些群体在西方院校里被灌输着自由市场的教义和原则。然而，以CNN（美国有线电视新闻网）和BBC（英国广播公司）为代表的美国电影、电视和全球新闻节目具有更大的影响，因为它们向全世界的观众传播着西方视角。除此之外，对商业繁荣、科学进步和经济社会发展而言，作为世界性语言的美语已经成为最重要的语言，这一点也无比明显地昭示出全球化发展现状。

这种文化帝国主义过程为我们理解赛博文化提出了重要的议题。作为负责互联网初步发展的国家，美国制度的主导地位显然使它在文化方面相比欠发达社会占据了更多优势。万维网的语言、图标和符号主要是西方的，实际上绝大多数是北美的。对于赛博自由主义者而言，这种来自于新媒体的支配性既是一种使个人得以摆脱美国政府压迫的手段，又是一个使他们能够参与"美国梦"的机会。在这一语境下，我们可以将互联网视为一种媒体技术，它既受西方主导文化的影响，又对全球化进程起促进作用，而后者与文化帝国主义的目标是一致的。

另请参阅：全球化、超级临时工雇佣制度

文化恶搞

文化恶搞指的是通过戏仿广告、"绑架"广告牌并严重改变其信息的方式叫板公共空间中的营销活动的行为。文化恶搞的抗议活动通常是由技术高超的"游击艺术家"来完成的，即采取隔绝广告信息的方式，剥夺广告商支配公共领域的权利，从而为公共空间政治做出贡献。越来越多的"强硬派"认为：我们的街道、社区、学校、体育设施、公共交通、高速公路和互联网都已逐渐被淹没在企业信息和图像的洪流之中，而这些信息既无人需要，也无从预防。同许多反资本主义新社会运动一样，这些活动人士认为我们不应该默许公共空间的商业化；相反，我们应积极抵制这一趋势。

这些文化恶搞被冠以"调整""颠覆"等词，并被其实践者视为一种反抗文化的艺术。一份制作精良的"颠覆"通过采用经典的"双重拍摄"手法，完美模仿目标广告的外观和它给人的感觉，并能够使观众在观看的过程中突然意识到自己被骗了。这种"颠覆"能够对观众造成一种认知失调。它削减了介导现实[①]本有的炒作效应和浮华感，并在瞬间揭示了更深层次的真相。然而，正如娜欧米·克莱因（Naomi Klein）所言："最复杂的文化障碍绝非单独的广告戏仿，而是拦截，即通过呈现那些破坏公司自身沟通方式的信息，进而发出一个明显不符合预期目的的信息。"（娜欧米·克莱因，2000：281）企业不得不通过开展通常来讲代价非常高昂的企业运动来对已有文化进行批驳，以突出被文化干扰者认为不可接受的一些企业行为，如恶劣的就业条件、侵犯人权现象、健康威胁和环境风险。

世界各地出现了越来越多的网络干扰者，他们利用赛博空间来组织活动、招募支持者和参与者，并传播他们的反抗信息。以 Adbusters 和 Subver 网站为例，这类网站不仅利用媒体来进一步发展电子杂志和社区活动，而且还开发和分享在线文化恶搞图像。此外，越来越多的黑客正在从事虚拟公共空间的回收工作。

另请参阅：新文化政治

[①] 介导现实是由"智能硬件之父"多伦多大学教授 Steve Mann 提出的，介导现实，英文为 Mediated Reality（简称 MR）。VR 是纯虚拟数字画面，包括 AR 在内的 Mixed Reality 是虚拟数字画面＋裸眼现实，MR 是数字化现实＋虚拟数字画面。——译者注

网吧

见"网咖"

网络犯罪

网络犯罪是指通过使用全球电子网络进行的非法或不正当的计算机媒介活动。作为新的信息通信技术多功能化的必然结果，网络犯罪意味着一种独特的犯罪活动形式。网络犯罪不仅仅是一种因为涉及计算机而被贴上犯罪标签的行为，相反，它指的是一种仅通过使用信息通信技术才能够实现的活动，例如"全球化"就降低了跨国犯罪的实施难度。此外，有组织的犯罪分子还可以应用网络技术，如通过开发更复杂的技术来支持和发展贩毒、洗钱、走私和非法武器贩运网络。于是，越来越多的安全和商业机密被电脑黑客截获并加以电子传输，最终在新兴市场上进行销售。此外，作为互联网基本特征的多对多通信也使具有潜在危害性的信息知识实现相对低成本的生产和全球范围内的传播成为可能。

网络犯罪类型不一，最常见的几种类型如下所示：

• **计算机网络入侵**，即黑客入侵计算机系统和网络以窃取数据或实施破坏（如种植病毒或特洛伊木马病毒）的行为；

• **工业间谍活动**，即一种为获取竞争对手的产品开发或营销策略信息等"商业秘密"而开展的计算机网络活动，该活动越来越多地通过侵入商业计算机系统来进行；

• **软件盗版**，其根源在于对有价值的计算机代码进行捕获；

• **网络诈骗**，该行为迅速成为在线商务的一个重要特征，它包括虚假商品、未交货商品、虚假赛博空间商业机会及信用卡诈骗等内容；

• **网络色情**，特指那些描写儿童并通过恋童癖网络进行传播的色情作品；

• **电子邮件轰炸**，指在软件编程的指令下，电脑用电子邮件轰炸指定地址并淹没收件人的个人账户，从而带来系统崩溃威胁的行为。

• **密码嗅探器**，即通过监视和记录用户的身份和密码来影响计算机网络安全防护的软件程序，其目的在于使入侵者访问受密码保护的文件和文档；

• **电子欺骗**，即通过电子手段将计算机伪装成另一种计算机，从而使非法访问网络成为可能的一种行为。

随着信息通信技术的发展，犯罪行为也随之发生变化，具体体现为犯罪分子也参与了网络犯罪。我们可以将网络犯罪分为以下三个基础类别：黑客和飞客，信息商人和雇佣军，恐怖分子、极端主义分子和偏见分子。

计算机网络对于现代组织与日俱增的重要性和在线商务的迅速普及使执法机构和安全部门对自身相对于网络犯罪的脆弱性产生了相应的担忧。可以说，网络犯罪对国家和国际经济、安全以及社会政治关系所造成的威胁对现有的执法实践提出了严峻的挑战。侦查网络犯罪通常要求执法者既能够很好地理解新媒体，又能够使用先进的计算机。因此，现在许多国家和地区的执法和安全机构都配设了专门致力于打击网络犯罪的"网络犯罪"单位。

立足于当今信息时代，内部安全部队和外部安全部队之间的传统藩篱被打破，这对执法机构今后所扮演的角色具有重要意义。计算机网络的灵活性使得信息战、恐怖主义和"正常"犯罪活动之间的区别变得越来越不明显，然而对于一个社会福利严重依赖于经济安全的国家来说，经济间谍活动对其造成的威胁可能比核打击更甚。

执法部门和安全机构用于打击网络犯罪活动的措施已经引起

了隐私保护和传播监视有关人士的反对。一些民权运动组织认为，访问加密信息或追踪通信等为实现互联网监督而设计的机制对于隐私和自由造成了不可接受的侵害。此外，在未经许可的情况下获取个人数据并与其他数据源进行匹配可能也代表着一种向"监督型社会"的迈进。

另请参阅：加密、黑客、信息战、盗版、隐私

更多资源：道格拉斯·托马斯（Douglas Thomas，2000）、布莱恩·D.罗德尔（Brian D. Loader，2000）、麦克·戴维斯（Mike Davies，1996）、戴维·莱昂（David Lyon，1994）

赛博女性主义

女性主义理论家在关于赛博文化的争论中进行了一些重要的干预。在某种程度上，这一现象的产生应归因于存在于现有的女性主义科学技术工作中的一个长期而重要的分析传统。［参见桑德拉·哈丁（Sandra Harding），1986；茱迪·瓦曼（Judy Wajcman），1991］虽然绝大部分女性主义科学技术工作都是至关重要的，但不可否认的是这一工作的确在强调妇女群体边缘化、排斥科学技术文化和受其统治的方面为女性主义作家开辟了一个空间，使其能够以极富有成效的方式参与科学与技术的研究和实践活动。关于赛博文化的女性主义工作包括分析计算机和互联网对女性生活的影响，其中存在着两极化的言论。对于一些作家而言，赛博空间是另一种异质性领域。在结构上，赛博空间将女性参与/学习电子邮件和电子布告栏系统话语排斥在外，因为无论是网页设计还是计算机行业，都无不在强调这些排斥机制是如何运行的。另一些作家则认为赛博空间为两性关系的重建提供了一个新的空间。因此，女性主义者应抓住机会，按照自己的方式使用网络。通过对女性主义理论和政治中所反映出的广泛争

论进行探讨，我们可以发现围绕这一问题存在着许多彼此相悖的观点。因此，将赛博女性主义放在二元对立的话语模式中进行探讨也许更为恰当。[见朱迪斯·斯奎尔斯（Judith Squires），2000]

当然，除学术理论之外，女性主义对于赛博空间的干预还涉及女性主义政治，这也是塑造赛博文化的关键因素。女性主义政治也拥有不同的理论体系。凯蒂·沃德（Katie Ward，2000）将女性主义赛博文化实践分为在线女性主义和在线赛博女性主义两大类。前者指通过意识提升等手段利用赛博空间推进广泛的女性主义议程，后者则指发生于赛博空间中的一种富有表现力的参与。最好的例子要数自封为"geekgrrrls""nerdgrrrls"和"replicunts"的群体，是他们积极为女性宣扬赛博空间，并将成果为己所用。正如莎迪·普兰（Sadie Plant，2000:335）所写：

> 复制品编写程序、绘制病毒图像、制作武器系统并渗透进艺术和工业领域；黑客则篡改代码、清零数据并开玩笑似的在世界上打开新的漏洞。他们是新边缘的边缘，是毫无羞耻之心的机会主义者；他们完全没有责任感并致力于渗透和腐化世界，而这一行为在他们离开家园的那一天就已经发生了。

作为赛博女性主义最重要的文本之一，唐娜·哈拉维（Donna Haraway）在《赛博格宣言》（*A Cyborg Manifesto: Science, technology and socialist-feminism in the late twentieth century*，2000）中对这一问题做了明确的回应。这篇文章从女性主义的角度探讨了来自新科学与新技术的多方面影响，然后将视角转向赛博格，即哈拉维试图将其作为自由形象加以纠正和重构的主体。如她所见，赛博格可能会演变成一种令人不安的"边缘角色"，它的出现将扰乱当今社会中存在于人/机器、男人/女人等关系之间的秩序原则。哈拉维一直前进在探索赛博格和其他新生物技术体的道路上，她的作品对许多网络女性主义作家产生了影响。[见詹妮弗·冈萨雷斯（Jennifer Gonzalez），2000；切拉·桑多瓦尔（Chela Sandoval），2000]

另请参阅：赛博格

更多资源：大卫·贝尔（David Bell）和芭芭拉·肯尼迪（Barbara Kennedy）（2000：第四部分）、吉尔·科尔库普（Gill Kirkup）等（2000）、莎迪·普兰（Sadie Plant，1997）

赛博组织

赛博组织指的是一个赛博空间政策方向。根据阿卜杜勒·阿勒姆特（Abdul Alkalimat）和凯特·威廉姆斯（Kate Williams）的描述，赛博组织以作为潜在社会变革力量的信息技术概念为依托，同时推动边缘化、低收入群体的自我组织进程，使之成为社会变革的推动者。

更多资源：《社会资本与网络力量：一个非裔美国人社区的社区技术中心》（"Social Capital and Cyberpower: A Community Technology Center in an African American Community"），www.communitytechnology.org/cyberpower

电子宠物

自20世纪90年代末开始，作为用于展示具有类动物特征的各类计算型玩具的集合名称，电子宠物深受儿童的喜爱。早期的电子宠物包括拓麻歌子（Tamagotchi）、口袋妖怪（Pokemon）及其他类似品种。此外，"机器人—动物"的结合品也算在其列，如菲比公仔（Furby）和聪明狗（Poo-Chi）。由日本万代（Bandai）公司推出的拓麻歌子是一个带LCD显示屏且侧面有按钮的小塑料外壳，它拥有和数字手表一样的外观。其屏幕上会显示一个"蛋"。

这个蛋是在激活屏幕时孵化出来的。这只虚拟宠物只生活在屏幕上并由其主人所抚养，主人可以通过按按钮的方式来给宠物进行投食、训练、洗澡及监控其发展变化等行为。如果主人忽视了它，拓麻歌子将会"死掉"。后来，由于任天堂公司（Nintendo）所研发的"口袋妖怪"大潮来袭，拓麻歌子黯然失色了。对于这种新型电子宠物，人们除了可以按照之前的方式抚养和照顾"口袋妖怪"以外，还可以让自己的"口袋妖怪"参加与其他口袋妖怪之间的角斗竞赛（见"游戏"）。反观菲比公仔、聪明狗等早期电子宠物，它们其实相当原始，不过是带着经过预先编程的反应和动作的机械化毛绒玩具罢了。

最近，日本开始研发以成人群体为受众的娱乐型机器人。例如索尼公司就推出了Aibo系列的"娱乐性机器人"（www.jp.aibo.com 和 www.aibo-europe.com）。在相对复杂的人工智能技术加持下，这种机器人不仅具有学习技巧的能力，还能经开发而表现出独特性行为。从这个意义上来讲，没有哪两个Aibo机器人是完全一样的。只要给一个Aibo机器人提供一个不同的软件，它就可以按照其主人的愿望修正自身行为并学习新的任务，如通过人脸识别软件对它的主人进行"识别"等。Aibo机器人的各种模型都被设计成了动物形状的四脚兽。

电子宠物除了具有玩具价值之外，还能指导儿童与成人去思考赛博文化的工具。因此，人们也将其视为数字技术转向新领域的例子。雪莉·特克（1997）曾通过与儿童及计算型玩具进行合作的方式来探索儿童如何利用"有机"和"无机"之间的区别来思考问题。在某种程度上，我们可以将电子宠物看作原始的人工生命形式，它与计算机病毒、机器人和智能代理人程序同属一个谱系。

另请参阅：人工生命、机器人、病毒

更多资源：琳达·布洛赫（Linda Bloch）和德芙娜·莱米（Dafna Lemish）（1999）、雪莉·特克（Sherry Turkle，1997）

赛博朋克

以1984年威廉·吉布森（William Gibson）的小说《神经漫游者》（*Neuromancer*）的出版为肇始，赛博朋克成为科幻小说中的一股潮流。一些评论家将赛博朋克视为后现代世界的代表，另一些人则认为威廉·吉布森、布鲁斯·斯特林（Bruce Sterling）等赛博朋克作家笔下的小说也可以被解读为一种向我们预告未来的社会理论。［罗格·伯鲁斯（Roger Burrows），1995；道格拉斯·克尔纳（Douglas Kellner），1995］

从广义上讲，在基于人类生存天性的前提下，赛博朋克对计算机网络技术、虚拟现实技术和生物技术等影响进行了一番处理。它着眼于人们身处这样一种未来时所释放出的天性和本质：在这一未来图景中，虚拟现实技术的使用及能够广泛改写、修正自己身体的能力使人们能够不断重新塑造自我，并能够在不想与真实世界打交道时将自己隔绝在外。在小说《神经漫游者》中，一个城市化程度很高的世界存在于物理空间中，而其信息流和数据则在"赛博空间"（该术语由威廉·吉布森所创造）中被复制。该术语是对于大型城市虚拟现实图景的写照，一个完全浸入式的互联网版本可能是对它最好的描述。作为个体的人可以成为赛博空间中仅有的存在，他们甚至可以在肉体消亡后继续存在下去，这也就是吉布森所说的"思想盒"（"constructs"）。在吉布森的世界中，计算机代码本身将可以比照代理人程序的形式去扮演一个拥有智能且能够自力更生的实体角色。至此，存在于人类、软件表征、人体改造及类人机器之间的壁垒都将被打破。在接下来这段引文中,《神经漫游者》的主角亨利·多赛特·凯斯(Henry Dorsett Case)与他死去的助手迪克斯(Dix)的思想盒(即其软件版本)的对话如下:

> 他确实感到有人从背后看过来。
>
> 他咳了一声:"南方人[①]?麦可伊?是你吗?"他喉头发紧。
>
> "嗨,兄弟,"一个声音不知从何处传来。
>
> "我是凯斯。伙计,你还记得我吗?"
>
> "迈阿密,我的小学徒,学得还挺快。"
>
> "南方人,在我跟你说话之前,你记得的最后一件事是什么?"
>
> "什么都没有。"
>
> "等等。"他断开了思想盒。迪克斯消失了。
>
> 凯斯又重新连接了思想盒。"南方人,我是谁?"
>
> "你在耍我吗,杰克!你他妈的到底是谁?"
>
> "凯……你的朋友。伙计,到底发生了什么?"
>
> "问得好。"
>
> "还记得刚才发生了什么吗?"
>
> "不记得。"
>
> (威廉·吉布森,1984)

赛博朋克的另一个关键主题是对于"真实"的自我进行的生物性转型。由菲利普·K.迪克(Philip K. Dick)的前赛博朋克小说《仿生人能梦见电子羊吗?》改编的电影《银翼杀手》对关于该主题的类型化处理进行了说明。由"电影视觉未来主义者"席

[①] 南方人:原译"迪克西",原文"Dix"指美国南部各州及该地区的人民,与指美国北部人的"Yankee"(洋基)意义相对。——译者注

德·米德（Syd Mead）所设计的《银翼杀手》世界奠定了整个赛博朋克的风格基调。赛博朋克的世界是当代城市空间的一种极端版本，肮脏、污染、黑暗和危险遍布着整个底层街道和地面。但对于生活在街道之上的摩天大楼中的经济精英们来说，他们拥有干净而安全的环境。这部电影中的场景对吉布森所造成的影响主要体现在以下几方面：当无论是关于未来的可视化还是与人类有关的一切都可以被人为制造时，究竟什么才是真实？以及对于人类而言这又意味着什么？

在赛博朋克世界中，免于接触"真实"不仅是可能的，也是可以实现的。赛博朋克的世界是一个严酷的非人性化场域，是对现实社会中最糟糕趋势的极端展现。在这个企业远比政府重要的世界中，对于信息经济和全球化的全部焦虑都已成为现实。此时的社会已经出现两极分化：由超级富豪管理人员所组成的小型全球性精英阶层，以及由无法借助多媒体手段摆脱现实束缚的边缘化人群所构成的巨大群体。后者拒斥社会并进而集群成为部落。以《虚拟之光》（*Virtual Light*，1993）为代表的吉布森后期作品对以麦克·戴维斯（Mike Davies）为代表的社会学家群体产生了深刻的影响，戴维斯就在《布满贫民窟的星球》（*City of Quartz*，1992）中对洛杉矶目前存在的两极分化状态进行了描绘。在小说《虚拟之光》中，吉布森甚至塑造了一名负责调查未来洛杉矶边缘化人群的分裂和社会结构的日益部落化现象的日本社会学家角色。而尼尔·斯蒂芬森的小说《雪崩》（*Snow Crash*，1992）则展现了一个更为极端的世界情景：美国等国已经被分解为更小的单位，而包括半合法黑手党在内的国际公司则处在骚乱之中。而影片《银翼杀手》中的一切内容都无不昭示着两极分化态势的日益严峻。

根据拉里·麦卡弗里（Larry McCaffery，1991）等评论员的说法，"朋克"现象因赛博元素而变得更加明显。20世纪70

年代正值英国朋克摇滚乐火爆时期，在此期间，"诅咒乐队"（"The Damned"）和"性手枪"（"Sex Pistols"）等乐队对现存社会采取拒斥态度，他们以赛博朋克为武器，谴责了认为世界正在进步的思考方式。麦卡弗里认为吉布森之类的作家是在技术和反文化的双重背景下成长起来的，因此，可以说赛博朋克是这两种影响综合的代表性产物。这种比较相对有效也相对无效。继1979年发行 Smash it Up 唱片之后，"诅咒乐队"再也没有诞生出超越之作。可以说，赛博朋克是对当代社会的一种最佳理性批判。

然而，实际情况却是赛博朋克已经带来了一些关于全球化趋势的社会经济批判。赛博朋克中的未来焦虑意识与早期科幻小说并不相同，因为前者的担忧不仅更为复杂，而且还相当真实可辨。因此，赛博朋克确实代表了与美国20世纪50年代一些幼稚的科幻小说所不同的东西。这些东西亦与电影《终结者》（Terminator）及两部续集中所显示的对于技术又爱又惧的情感有所不同。

许多人认为赛博朋克仅是一种为新形式的科幻小说、虚构小说和后现代电影发展提供语境的短命现象。这种说法可能有些夸张，因为从目前来看，电影《银翼杀手》和吉布森等人所描绘的反乌托邦世界已经在很大程度上对一些游戏造成了影响——这种影响体现但不局限于景观层面。近期的电影如《黑客帝国》《黑客帝国2：重装上阵》（The Matrix Reloaded）和《感官游戏》（Existenz）也都拥有着与赛博朋克相类似的情节。这些情节与"虚构"与"真实"之间的藩篱相关，并同时追问着这样一个问题：当人们能够以一种被改写的形式实现虚拟存在，或者当人们能够以人工生命被复制后的状态存在时，以上种种对于人类而言究竟意味着什么？最重要之处在于不夸大流行科幻小说深入探讨这些主题的程度，而是将之控制在合理范围内。以影片

《黑客帝国》为例，尽管影片在表面上想要对"何为真实"的问题做出解答，但它充其量也只是披着炫酷的黑色套装展现中国武术和射杀技术，以此作为探索未来人类处境的借口。

随着《阿伊朵》（*Idoru*，1996）和《明日之星》（*All Tomorrow's Parties*，1999）等小说的出版，吉布森进一步探讨了这一主题。

另请参阅：身体、赛博格、御宅族

更多资源：拉里·麦卡弗里（Larry McCaffery，1991），尼尔·斯蒂芬森（Neal Stephenson，1992），威廉·吉布森（William Gibson，1984、1993、1996、1999），道格拉斯·克尔纳（Douglas Kellner，1995），罗格·伯鲁斯（Roger Burrows，1995），斯科特·布卡特曼（Scott Bukatman，1997）

赛博空间

赛博空间指由互联网等电子通信网络的合流所创建的空间，它的存在使全球各地任何人之间的计算机中介通信成为可能。此外，它也是一个公共空间。人们可以在那里会面、交流思想、分享信息、提供社会支持、开展业务、创造艺术媒体、玩模拟游戏或参与政治讨论。诸如此类的人机互动并不需要依靠物理层面的共享或身体层面的共存才能实现；与此相反，通过构建电子邮件、新闻组、电子布告栏系统和聊天室在全球数百万人之间的连通性就可以实现这种互动。

术语"赛博空间"最早由小说家威廉·吉布森在其作品《神经漫游者》中提出，他将之描述为"一种共识性的幻觉……它是一种对于那些从人类系统中每台计算机银行中提取出的数据的图像表示。它具有难以想象的复杂性。一条条光线在智能、数据簇和数据丛的非空间中延伸，像城市的灯光渐渐远去并变得模糊"

(1984:51)。霍华德·莱因戈德和约翰·佩里·巴洛等一系列互联网爱好者已经对这一概念在赛博朋克文学中的起源和使用进行了进一步的阐释和意义拓展。因此，目前这一术语已具有普遍性。

约翰·佩里·巴洛是将吉布森的思想发扬光大的人。对于他来说，"赛博空间"概念标志着另一重虚拟世界——"电子前沿"的出现。（布鲁斯·斯特林，1994：247）在此概念中，"巴洛维恩赛博空间"（Barlovian Cyberspace）在本质上实现了对由计算机所连接的电话网络的超越。矩阵本身就能够在计算机屏幕后面形成一个虚拟空间，在这一由计算机矩阵所模拟的环境中，实体性存在逐渐被无实体关系所取代。

首先，赛博空间经常被描述为一种同质的虚拟公共领域或公共空间，这种说法无疑掩盖了信息通信技术设备用途的多样性。准确来讲，赛博空间更应被看作一种不同的多媒体技术和网络的集合体。尽管传输控制协议/网际网络协议可以将不同的网络结合于一处，但这并不意味着所有的域都可以被人们所访问。因此，尽管互联网的某些用途（例如，加密的点对点电子邮件、受邀请下的互联网中继聊天、视频会议及受密码保护的文件传输协议或万维网站点）是相当私密的，但它同样在其他用途上对其受众具有公开性，如电子邮件发件列表、新闻组和万维网页面等。（大卫·本拿，1996）

其次，赛博空间的另一个关键性特征是能够被来自全球不同国家的数千万人所访问。因此，明确"互联网对于世界历史文化的同质化程度"和"这一做法的可取性"这两点是非常重要的。以赫伯特·席勒为例，他曾指出美国政府可能会借助全球信息基础设施委员会在全球文化殖民行动中发挥一定的作用。

有些人认为，巴洛维恩赛博空间的另一个弱点在于它包含了一种在某种程度上与"真实"世界毫不相干的虚拟现实。这一说法肯定忽视了这样的事实，即恰恰是赛博空间技术使"虚拟性"在军事、教育、公共事业和商业的使用中得到了发展。事实上，能够抵御恐怖主义和核攻击的巴洛维恩赛博空间本身就是美国建立军事通信系统的愿望产物。作为一项研究和一个民用通信网络，直到1995年4月，美国政府依然通过国家科学基金会向该网络直接提供资金支持。尽管该网络现已变为私人运营形质，但美国政府依然间接地向它提供资助。由此可见，赛博空间的起源、发展和合作精神直接关涉政府决策和公共开支的现实世界。

最后，我们有必要阐述巴洛关于世界正处在创造中的断言："所有人都可以在不受种族、经济权力、军事力量或出生地所赋予的特权或偏见的影响下直接进入赛博空间。"（巴洛，1996b）我们应立足于"互联网访问"这一社会语境来理解这一断言。数据表明，目前世界上能够使用互联网者所占比重依然较小，而互联网使用者大多数来自于发达国家并往往具有专业性知识背景。因此，能够在何种程度上扩大互联网访问人群将在极大程度上依赖于公共决策和企业规划，而这二者似乎对政治在赛博空间所扮演的角色提出了诉求。

另请参阅：访问、赛博朋克、全球化

更多资源：威廉·吉布森（William Gibson，1984），霍华德·莱因戈德（Howard Rheingold，1994），约翰·佩里·巴洛（John Perry Barrow，1996a、1996b），麦克·费瑟斯通（Mike Featherstone）和罗格·伯鲁斯（Roger Burrows）（1996），布莱恩·D.罗德尔（Brian D. Loader，1997）

赛博格

"赛博格"（cyborg）一词是对"控制生物体"（cybernetic organism）的缩写，指的是有机生命与赛博技术的混合状态。

发生于20世纪50年代的太空科学旅行造就了首个获称"赛博格"的物种：一只被安装了渗透泵的白色实验鼠。（唐娜·哈拉维，1995）许多早期的赛博格研究都将关注点放在动物和人类对于太空旅行的需求上。后来，该项研究以军事领域为中心并扩展至其他应用方面。［克里斯·哈波斯·格雷（Chris Hables Gray），1997］正如我们所知，赛博格拥有超越空间和战争研究之外的"第二人生故事"，即作为流行文化的产物而存在——尽管这一维度将永远受语境影响。关于赛博格的最棒构想依然来自于科幻作品，例如影片《终结者》《铁甲威龙》（Robocop）以及漫画《美国队长》（Captain America）、《X战警》（The X-Men）等。［马克·欧勒特（Mark Oehlert），2000］人类与赛博格本就同根同源，这使得后者成为一个强大且问题重重的文化主体形式。美国理论家唐娜·哈拉维在《赛博格宣言》中对于这一状态进行了最好的解读。直到今天，这份文本依然是关于机器人的多种形式和用途的最重要讨论：

> 我们是一个控制有机体，一个机器与生物体的杂合体，一个社会现实的创造物，同时也是一个虚构的创造物……我们都是吐火女怪，是理论上虚构的机器与生物体的混合物。简而言之，我们都是赛博格。
>
> （唐娜·哈拉维，2000:291–292）

在这个意象密集的有趣表述中，哈拉维试图通过探索我们设想和创造赛博格的方式来拓展今天的网络环境，即在这个自然与技术共同来临的语境当中进一步探索身体义肢化的思考方式。哈拉维所提出的关键问题是：由我们所制造出的赛博格对于我们而言究竟意味着什么？

哈拉维将赛博格视为一个令人不安的边缘性角色。在她看来，赛博格既非有机生物体又非机器，而仅仅是存在于人类—机器、人类—动物、自然—技术等在现代思想中最具意义的二元结构夹缝当中。在这个多层级公式中，赛博格往往拒斥一种非此即彼的位置，并通过使自己成为或背离二元双方来打破二元结构。某些以赛博格理论为基础且存在于社会现实科学和科幻小说之间的二元对立结构也因此遭到抵制。赛博格同时存在于两个世界当中，因此，我们关于它的知识、经验和想象往往会来回摇摆：

> 一方面，赛博世界所关注的是最终能够将控制的枷锁施加于地球，是包含在星球大战以防御之名所发动的大灾难之中的终极抽象理念，是男权主义狂欢战争中对女性身体的最终占有……另一方面，赛博世界可能关乎一种活生生的社会与身体现实。在这种现实中，人们既无须害怕他们与动物和机器之间的共同血缘关系，也无须惶恐永久性的残缺身份和矛盾立场。

让我们来解构这一表达方式：哈拉维所描述的"赛博格世界"的第一个版本在反乌托邦科幻小说当中比较常见，它以影片《终结者》的电影叙事为典型例子。此版本的赛博格是"军事—工业"的产物，是战争的奴仆。哈拉维敏锐地意识到了此类型赛博格可能带来的危机，即为实现破坏和统治的目的而制造出新的怪物。此外，若从女性主义者角度对《赛博格宣言》的核心观点进行解读，可以发现将赛博格性别化地视为一种强硬的男性化战争机器的观点也是值得商榷的。为抵消（而非忘记）这一观点，哈拉维比照着列出了第二个公式，她旨在强调赛博格这一角色在提供生产力方面所具有的可能性。哈拉维并未将赛博格视为一种必然性的战争机器并进而害怕甚至拒斥它们，相反，她更加热衷于寻找赛博格的替代品，以此探索赛博格能够做（或可能做）的其他类型的文化工作。这意味着我们将寻找其他种类的赛博格、探访有可能遇到赛博格的其他地方并开始以其他方式思考它们。将赛博格视为一种令人不安的边缘性居民或一个拒绝受到压制的魔术师,这种观点实际上已经暗示了未来的前进方向。从这个意义上说,似乎我们更应该欢迎赛博格进入人类的"家庭",并应积极通过进行自我鼓励以重塑人类与技术之间的关系。同时应加入赛博格的世界,拒绝二元思维的束缚。这一观点已被使用于哈拉维所构思的另一篇论文的口号"为了世俗生存的赛博格!"("Cyborgs for Earthly Survival!")中。进一步深入思考可以发现这种赛博格思维已经成为一种解构策略并将我们带入一个新的领域,进而提供许多机会,使我们得以直接接触不同领域中激增的控制论有机体。

哈拉维的宣言在多个领域流行起来,许多最重要的相关文章都收录在《赛博格手册》(*The Cyborg Handbook*)(克里斯·哈波斯·格雷,1995)中,这本书对于赛博格的各个层面都进行了完整的绘制和解析。格雷根据赛博格属性将其分成恢复性、常态化、重新配置性和强化性四类。在前两种形式当中,赛博格介入性的质是纠正性的,如义肢或人造器官;而后两种形式则会产生新形式,如人工生命或"超人"式的太空竞赛型赛博格。这种分类方式使我们又回到了那个由哈拉维所提出并持续处在学者研究中的观点:"我们都是赛博格。"尽管这一观点与哈拉维"拒绝赛博格"的"故事源点"相矛盾,但如何对某人或某物进行赛博格界定的问题已经引发了很多关注。在最广义层面上,也许有人会认为一切人类存在都是赛博化的,因为人们常常使用语言、工具等将自身与动物区分开来(如果有问题的话),而这些都可以被理解为一种假体性的强化。科学技术已经渗透进当代生活的方方面面,因此,我们的生活已经处在一种复杂且不均衡的转变中。对此,大卫·赫斯(David Hess,1995)则指出大多数都市社会成员都至少可以被视为"低科技赛博格"。

罗伯特·威尔逊（Robert Wilson，1995）对此发表了不同看法，他认为"经验"对于这个问题的答案是至关重要的："只有当我们把自己看作赛博格，或我们确实体验到所谓的'假体意识'时，我们才是赛博格。"然而，这种体验本身就是自相矛盾的，因为有太多顿悟的时刻可以在瞬间引发一场内心战争并将人与非人区分开来。影片《铁甲威龙》就生动地展现了这一场景：机械战警人性的觉醒激发出一种拒绝赛博化的愿望。此外，当装有人造医用义肢的患者试图将异物融入自我意识当中时，他们通常也会有类似的感觉。这一困境与哈拉维认为赛博格要么"两者都是"要么"两者都不是"的讨论形成了完美的呼应。尽管在经验层面上，这一想法未必会如此富有成效，但它同样反映了人们的思维的二元模式。在流行文化领域，类似的主题在赛博朋克类型的电影中也在被讨论，其中最著名的探讨存在于影片《银翼杀手》当中。

此外，在集体层面，赛博格已被视为某种危机的先兆。在一篇对历史上不同阶段所出现的赛博格进行探讨的文章中，詹妮弗·冈萨雷斯（2000）提出当一个本体论层面上的范式转变发生时，新的混合体就会出现；当我们对世界进行分类的方式不再成立时，奇怪的新动物将会出现并帮助我们前进。这一观点指出我们目前所拥有的经验和我们对于机器人的想象就是这样一种范式转变。我们的工作是确保结果对于人类与非人类都是富有建设性的，而不是起破坏作用的。

哈拉维在赛博格方面的工作引起了令人难以置信的共鸣，并催生出一系列后继理论。一部分批评人士被这一情形所吸引并由此开始怀疑哈拉维呼吁重新想象赛博格的实际适用性。（朱迪斯·斯奎尔斯，2000）无可置疑的是，无论在理论层面还是实践层面，这些批评家的观点都是赛博格持续的"人生故事"中有价值的一部分。这种批评在理论和实践层面对彼此不同且经常相互矛盾视角下的赛博格进行持续思考，这一做法本身就与赛博格角色的精神特质非常一致。

另请参阅：《银翼杀手》、身体、赛博朋克、义肢

更多资源：克里斯·哈波斯·格雷（Chris Hables Gray, 1995）、唐娜·哈拉维（Donna Haraway, 2000）

数据库

数据库指的是对数据集合进行存储、排序和检索的软件系统。在目前商业化、计算机化时代，越来越多的个人数据被公司、政府和其他机构收集、分析和使用，以便更好地理解、预测和利用（一些人认为是"控制"）目标人群的行为。为了理解数据库的现状，我们将视角转向马克·波斯特（Mark Poster, 1995）对于数据库的概念化处理，将其视为一种借鉴后结构主义关于语言和身份的话语。一种话语就是一个专家知识的主体，它既描述主题，同时也定义主题。不同的话语能够产生特定的主体立场并将其归一化，以试图促进主体实现统治地位。波斯特借助法国理论家米歇尔·福柯（Michel Foucault）的作品来思考数据库在社会中的作用。福柯通过描写以"全景式监狱"（Panopticon）为代表的监狱建筑来阐释监视对人们所产生的影响并以此作为"监狱系统"内容的一部分（见大卫·贝尔，2001），而波斯特则将数据库生产特定主题的方式作为思考进路，对福柯的思考方式进行了巧妙的延伸。

随着参与数字化、虚拟化的日常生活活动（如购物、银行业务办理、工作等）的人数逐渐增加，大量数据库将能够编辑更多细节并因人而异地对不同人的习惯、价值观和品位的独特性进行建模。通过这种方式，我们的个人数据就成为社会身份的组成部分，同时又重新定义、重新构成了我们在数据库使用方面的身

份。与福柯所调查的监狱制度（监狱、学校、医院）不同，波斯特认为"数据库监督"的一个显著特点是我们心甘情愿地服从它。在使用信用卡和会员卡购物、登录电话银行和进行网络搜索的过程中，我们无不在为数据库提供与己相关的必要信息。然而，这绝不意味着我们对将个人数据出售给其他机构的做法毫无意见。针对这个问题，波斯特指出，我们生活在一个"数据库焦虑"现象日益加剧的环境中。我们能够意识到自己被安置在无数个数据库中，但却无法左右由自己提交的数据在未来被用于哪些途径。在社会控制层面上，数据库为政府制定政策提供了原材料，而波斯特则认为制定政策的目的实际上在于实现人口稳定（波斯特在此处借用福柯的"治理术"概念）。而在商业环境中，数据库的买卖活动则是为了使商人能够利用可识别的目标市场。英国出台的《数据保护法案》（"Data Protection Act"）意味着这样一种努力：保护那些日渐沦为数据的主体权利。

更多资源：大卫·贝尔（David Bell，2001）、马克·波斯特（Mark Poster，1995）

高精度电视

见"数字电视"

"拒绝服务"攻击或分布式"拒绝服务"攻击

"拒绝服务"是"黑客"攻击的一种，其目的在于击垮网络服务器或让用户无法访问网站。"拒绝服务"攻击包括自动攻击、持续快速访问、利用网际网络协议造成错误以及攻击格式破绽等其他技术。"拒绝服务"攻击通常是由以此为目的进而申请的虚拟匿名账户所发起的。CNN.com，Buy.com，e-Trade，MSN.com，e-Bay和amazon.com等大型企业网站一直是此类攻击的目标。

另请参阅：网络犯罪、黑客

数字文人

"数字文人"一词指正在影响通信革命的一小群几乎全部自称为"网络精英"的领导者。该术语最初与来自硅谷的计算机极客们联系在一起，如今其内涵还包括更广泛的数字梦想家群体，代表人物为比尔·盖茨（Bill Gates）、约翰·佩里·巴洛、雪莉·特克以及霍华德·莱因戈德。

数字艺术

从基本定义层面来说，"数字艺术"一词指的是通过使用电脑等数字技术来制作或展示的艺术形式。数字技术不仅包括书面形式、视觉形式和听觉形式，还在越来越多的情况下包括媒体混合形式。除了这个基本定义之外，关于"数字艺术"概念还存在很多争论。数字艺术有其自身的美学价值吗？除表达媒介之外，数字艺术和模拟艺术还能通过什么特征来进行区分？在文字处理器上写字、在网站上显示数字照片与在打字机上打字、把照片挂在画廊或放在相册里，这二者是否有区别？无论是对于数字艺术的制造者还是消费者而言，这些问题都是存在的。数码摄影的形式就是一个很好的例子。我们如今生活在一个数字图像处理时代，这一语境是否改变了摄影师的角色以及我们观看照片的方式？一些评论家认为我们正处在后摄影时代，因为所有关于摄影的古老设想都遭到了数字欺骗的摧毁，于是这些假设在某种程度上所能够捕捉到的"真相"也就一并被摧毁了。数字图像被暴露在无止境的处理过程中，这意味着数字艺术将永远不会完成——它也始终处在进行状态中。基于此，一些艺术家将数字艺术的这一特征加以利用,以发展和演变他们的作品。他们甚至会邀请消费者群体参与,来为他们作品的演进过程提供帮助。除无限的演变之外,数字艺术世界的另一个关键特征是艺术品生产者与其消费者之间边界的消解。例如作为互联网民主需求的延伸,参与网络艺术的可能性将为任何有机会成为艺术家的人提供机会。此外,新媒体技术可以使技巧的实现变得轻而易举——我们将能够在笔记本电脑上制作音乐,能通过网络摄像机拍摄视频,还能使用Paintbox软件制图。即使没有老式画廊、电台或电影院等基础设施,我们也同样可以向世界呈现自己的作品。基于计算机技术,以ASCII为例的全新艺术形式已经得到了发展。真正令人吃惊的是新媒体技术所具有的富有想象力的用途。正如安德鲁·墨菲(Andrew Murphie)和约翰·波茨(John Potts)(2003)所言,愈演愈烈的艺术形式多样化趋势是数字艺术的最根本特征之一。与在数字技术催生之下形成的虚拟现实节目、mp3和多媒体DVD等艺术相混合的新技术和新环境一样,那些曾被我们用来描述绘画、诗歌、流行歌曲等不同艺术作品的旧式模拟标签已经融为一体。在某些情况下,由于数字艺术中的"数字"是无形的,因此我们无法绝对地说一部艺术作品一定是由编码构成的。这种快速的变化对于"数字艺术"中的"艺术"——尤其是对那些带有前数字指示物的艺术是否能够被辨别的问题提出了质疑。因此,数字艺术还需要被仔细地重新进行定义。

更多资源:安德鲁·墨菲(Andrew Murphie)和约翰·波茨(John Potts)(2003)、罗伯特·威尔逊(Robert Wilson,1995)

数字城市

"数字城市"是以"现有城市"（而非面向对象的多用户域或其他可能采用"城市"隐喻但尚未与实际地理城市相关联的环境）为基础，对一种通常以网络为基础的在线的展示及与之相对应的一组应用程序和服务的概念的描述。最早使用"数字城市"概念的是现已实现商业化运营的阿姆斯特丹的数字城市（De Digital Stad，或DDS）。如今，上海、京都、巴黎和赫尔辛基等许多其他城市也拥有了相应数字城市形式。与社区网络一样，数字城市也同样拥有远大的目标，具体表现为它们在接近和扩大城市的服务和接触范围方面所进行的尝试。数字城市并没有确切的定义，它们通常将关注重点放在与物理层面的城市相类似的表现上（DDS是一个例外）。因此，京都数字城市（www.digitalcity.gr.jp/index-final.html）以在"2D"城市中进行"漫步"的功能为特色，用户可以漫步于京都不同地点的摄影作品之间。另一方面，社区网络与城市的实际逼真度相关性较低，而更多地关注城市居民与服务之间的关系和联系。此外，目前关于"数字城市"所有权的问题也开始被提及："数字城市"究竟是商业企业还是政府服务？是属于任何想生存其中者的"第三个地方"，还是某些其他形式的混合物？目前已存在www.digitalcity.com和www.neighborhoodlink.com/public等多个商业化数字城市，而京都大学的石田亨（Toru Ishida）教授已经围绕这些问题召开了多次研讨会。

更多资源：石田亨（Toru Ishida）和凯瑟琳·斯比斯特（Katherine Isbister）（2000）、田边诚（Makoto Tanabe）等（2002）

数字公地

越来越多的研究人员和活动人士开始界定一个概念层面上的公共场地（此概念非双关语意图），从而形成联盟并开展一系列思想行动。现在，那些与空气、水、土地等要素有关的传统有形公地已被信息、市场等更为抽象的领域所取代。以药物研发为例，当药物研发工作已经完成时，产生的成本将由纳税人负担，而关于药物的知识则被私有化并以盈利方式进行出售。当发展中国家的人们负担不起那些相关知识未曾公开的药物时，一种健康灾难即将出现。因此，创造并维系一个人们可以在其中扮演某种角色的沟通空间是当前努力的关键点之一。繁荣的数字环境使大量的"数字公地"再次孕育而生，可许多人对于与之相关的哲学和政治纠纷却并不了解。

以加勒特·哈丁（Garrett Hardin）的著名文章《公地悲剧》（"The Tragedy of the Commons"，1968）为基础，关于"圈地"或"公地私有化"的大量思想理念由此产生。这篇文章对一个对所有人开放的稀缺资源因人们的忽视和过度使用而被摧毁的过程进行了描述。与此相对，埃莉诺·欧斯特罗姆（Elinor Ostrom，1991）则描述了大量借助各种机制得以保存的公地，阐明了公地的"悲剧"并非一个人们既无法预防又不可阻挡的过程。

更多资源：戴维·柏利尔（David Bollier，2002a、2002b），加勒特·哈丁（Garrett Hardin，1968），埃莉诺·欧斯特罗姆（Elinor Ostrom，1991）

数字鸿沟

数字鸿沟指的是存在于可上网的人和不可上网的人之间的分

歧。它是形成社会内部、不同国家和全球区域之间的忧虑感的主要原因。美国作为世界上最富有的国家之一，其社会仍然持续处在"信息富人"（以白种人、亚洲人、太平洋岛民、高收入者、受教育程度高者及双亲家庭为主）与"信息穷人"（以年轻人、低收入和受教育程度低者、生活在农村或市中心的人及某些少数群体为主）相分裂的社会状态下。这种与互联网访问相关的社会图景也同样反映在欧洲及其他经济发达国家中。然而，对于许多南半球的穷困国家而言，可实现互联网访问的程度则更为有限。随着全世界范围内信息丰富国通过利用信息通信技术所获得的好处逐渐显现，一种危险露出端倪，即存在于各个国家、地区和社区之间的差距将进一步扩大，更多的不平等现象也将由此产生。

国家主要采取两项政策来解决数字鸿沟问题。一方面，应着力发展建设国家基础设施和网络，以确保更多人能够上网。该项政策涉及政府、商业与民用供应商之间的协商问题，政府应采取更具吸引力的定价和通用服务政策，进而与后者就发展先进电子网络、扩大电子网络访问的问题进行商榷。在美国，克林顿政府的主要目标之一是发展国家信息基础设施（NII）。对此，副总统阿尔·戈尔（Al Gore）曾将其形象地表述为"信息高速公路"，其最终目的旨在使每个美国人都能够负担得起家庭互联网的访问费用。布什政府已明确表达优化互联网访问的决心〔此观点由布什总统提出，后由助理国务卿南希·简·维多利亚（Nancy Jane Victory）在欧洲研究院研讨会上的"欧美对宽带未来的展望"主题午餐讲话中发布。华盛顿特区，2002年6月19日〕。

事实上，这些政策以使用社区访问中心作为补充，仅部分地解决了发达国家所面临的数字鸿沟挑战。这些政策措施与公众通过商业网吧访问网络有所不同。以英国为例，电子政务特使办公室通过英国在线中心的全国网络（www.e-envoy.gov.uk）来为所有人提供上网服务。美国政府所提供的支持则比较少，它主要通过制订一系列的社区技术中心服务计划及其他社区网络计划来提供社区访问服务。这些政策的根本意图旨在让社会上更多的弱势群体（如低收入群体、失业者群体、未成年人群体和一些少数群体）能够通过访问这些中心来接触计算机，并进而获得与线上访问有关的训练机会。

在国际上，关于数字鸿沟的讨论主要围绕实现发达国家与发展中国家平等的议题来展开。有关这类议题的讨论在2000年的日本八国集团首脑会议上尤为激烈，那次的讨论直接推动了同年晚些时候中文数字机遇任务组（DOT 任务组，www.dotforce.org）的组建，该小组由八国集团、发展中国家政府、私营部门、非营利部门及来自国际组织的其他代表群体组成。2002年6月，在加拿大卡纳纳斯基斯举办的八国首脑会议上，中文数字机遇任务组在其展示的报道《全人类的数字机遇》（*Digital Opportunities for All*）中声明已经"将全球的注意力集中于以信息通信技术为基础的可持续发展，并鼓励国际发展共同体将信息通信技术纳入双边及多边援助计划的主流。

另请参阅：访问

更多资源：布莱恩·D. 罗德尔（Brian D. Loader, 1998）、国家电信咨讯局（National Telecommunications and Information Administration, 1999）、曼纽尔·卡斯特（Manuel Castells, 1996）

数字图书馆

数字图书馆是一种利用互联网给众多顾客收发大量组织性信息的尝试。这些信息中有一部分是以传统方式在非数字图书馆中找到的，有些则是以交互式的新形式进行呈现的。目前，大学、图书馆、医院和博物馆都已参与这一概念的发展进程。而就商业搜索引擎而言，尽管它的易用性在一定程度上受限，但它仍是用户在互联网上定位相关网页的主要方法。值得注意的是，商业搜索引擎衡量标准的所有权性质往往会使其阻碍公共索引系统标准化的趋势，同时也会让网站开发者难以修改其页面，以人为获得较高的相关性评级。目前，在美国国家科学基金会资助下数字图书馆的主要设计工作正在加州大学伯克利分校、斯坦福大学和其他几个中心同时进行。

更多资源：凯特·威廉姆斯（Kate Williams，2000）

数字签名

数字签名是指附加在给定消息之后的电子信息，其作用在于借助特殊编码数据对发件人进行唯一标识。数字签名的功能与书面签名相同，即都是用来保证邮件的"签名者"与"签名"实际上指代的对象相一致。

数字电视

数字电视是用于传输高清晰度电视图像及其附加数据的一种手段。英国和美国政府都已为推广扩大数字服务制定了时间表，其中，英国方面预计在制定表格后的十年之内停止模拟信号传输。相比传统模拟信号传递，数字传输的荷载量更大，其最明显的效果在于可以传输高质量的16∶9比例图像（矩形）。这种图像在美国被称为高清晰度电视（HDTV），简称"宽屏"。故事片由此能以其原始格式呈现给我们，而且"宽屏"所创建的电视图像比传统的"4∶3"（"方屏"）更适合用我们的眼睛观看。数字电视的第二个明显影响在于它能够提供更多的信息通道传送服务。目前英国的数字卫星用户已经可以访问数百个频道。

英国广播公司（BBC）制作了与数字服务相关的交互式纪录片，内容除包括可供选择的评论之外，还包括一个包含图像、文本和视频的"附带性交互式网站"。此外，数字服务器还能够提供互动新闻"点播"服务，观众们可以借助电视遥控器来控制数字单元，以实现收集故事、头条新闻、视频、公告及其他互动功能。在美国，数字服务器的传送数据能力之强使它们有时会被称为"数据广播"或"高级电视"，它能够为更密集且更具互动性的服务创造机会。不仅如此，明显能够作为电子服务传递媒介的数字电视技术也会对娱乐、电子商务和电子政务造成影响。以一些英国地主（即那些为低收入家庭和个人提供住房的群体）为例，他们计划为自己的租户提供便利，使其通过互动数字电视就可以预约维修事项或支付租金。此外，一些英国银行目前也已通过交互式数字电视为客户提供服务。数字电视拥有较强的大量数据传输能力，这使数字电视在提供服务方面的潜力变得更加巨大。例如，一个美国DTV频道就能够在5秒内完成一个与微软的Word程序大小相同的应用程序的传输。

存在于数字电视与互联网之间的相互关系是值得我们关注的。数字电视不仅为我们提供了简单熟悉的操作模式（在某种意义上，它可以被视为一种广为使用的技术延伸，而非一种新的东西）、高带宽和大量的娱乐功能，还能结合互联网提供一些电子商务和电子政务功能。此外，作为家庭娱乐系统不可或缺的组成部分之一，数字技术与计算机技术的融合趋势也将对数字电视的应用情况起决定性作用。

另请参阅：聚合

数字村

见"社区信息学"

残疾 / 残疾人

见"易用性"

虚假信息

虚假信息是指故意误导读者的错误信息或欺骗性信息,它往往与对某种教条或观点的系统性宣传有关,这种宣传往往会对他人造成损害。随着互联网的出现,一些与虚假信息在赛博文化发展和实践中的作用有关的讨论已经出现。由于新的信息通信技术能够使来自任何地方的任何人(至少在原则上)成为一名信息生产者(见"数字鸿沟"),一系列关于验证赛博空间中信息易用性的问题由此产生。我们如何能将诸如卫生、政治、金融或环境等方面的信息视为来自可靠来源的信息?

此外,互联网的出现所带来的多对多全球计算机媒介传播也引发了一系列关于虚假信息挑战的潜在问题。人们将可以在网上质疑那些复杂的、有组织的商业或国家宣传活动,也可以发布其他相关研究和经验。无论国家处在安全时期还是军事冲突时期,虚假信息的作用都不可小觑。它不仅能够成为公众舆论核心,还能够成为不为公众所支持的潜在军事和政治目标烟幕弹。作为为数不多的公众空间之一,互联网使民众、参与者或活动人士可以在此进行不同角度的讨论和不同论据的互换和共享。许多新的社会运动主体也相继开发出网站,其目的是在特定公司的要求下提供反事实信息。

在社会、经济和政治生活中,使用虚假信息的情况一直存在。在当今信息社会中,我们获取、验证、操纵和评估信息的情况正在对我们的生活经历和机会选择造成越来越大的影响。因此,在未来的社会中,虚假信息可能将会扮演更加重要的角色。

另请参阅：新文化政治

远程教育

远程教育即使用范围不断扩展的无线媒体、高速互联网及网络应用程序等先进电子网络技术来为家庭、工作地点或其他远离教师的场所提供教学服务的教育模式。这种灵活的教育模式所蕴含的潜力将会对教育的供给产生深远的影响。在某些情况下，部分人认为与利用信息通信技术进行商业改造的案例一样，远程教育也将会在根本层面上重组教育结构。在远程教育模式作用下，小型学院和综合型大学等机构可能会被重建，真正的知识经济时代即将来临。此外，人们的学习过程也将被计算机远程套件所改变。

远程教育拥有悠久的历史，这与由那些远离院校的"非现场教育"场所提供的教育息息相关。远程教育模式将会面向偏远的农村地区，或存在于一天当中的非正常工作时间。在高等教育方面，英国开放大学（UK's Open University）多年来一直在中央机构的指导下开展工作。这里的远程教育工作主要在学术团体与英国广播公司等专业媒体开发人员的合作下开展，其目的旨在为学生们远程提供各种媒介形式的学习资料。此外，新型信息通信技术的出现及其在远程教育中的应用还带来了加泰罗尼亚开放大学（Open University of Catalonia）、琼斯国际大学（Jones International University）及加拿大虚拟大学（Canadian Virtual University）等"虚拟大学"模式。在这种模式下，面对面课堂教学的概念被学生和教师通过使用电子论坛、电子网站和个性化辅导系统来进行在线交流的方式所取代。

即使在传统的教育环境当中，教师和讲师们也可以使用相同的应用课件。学生们可以通过访问互联网查阅课堂材料和讲义、补充课程信息、参与课堂讨论论坛及通过电子邮件和老师进行沟通。因此，信息通信技术对教育的影响可能会使远程教育和传统课堂教育之间的区别变得模糊。在学生获取信息层面，互联网已经显示出一片令人兴奋的前景。远程教育在以前是很难实现的；而现在，搜索电子资料并从中下载相关资源、使用在线目录查询图书馆书籍等行为在发达国家已经司空见惯。不仅如此，远程教育信息还得到来自其他教育媒体的补充。以1997年"探路者号"火星登陆任务为例，是远程图像传播技术使实时画面得以传输到位于加利福尼亚州的喷气推进实验室，并使全球数百万人在互联网上观看登陆图像。原则上说，网络摄像机几乎可以从任何位置对实时图像进行网络直播，这些图像将被用作学习资源。同样的，远程教育技术也可以对讲座进行网络直播或直接将其上传至网站。

更多资源：詹姆斯·康弗德（James Cornford）和尼尔·波洛克（Neil Pollock）（2003）、比尔·达顿（Bill Dutton）和布莱恩·D. 罗德尔（Brian D. Loader）（2002）

域名

域名是指存在于互联网上的"地址"形式。域名通过为每一个网页提供一个简单的地址名称来对网络中的各个控制台进行标识，而无须再使用完整但烦琐的互联网协议号码——即一串具有唯一性的32位数字。域名的格式为"www.staffs.ac.uk"，其中"www"代表万维网，"staffs"是"斯坦福大学"的缩写，"ac"代表学术机构，"uk"则代表网站的位置。其中，国家标识符是域名中一个最有争议的部分，因为注册地点为美国的域名将不会显示其原籍国——这被视为美国在赛博空间中实行文化帝国主义的一个例子。此外，关于域名所有权和域名系统商业开发的争论也同样不可忽视。域名权利联盟（Domain Name Rights Coalition）等倡议团体对这一问题进行争论，而"域名抢注"则从另一个角度解决了这个问题。被域名抢注者抢先注册的域名对公司、名人等都有着潜在的吸引力，而通过收取巨额费用来出售或出租这些域名的行为则被一些人认为是一种商标侵权行为。因此，域名系统带来了赛博空间所有权、个人权利、信息自由和资本殖民化等一系列关键问题。

更多资源：艾伦·罗伊（Ellen Rony）和彼得·罗伊（Peter Rony）（1998）

G8 数字机遇任务组

见"数字鸿沟"

互联网公司

当一家公司的主要业务动力与互联网相关时，它将被称为"互联网公司"。"互联网公司"的叫法源于以".com"结尾的互联网地址标识（口头的"dot com"）。

另请参阅：电商

下载

下载指将数据、信息或文件通过网络从线上传输至本地计算机的行为。举例来说，许多电子邮件系统都能够从线上服务器下载邮件至用户的计算机。此外，要想浏览一个网页，需要将超文本标记语言或图像文件从控制台传输至用于浏览网站的个人计算机。而当该网站包含大量图形尤其是带宽容量有限时，该网页将会花费更长时间进行内容加载。

动态超文本标记语言

见"超文本标记语言"

电子商务公司

见"电商"

电商

通用术语"电商"是指通过互联网及数字电视等其他交互式网络来购买、销售商品的行为。以线上书店亚马逊等在线互联网公司为例,之所以其商业成本得到了极大降低,原因在于通过开展电商形式,他们能够使用线上互联网订购服务和国家邮政服务而无须采取租用门店、聘用员工再进行商品销售的传统商业手段。通过采取电商方式进行营销,零售产业得以节省下来一部分成本。他们根据节省下来的金额相应降低商品售价,使消费者获利。此外,这类电商公司利用仓库储存的产品范围比世界上最大的传统零售商还要广,因此他们还免受零售门店规模的限制。关于电子商务的另一个例子是英国电商公司 lastminute.com,这是一个专门从事"最后一刻假日优惠"和廉价航班交易的、完全基于网络的旅行代理商。又或以英国的egg.com电商公司为例,该公司部分金融服务完全以互联网为基础,将互联网接入传统的银行服务和普通账户的情况也已经变得很普遍。电子服务是指基于网络的消费者服务。作为一种提供公共服务的新途径,电子服务所提供的商业模式已得到各国政府的广泛采用。在这个经济不断发展的世界中,电子政务的基础逐渐形成了。

电子商务具有显而易见的优势。消费者群体曾限制了该行业的最初发展,因为他们会对自己向卖家所提供的信用卡细节和其他信息的安全性提出质疑（见"网络犯罪"和"加密"）。在英国，部分消费者甚至会通过限制带宽的方式来限制家庭互联网访问。而截至2002年圣诞节，英国购物者的线上购买礼物总金额已达10亿英镑（约合16亿美元）；2002年7月至9月期间，美国线上商品销售额已超过110亿美元，占美国零售总额的1.3%。（数据来源：www.imrg.org）

最初，是存在于风投家和投资者群体当中的"淘金热"心态催生了"互联网公司"。发展至今，互联网公司市值在美国已达数百万美元，在英国则达到了数百万英镑。然而，尽管电子商务在两国的销售额增长迅速，但传统门店也并未因电子商务形式的爆炸式增长而黯然失色。对互联网信念的崩溃使人们在相当程度上对互联网公司的可行性产生怀疑。

事实上，即便是亚马逊等大型互联网公司，在可预见的未来也同样会产生亏损（尽管亚马逊近期在盈利）。尽管许多互联网分析师依然坚持认为电商会成为商品销售和服务的重要机制，但部分人已表现出担忧，他们认为万维网可能会被那些热衷于通过发掘具有较高成本效益的新方法来销售产品、提供服务的企业所主宰。另一部分评论家则将互联网视为现存的一种新型经济交易方式。[德瑞克·莱博特（Derek Leebaert），1999]

然而，电子商务所带来的真正的转变绝不仅仅是提出一种新型商品买卖方式。当商店只能被限制在一个确定的规模之内且商家只能在特定的地域内提供有限的商品和服务时，可以发现资本主义发展长期以来持续受到物流的限制。因此，部分人将电子商务视为一种"不受约束的资本主义"。在互联网这个潜在的完美市场中，买家将可以借助智能设备全盘搜索、访问全球，进而买到性价比最高的商品。有人曾设想电子商务将创造出具有高度灵活性的生产设施，这些设施将能够利用电子市场提供消费者群体所需要的信息，进而为他们完美实现商品的量身定制。然而，回归现实，这些关于"完美市场"的想法可能是不现实的，因为它们几乎完全忽视跨国公司在全球市场的统治地位以及由资本主义制造出的广告对于产品需求程度的影响。

此外，互联网访问成本的下降、交互式数字电视的出现和繁忙的工作生活等因素将会压缩人们的线下购物时间。外卖订餐、线上圣诞购物等便利性将进一步显现出来，这无疑会推动电子商务的发展。在一些城市和地区，中产阶级对社会犯罪活动的恐惧可能也将会促进电子商务的发展。

但是，大多数电子商务的鼓吹者往往会忽视它可能带来的一系列负面影响。有些人不会上网，有些人甚至连信用卡都没有。这类被排除在互联网访问这种必要性技术之外的信息穷困群体是曼纽尔·卡斯特（Manuel Castells, 1996）等理论家的重点关注对象之一。相比不上网的群体，那些能够访问互联网的人将能买到更便宜的书和机票。而对于社会上最贫穷的人而言，无法访问互联网不仅会使他们与工作岗位绝缘，而且对于电子市场的拒斥也将使他们的经济劣势进一步加剧。这绝不仅仅是一个人的问题：当某个国家及其产业有可能被排除在电子商务网络之外时，发展中国家所面临的进入世界渠道的不平等性就进一步加剧了，其世界地位的劣势性也随之加剧。此外，如果电子商务的鼓吹者们是正确的，那么原本存在于制造业中的永久性职位将会被超级临时工雇佣制度所取代。在这个后工业社会服务业中，能够提供大量就业机会的低薪职位也将随之迅速消失，并最终被电子商务所取代。

另请参阅：访问、全球化、超级临时工雇佣制度

更多资源：德瑞克·莱博特（Derek Leebaert, 1999）； www.ibm.com/ebusiness, www.amazon.com, www.lastminute.com, www.egg.com

电子论坛

见"虚拟社区"

公共服务电子化

见"电商"

电子村落会所

电子村落会所指利用计算机信息系统促进社区邻里的社会、经济、环境、政治等各种中心发展的场所。发生在电子村落会所中的活动或因区域而异，或因国家而异。一般而言，其职能包括提供信息技术技能培训（包括计算机入门课程和远程学习数据包）、技术和业务咨询、远程办公设施、用于开展电话会议的电信设备、视频链接、图文传真或传真终端，以及用于开展地方会议的房间。除此之外，"访问"也是电子村落会所的一个特征。与发生在其他场域中的访问不同，电子村落会所中的访问往往指向更开放的公共空间，其目的倾向于维护妇女中心等特定社区或利益集团。此外，在物理层面上，电子村落会所覆盖范围较广，涵盖了从专门公共设施到对已有公共建筑的二次利用等诸多方面。电子村落会所配置的精确性取决于当地的需求、利益和条件，并与当地的金融财政水平和人力资源的易用性密切相关。然而，无论在何种情况下，对于电子村落会所而言，使用新型信息通信技术都是赋予小社区权力和促进社会资本发展的最重要方式。

虽然电子村落会所概念起源于丹麦农村，但这并不妨碍其潜在价值在全世界范围内的飞速传播。毫无疑问，当"电子村落会所"这个术语与"电信服务""电信房""电讯村""电信中心"，甚至"资讯"和"社区服务中心"（ICSC）等概念交互使用时，有时会出现混淆。最近，"网咖"概念的出现也意味着关于计算机技术和社交活动的多种混合模式。

电子村落会所的起源最早可追溯至1983年。其最初形态是为集中反映丹麦经济、社会和文化生活所构想出来的"社会实验"，这一"社会实验"以坐落在日德兰半岛上的一个以农村为主的莱姆维公社中的菲亚尔特灵村为基础。20世纪80年代中期，在北欧经济社会结构调整的背景下，为防止农村偏远社区遭遇政治、社会边缘化，更多的电子村落会所逐渐出现，其目的在于使那些孤立地区的成员也同样能够获取新兴信息社会资源。这一举措受到了社区自治的民主传统和19世纪丹麦的民间高校合作运动相关的自助理念的强烈影响，尤其是N. F. S. 葛龙维（N. F. S. Grundtvig）的哲学，他把自己的自由基督教启蒙计划建立在积极参与、集体组织、文化多元主义、社会对话和大众教育的原则之上，一些人认为这一理念对推动丹麦的社会实验颇具影响。

通过提供"社交"空间，那些最成功的电子村落会所使其社区成员通过一个能够实现服务支持、利益共享的环境获得力量。因此，社区成员能够通过一种"非正式"的方式相互传授电子村落会所技术的使用方式，这对于那些缺乏信心的人而言是一种获得长远教育的先导性行为。此外，电子村落会所还经常充当开展地方民主辩论和社会文化互动的论坛。尽管最初的电子村落会所可能并未达到其创始人对它的期望值，但它们仍然大量存在着，且在许多城市社区当中，电子村落会所已经证明了其所具有的高度适应性。

更多资源：塔基亚·科隆伯格（Tarja Cronberg，1992）、拉尔斯·科维特鲁普（Lars Qvortrup，1987）

电邮

"电邮"（Email）是"电子邮件"（electronic mail）的缩写，它描述了一种允许某台计算机用户在网络上向不同地点的另一台计算机用户发送文本消息的应用程序。自电子邮件首次得到应用后的30年间，它一跃成为美国各地的主要通信工具。在英国，只有在移动通信设备和手机（在美国更广泛地被称为蜂窝电话）上迅速普及的短信才能超越电子邮件。而最近的移动通信设备已经能够同时支持文本消息和电子邮件功能，因为其二者的通信机制是相同的（见"线索过滤"和"微笑图示"）。因此，英语中的"电邮"术语既是名词又是动词。

1971年，美国科学家雷·汤姆林森（Ray Tomlinson）发送了第一封网络电子邮件。在此之前，他曾编写过一个名为"邮件程序"的东西。"邮件程序"包含两个子程序，分别是消息发送程序和接收程序。前者叫作SNDMSG（即"发送消息"，"Send Message"的缩写），后者叫作READMAIL。然而，这个早期的邮件系统只能处理在一台机器上向不同用户发送消息的状况。后来，汤姆林森参与了一个名为CPYNET的实验性文件传输程序项目。该程序可以通过网络发送和接收文件，这使他产生了将文件传输和消息传递程序相结合的灵感。1971年末，汤姆林森已经能够使用这个新的组合程序在位于其实验室中的两台相邻机器之间进行信息传输了。虽然这些机器彼此相邻，但发生在它们之间的信息传递实际上是通过阿帕网——这一互联网的前身来实现的，这意味着第一封网络电子邮件成功发送。汤姆林森已经记不起来他究竟发了什么消息，他感觉那只是一些随机的字符，就像"QWERTyUIOP"这样。随后，他决定采用"@"来区分不同机器的网络地址，这便为现在的电子邮件通用地址奠定了基础。

电子邮件与世界性新闻组网络等电脑辅助沟通手段的结合

不仅改变了交流的性质，还影响了英语的使用。仅以文本为基础进行交流的电子邮件无法使人们从中获得视听提示，于是由键盘符号进行键入的、用户域展示面部表情的表情符号由此产生。此外，缩写的使用也变得非常普遍，一个众所周知的例子是"LOL"（用于表示"大笑"）。电子邮件的出现为通信带来的另一个重要变化是消息接收者对于所接收信息的编辑能力。他们能够对这些消息进行逐行评论，并能够对那些被称为对于原始信息的注释或修改版本的内容进行回复。通过电子邮件、世界性新闻组网络和互联网中继聊天等概念，我们可以发现关于电脑辅助沟通手段的这一特性和其他功能的文献是非常丰富的。

表情符号

见"线索过滤""微笑图示"。

加密

"加密"是指通过使用加密算法将可读的消息转换为不可读的消息的过程。加密消息的目标接收者可以对其进行解密或去密。

专家系统

专家系统是一个使用"if"语句等一系列计算机算法规则的数据库系统，旨在为用户提供信息。例如，用于诊断疾病的专家系统会通过在各种症状之间构建组合来为有可能出现的诊断结果提供数据基础。疾病诊断专家系统将会对病人的症状进行询问，从而生成症状列表并根据数据库进行测试，再筛选并列出所有或大部分症状的诊断数据作为结果。

专家系统意味着一种非智能。对于哪些信息是"可能相关"的，计算机不做任何推断，而仅仅是将所接收到的信息与其数据库中的信息模型进行匹配，再得出结论。计算机的信息匹配速度是无人可及的，它在这个过程中扮演了一个有价值的工具角色。值得注意的是，模糊逻辑的使用可以提升专家系统的灵活性和工作效率。

专家系统完全不同于具有认知能力的机器或人工智能。

面对面

"面对面"（F2F）是"面对面交流"（face-to-face）的简写形式。在电子邮件、短信和其他数字信息论坛中，"面对面"指的是两个交流者"在真实生活中"的会面。从某种程度上讲，虽然"面对面"仅仅是一个简单的缩写，但它同样展示了语言在新形势下有趣的使用形式。[蒂姆·沙提斯（Tim Shortis），2001]"面对面"意味着一些有趣的内涵，例如"满足面对面需求"有时是指对线上沟通形式的怀疑——毕竟，尽管线下会议和线下交流等有时是一些"面子工程"，但它们同样拥有网络沟通所缺乏的真实性。我们能够从中窥见人们对于隐私、真诚和互联网等话题的态度。此外，实现面对面交流的愿望实际上指向了另一个愿望，即通过基于文本的互动确认迄今为止获得的印象，以及保持网络世界与现实世界的二分状态。如果我们在线上沟通过程中投入了自我，那么我们所面临的被骗风险也将随之增加。从这个角度来看，"面对面"这一行为非常重要。A. R. 斯通（Allucquere Rosanne Stone）1995年报道的所谓"异装精神病学家的案例"及其他类似的网络欺骗事件使人们关于赛博空间增加欺骗现象的恐惧心理持续存在。这反过来又鼓励了人们相信面对面这种交流方式所具有的对于身份和意图的确认性。

另请参阅：电邮、"在真实生活中"、短信

更多资源：蒂姆·沙提斯（Tim Shortis，2001）、A. R. 斯通（Allucquere Rosanne Stone，1995）

常见问题列表

常见问题列表指一个可供公众访问的、能够提供常见问答且已编辑的问题和答案列表。其目的在于通过一种更为自动化的方式将特定语境下的知识轻松地传递给新人（或"网络新手"），而无须再对相同的信息进行多次无效的重复。举例来说，新闻组中的常见问答一般包括关于该新闻组的社交规范信息或关于取消订阅该新闻组的说明信息。

联邦通信委员会

美国联邦通信委员会是一个对国会负责的政府机构。它的成立依据是美国1934年通信法案，负责通过无线电、电视、有线电、卫星和电报来管理州际和国际通信等事宜。该法案由迈克尔·鲍威尔（Michael Powell）编订。此人不仅是乔治·W. 布什（George W. Bush）总统的继任者，同时也是现任美国国务卿科林·鲍威尔（Colin Powell）的儿子。尽管公众能够使用来自广播电台和电视台的电波而从中获利，而且联邦通信委员会负责从公众利益出发对通信设施行使监管职责，但从最近来看，公众对这一角色并未形成足够的认识。鲍威尔主席写道："在我宣誓就职的那个晚上，我一直等待着公益天使的到来。我足足等了一整晚，她还是没有来。我仍不觉醒，仍在等待有人能颁发给我属于我的公共利益水晶球。"在对于"公共利益"的解读方面，联邦通信委员会与媒体集团往往是一致的。因此，美国联邦通信委员会于2002年11月批准了美国历史上最大的有线电视合并案。在这次商业合并中，美国电话电报公司被康卡斯特以475亿美元收购，而它们曾分别是美国第一、第三大有线电视公司。有批评人士指出，媒体多样性的缺失会使权力变得过分集中，这就无法避免将持不同政见的政治观点边缘化，并同时将女性、有色人种、劳工、环保主义者、残疾人以及同性恋和双性恋者群体所持有的利益和观点忽略。

关于联邦通信委员会的批判具体包括：FAIR原则（"Fairness and Accuracy In Reporting"，即报道的公平性和准确性），见www.fair.org；数字民主中心，见www.democraticmedia.org；独立媒体中心网络，见www.indymedia.org

更多资源：www.fcc.gov

女性主义

见"赛博女性主义"

文件传送协议

这里所采用的术语"协议"的内涵等同于外交礼仪中的"协议"，指的是用于通信的系统或催化剂。文件传输协议是指在计算机之间进行文件传输的协议。

文件传输协议和超文本传输协议之间的区别在于前者可以将整个文件从一个设备传输到另一个设备，而后者的作用在于将网页的内容传输至网页浏览器以供查看。尽管服务器在一段时间的休眠后通常会自动切断连接，但在完成文件传送后，文件传送协议连接在短时间内仍会保持开启状态，以防止对希望传输更多文件的用户造成不便。与文件传输协议不同，一旦网页完成了加载，超文本传输协议马上就会自动关闭。文件传送协议服务器不同于网络服务器，因为它仅作为传送文件的工具而存在，并不承担浏览网页的功能。二者的相同点在于它们都是通过传输控制协议/网际网络协议（TCP/IP）来进行工作的。

更多资源：www.w3.org/Protocols/rfc959

网络论战

发生在新闻组和BBS论坛等网络平台上的激烈在线交流被称为网络论战，而那些含有敌意或侮辱性语言的个人信息通常被称为"火焰"。从早期的计算机中介通信开始，人们就已经观察到了网络论战或那些迅速升级的敌对性语言。网络交流的研究人士认为，可能是计算机中介通信相关的非语言交流线索的缺乏导致了早期网络论战的产生，而与谈话语调、手势或音调变化等要素相关的线索则会导致网络论战迅速升级。另一些人则认为在线社交规范会约束网络论战，而与网络话语相关的匿名性才是罪魁祸首：匿名性导致人们无法将一张脸或一个人与所发出的信息联系在一起，可能会让信息发出者眼中的信息接收者失去人情味。

有一些人故意在网络论坛上"引燃"其他参与者，以此作为一种娱乐形式。这些捣乱分子被称为"网络白目"。

另请参阅：线索过滤

自由软件

在网络这个混乱的竞技场中，"自由软件"概念几乎是一个通用的全能表达。革奴项目网站对这一概念进行了说明："自由软件重在自由，而非价格免费。要理解这个概念，应把'自由'想象成'言论自由'的'自由'，而非'免费啤酒'的'免费'。"

"自由软件和开源软件""公共领域软件""著佐权软件""非著佐权自由软件""使用开放源代码协议许可的软

件""半自由软件""非自由软件""共享软件""免费软件"和"商业软件"都是相对常用的表示软件所有权状态的术语。在革奴项目网站上，洪朝贵（Chao-Kuei Hung）站在革奴项目的立场上用一个图表对不同种类的软件进行了解释。

更多资源：www.gnu.org/philosophy/categories.html

免费网

免费网是托马斯·格伦德纳（Thomas Grundner）于1985年创造的一种网络表达方式。该概念最初指克利夫兰自由网，后来泛指随后涌现出来的所有免费网。免费网主要存在于美国和加拿大，在世界其他地方也有分布。免费网模式非常受公众欢迎。在那个公众还很少使用互联网的时代，免费网的出现使人们可以借此免费使用互联网并参与社区举办的各种关于健康、汽车维修和社会服务等信息的主题问答论坛。早在万维网被广泛使用之前，以文本为基础的免费网就已经出现。人们通常以"图书馆""校舍"等"建筑"作为喻体来为免费网系统上的信息和服务组织命名。"社区网络"则是基于地理社区对公共网络更通用的叫法。事实上，许多免费网成员都曾是现已解散的前国家公共远程计算网络成员。

更多资源：道格拉斯·舒勒（Douglas Schuler）和彼得·戴（Peter Day）（2003）、赫伯特·库比切克（Herbert Kubicek）和罗斯·瓦格纳（Rose Wagner）（2002）

免费软件

免费软件指由程序员免费提供的应用程序。这一做法的动机可能是违背企业利益的，也可能仅仅是为了提高计算质量或制定通用标准。一个例子是LINUX操作系统，它是由其制作者所提供的一种替代性操作系统。

免费软件具有重要的社会意义和潜在的经济意义,它能够为个人、组织和公司提供另一种计算机和互联网的使用方式,并同时在客观上挑战了微软等公司的市场主导地位。除了反企业（特别是反微软）或想要提高计算能力的愿望,免费软件还意味着获得一种精神支撑力量,即计算产业和互联网产业应尽可能使更多的人能得到"免费商品"（见"开源"）。尽管具有非开源属性,这些免费提供的软件也已经被企业用作一种竞争手段,并且实现了非常有效的应用。以微软的浏览器Internet Explorer为例,任何使用Windows操作系统的人都可以免费下载它。由于从一开始就采用这一策略,微软很快就从几乎已成为标准浏览器的网景（Netscape）（从某种意义上来说,这款浏览器拥有最多的受众）手中夺取了"市场"主导地位,而后者则是互联网浏览器Mosaic的免费软件开发版（见"万维网"）。

Internet Explorer免费软件战略的应用不仅终结了网景的统治,对这一策略的追求也意味着Internet Explorer及其配套电子邮件客户端Outlook Express的潜在竞争对手无法在销售其软件方面取得商业成功。拥有十年尤多拉（Eudora）电子邮件客户端服务史的美国高通公司（Qualcomm）和挪威浏览器公司欧普拉（Opera）最近相继停止了直接软件销售,以此作为对微软战略的直接叫板。这两家公司都决定向用户提供包含广告的免费赞助版本,用户则可以选择是否要付费购买"无广告"版本的软件（见"万圣节文件"）。

颇具讽刺意味的是微软提供其最常用浏览器是建立在最初Mosaic的应用程序基础之上的,而后者又以开源和免费为基础。最新版本的网景与此前相同,它依旧是作为Internet Explorer的替代品而出现的。另外一些电脑公司也试图通过类似于提供免费软件的方式来挑战微软的主导地位,Star Office套件就是一个很好的例子。最初，由计算机制造商斯坦福大学网络公司提供了这款套件的免费下载渠道，以此作为无处不在的Microsoft Office的替代品。

另请参阅：自由软件、LINUX操作系统、开源

另请参阅：www.mozilla.org，www.opera.com，www.eudora.com

模糊逻辑

模糊逻辑是对传统逻辑的扩展，旨在处理所谓的"相对真理"。传统逻辑工作以简单的"是"或"否"、"真实"或"错误"为基础，这使得需要基于不完整信息或简单猜测来做出决定的程序演绎变得十分困难，因为计算机是基于真实或不真实（0或1）等概念工作的二进制系统。

而模糊逻辑则是一种处理介于"完全正确"和"完全错误"之间的值的数学方法。这一概念由加利福尼亚大学伯克利分校（University of California at Berkeley）的卢菲特·泽德（Lotfi Zadeh）于20世纪60年代引进，最初是为了模拟自然语言的不确定性。尽管包含在其中的数学运算非常复杂，但自20世纪80年代后期以来，这一概念已日益成为计算学科的一部分。在运行摄像机、空调等各种各样的代码时，使用模糊逻辑可以提高这些系统对环境变化做出反应的灵活性和效率。此外，模糊逻辑也被用于机器人和电子宠物的开发。

另请参阅：人工智能

G3

G3是对提供高速无线互联网接入的移动（蜂窝）电话的简称。

掌上游戏机

凭借生产于1989年的一款8位掌上游戏机，任天堂公司占据了掌上游戏机市场的主导地位。以此为开端，俄罗斯益智游戏《俄罗斯方块》（"Tetris"）以及后来的《口袋妖怪》系列也都极大地推动了掌上游戏机的销售。后来，掌上游戏机（Gameboy）被掌上游戏彩机（Gameboy Color）取代，再往后，32位的TFT液晶屏掌上游戏机（Gameboy Advance）和升级版掌上游戏机（Gameboy SP）又取代了掌上游戏彩机。最近，索尼公司宣布将很快进军掌上设备市场，这或对任天堂的市场主导地位构成威胁。诺基亚和摩托罗拉似乎也有类似的计划，他们决定将手机作为游戏平台推向市场。

另请参阅：游戏

游戏玩家

作为一个游戏发烧友所使用的自我认同术语，"游戏玩家"指把玩电脑游戏作为业余爱好的人。该群体通常对被他们称作"休闲游戏玩家"的群体持有消极态度。游戏行业和部分玩家还会用"铁杆玩家"这个词来形容那些骨灰级玩家（见"御宅族"）。

游戏

世界上首个电脑游戏《双人网球》（"Tennis for Two"）由美国物理学家威利·席根波森设计编写于1958年，其目的在于增强布鲁克海文国家实验室（Brookhaven National Laboratory）开放日对公众的吸引力。第二个网络游戏《太空战争》（"Spacewar"）是由作为麻省理工学院铁路模型技术俱乐部

（TMRC，即Tech Model Railroad Club。事实上，该俱乐部的研究兴趣牢牢扎根于计算机而非铁路技术）成员的一名年轻程序员于1961年编写的。截至2001年，美国电影票房总收入为83.5亿美元，而游戏销售额已经达到约94亿美元，且在2002年预计将达到150亿美元。[来源：《洛杉矶时报》（Los Angeles Times）]在游戏市值方面，仅英国市场在2001年就已达2.19亿英镑。[来源：娱乐和休闲软件发行商组织（ELSPA）[i]]

20世纪70年代初，受到"太空战争"的启发，电气工程专业毕业生诺兰·布什内尔（Nolan Bushnell）萌生了关于电脑游戏新型销售和使用方式的想法，就像美国的弹球机那样。在犹豫不决地开始了《太空战争》这个失败的游戏版本后，博士能（Bushnell）旗下的雅达利（Atari）公司于1972年11月推出了一款名为《乓》（"Pong"）的街机游戏。它与最初的《双人网球》并无不同（同样是用受玩家所控制的两个矩形来回击一个正方形）。如今，当初《乓》的游戏说明"为得高分避免丢球"已经成为视频和电脑游戏界的经典语句。在此之后，雅达利公司及巴利（Bally）、米德韦（Midway）等传统游戏机公司又制作了一系列街机游戏。

1975年，雅达利公司终于迈出了重要的一步，即在美国推出了《乓》游戏能够接入电视机的家庭版本。在某种程度上，这意味着游戏行业取得了初步成功。事实上，"做家庭版本的电子游戏"这个想法并不是全新的，相关实验早已有之，但雅达利公司是能够通过家庭"电子游戏"赚钱的第一家公司。尽管奥德赛（Odyssey）和泰事达（Telstar）等一系列最终被称为"游戏机"的产品出现在美国，但它们所开辟的市场相对有限，寿命也很短暂。随后，雅达利公司于1977年推出了Atari VCS。这台出现于英国的游戏机与其他早期美国游戏机不同，它能够对嵌入控

---

i 即 Entertainment and Leisure Software Publishers Association

制台的电子元件接驳游戏"卡匣"进行即时编程，这意味着硬件的初始销售可以在软件游戏卡匣的销售发生后进行。世界上最大的娱乐产业之一由此诞生。

日本株式会社太东公司以一款名为《太空侵略者》（"Space Invaders"）的游戏突然向街机游戏市场发起大规模进军，网络游戏行业下一阶段的重大发展以此为肇始。这款由西角友宏（Toshihiro Nishikado）设计研发的游戏内容主要包括在屏幕上击退一波又一波的外星攻击者，它为玩家提供了简单且易上瘾的游戏玩法。最重要的是这种游戏玩法不设时间限制，只要玩家能够抵挡住每一波入侵者的连续进攻，游戏就会一直持续下去，永不停止。除了取得巨大的商业成功外，它还是率先拥有粉丝群的游戏之一。在东京，《太空侵略者》拥有专门的24小时游戏厅，这甚至带来了硬币短缺的现象。这款游戏的出现首次表明当电脑技术被当作玩具使用时，可能会催生出一个近乎狂热的粉丝群体。25年后，"铁杆玩家"术语被业界广泛使用。不久后，网络游戏技术开始迅速发展。虽然《太空侵略者》对现有的技术进行了升级，但它也只能提供有限的运动和图形，其颜色的呈现只能依靠放置在屏幕上的幻灯片。不到一年时间，另一家日本公司南梦宫（Namco）推出了另一款电脑游戏《小蜜蜂》（"Galaxian"）。虽然它与《太空侵略者》的游戏模式基本相同，但这款游戏使用了原色且增加了能够横扫屏幕的敌人，它显然更具活力。与此同时，美国雅达利公司推出了几款使用矢量图绘制（直线）[①]的经典游戏，如《爆破彗星》（"Asteroids"）和《导弹指挥官》（"Missile Command"），而威廉姆斯电子公司则开发出《保卫者》（"Defender"）。每一款游戏都比上一款更为高速、更具活力、更复杂且更易上瘾。

虽然街机行业蓬勃发展，但家庭游戏机市场在20世纪80

---

① 这里指一种线性的二维视角——译者注

年代初开始崩溃。在某种程度上，这是因为家用电脑提供了更高级的游戏，使游戏机很快过时了。在英国，这包括辛克莱（Sinclair）、康懋达（Commodore）等公司生产的家用电脑。家庭游戏机市场衰退的另一个原因是家用游戏机的硬件和软件都很昂贵。说到底，尽管这些游戏机的软件可以互换，但它们的功能却非常有限。以雅达利的VCS游戏机或智能电视（Intellivision）游戏机为例，它们所提供的娱乐性与游戏厅所提供的几乎没有可比性。虽然家用电脑也同样能够满足游戏玩家（同时也是电脑用户）的愿望，但受当时技术条件的限制，这种满足显得非常勉强。

终于，任天堂公司在功能更强大的家用游戏机上看到了潜在的市场，那就是对于游戏的简单操作。1985年，该公司推出了红白机（NES，即Nintendo Entertainment System[i]）。这款8位游戏机不仅在其可提供的产品数量方面领先于前代产品，而且能够提供可以与家用电脑相媲美的游戏体验。随着1986年"大师系统"（Master System）的推出，任天堂与另一家日本公司世嘉（Sega）的竞争也由此展开。从那时起，一场争夺市场的战争就在这两家制造商之间爆发并不断扩大。自1989年起，两家公司分别生产出技术领先的游戏机——世嘉公司的世嘉五代游戏机（Sega Megadrive，在美国被称为Genesis）和超级任天堂（Super NES），开始提供日益复杂且质量较高的游戏。1994年，索尼（Sony）公司加入了家庭游戏的市场竞争，并在日本推出PS系统（Playstation）。这个16mb、32位系统采用光盘而非传统磁盘作为游戏的存储介质。索尼公司凭借着庞大的公司规模、出色的营销能力以及PS系统能够为玩家提供更多软件选择的优势，使

---

i 红白机是任天堂生产的8位家用游戏机。游戏机于1985年7月在日本以"Family Computer"（ファミリーコンピュータ，简称"Famicom"或"FC"）命名推出，1985年起在欧美以"Nintendo Entertainment System"（简称"NES"）命名发行。

当时作为竞争对手的世嘉32位土星（Saturn）游戏机和任天堂的64位游戏机黯然失色。

1999年，曾在欧洲家庭游戏市场叱咤风云的世嘉公司推出了最后一款游戏机——64位的梦工厂（Dreamcast）。这款游戏机打破了游戏机与电脑之间的界限，它所拥有的Windows通信电子操作系统（CE，即Windows Embedded Compact，微软嵌入式操作系统）除支持游戏之外，还支持互联网访问。然而，随着2000年Playstation II的发布，索尼公司的市场主导地位进一步得到巩固。Playstation II是一款128位的游戏机，它不仅支持游戏，还支持DVD播放。2001年，微软（Microsoft）推出Xbox游戏机，对当时几乎所有日本电子游戏在市场的主导地位进行最终极挑战。采用精简版的奔腾III型（Pentium III）微处理器的PS II游戏机不仅大大增强图像优化处理性能，还支持DVD播放和互联网访问并具有一个硬盘驱动器。2002年，作为家庭游戏机产业另一巨头的任天堂公司则基于国际商业机器公司所研发的性能强悍的定制处理器，推出了"游戏魔方"（Gamecube）。和任天堂相比，尽管微软在美国、欧洲地区已经占据上风，但在撰写本书期间，Xbox的销售数据表明微软将会把市场竞争的重点放在对索尼公司的挑战方面，它将把日本本土市场定为重点地区。与此同时，世嘉则转型为一家软件公司，它将为所有的老竞争对手提供游戏。许多主要的游戏公司都是日本公司，如卡普空株式会社（Capcom）、南梦宫公司和科乐美公司（Konami）；主要的美国公司包括艺电公司（Electronic Arts）；英国则有罕见公司（Rare）。

1989年，自任天堂发布了基于磁盘的Game Boy系列第一代游戏机后，它就占领了掌上游戏设备市场的主导地位。这款游戏机超越了雅达利猞猁游戏机（Atari Lynx）和世嘉便携式游戏掌机（Sega Gamegear）。随后，任天堂分别于1998年、2001年和

2002年发行Game Boy系列彩色游戏机（Gameboy Color）、任天堂第二代便携游戏控制台（Gameboy Advance）和更为便携的任天堂Game Boy系列升级版掌上游戏机（Gameboy SP），不断巩固其游戏市场的主导地位。与此同时，个人电脑游戏仍然是一个主要市场，因为和游戏机相比，它可以提供更为精细和复杂的游戏——当然前提是个人电脑的处理速度足够快、可以带得起来最新发布的游戏。

对于游戏图像的写实化处理即将实现。在某些类型的游戏中，玩家所呈现出的复杂性可能比那些为实现自我追求的任何其他类型的个人休闲活动都要大得多。以Gameboy游戏机上的奇幻/冒险型游戏《塞尔达传说》（"Zelda"）系列为例，它为玩家提供了一种智力挑战，玩家需要花费很多时间才能打通关；而《游戏魔方》则为玩家提供了更加复杂、更富深度的游戏体验。游戏平台的复杂性在增加，游戏的潜在复杂性也随之增加。在PS II当中，尽管以《合金装备》（"Metal Gear Solid"）系列或《侠盗猎车手》（"Grand Theft Auto"）系列命名的游戏重点并不在于成为它们所叙述的、以玩家为主角的互动性动作电影，但不论是复杂性还是呈现出的图像细节，都无不说明这些游戏在不断向电影靠近。

正如电视和电影是文化的一部分，游戏也同样具有文化意义。它们既可以被看作是一款面向大众市场的个人独享型娱乐产品，也可以被用于社交：以体育类游戏为例，多人同屏游戏设定使得多人相互对战变成可能。如《无尽的任务》（"Everquest"）等多人在线游戏还提供了图形化的交互式世界，玩家是基于原始文本的多用户域经验的化身［从多用户地下城的意义上来说，《龙与地下城》（"Dungeons and Dragons"）游戏以文本为基础，而非以多用户域为基础］。游戏世界是复杂的，它可能包含数千玩家。

儿童像接触玩具一样接触电脑和软件，这使他们很早就能像熟悉电视一样熟悉信息通信技术。有些游戏甚至采用了相当高级的图形化用户界面，这几乎可以被定义为游戏内操作系统。这一做法是必要的，玩家可以借此与他们所处环境进行交互。在交互性语境下，无论是交换武器或工具以对特定情况做出反应，还是解决一个谜题，都将变得越来越复杂。想要将《最终幻想》及类似系列的游戏打通关意味着玩家要使用游戏界面来控制游戏中的数百个命令和设定。我们可以以此为切入点向孩子们介绍基本的计算机概念和约定俗成的计算机惯例，作为他们游戏的一部分。

玩家可能会同其游戏一起长久相处。2002年，欧洲娱乐和休闲软件发行商组织在一项调查中发现，电脑游戏最大的受众群体不是儿童，而是25—34岁的成年人。这群人从小就喜欢玩游戏，现在他们有了可支配收入，终于可以尽情享受这个仍相当昂贵的爱好。

这一结果导致了"成人游戏"的出现。与游戏中现有的图形化细节相结合，"成人"主题游戏让人们更加担心游戏会对玩家产生什么影响。其中，作为一种特殊类型的第一人称射击游戏在人群中引发了最多的担忧。玩家在一系列游戏世界中移动，视角是一个人拿着枪走来走去——"第一人称"由此得名。这类游戏的玩法几乎没有复杂性，玩家只需干掉一切事物（如恶魔、机器人等）或者杀死被他们发现的所有人。

第一人称射击游戏以英国发行于1991年的个人电脑游戏《德军总部 3D》（"Wolfenstein 3D"）为开端。在这款游戏中，玩家潜入地堡并射杀纳粹突击队。然而，伴随着疯狂的节奏，近乎狂暴的《毁灭战士》（"Doom"）系列及包括《雷神之锤》（"Quake"）在内的一系列续作开始发行，这一游戏类型终于真正获得成功。极度暴力的幻想得到了纵容，玩家甚至可以用电锯攻击他们的对手。随着图像化细节的逐渐增加，这类游戏的道德问题逐渐进入人们的视野。以《王牌大贼碟》（"Kingpin"）和《侠盗猎车手》系列为例，玩家在游戏中扮演歹徒的角色，通过盗窃和谋杀的方式在犯罪组织中步步高升。一个角色在游戏当中被射杀时的画面看起来与有人被射杀的真实新闻片段别无二致。微软Xbox上最畅销的游戏是科幻类第一人称射击游戏《光环》（"Halo"）系列，而《艺电》（"Electronic Arts"）系列、《荣誉勋章》（"Medal of Honor"）系列则从美国的立场再现第二次世界大战，这类游戏甚至以展示历史上确有记载的准确无误的武器装备为特色。

在美国，当发生在高中生群体中的屠杀事件等可怕社会问题开始按照某种规律发生时，人们开始将这些游戏视为潜在原因。一些证据表明游戏的确会增加暴力情绪，但在撰写本书期间，其因果关系尚未得到证实。值得注意的是，"游戏"为"异化"提供了一种简单而方便的解释。这是一种比其他潜在性因素更加容易掌握的解释，它为一些年轻人提供了一份行动指南。此外，游戏也分散了人们对一些国家容易获得枪支这一政治难题的注意力。并没有证据证明诸如《生化危机》（"Resident Evil"）系列（在日本被称为"Biohazard"）等销量过万的超级暴力游戏与暴力行为的普遍上升绝对相关——但同样也没有证据证明二者绝对无关。

此外，还有一些问题与性别相关。大多数游戏主题都以年轻男性为受众，它们对女性进行了与色情作品极为相似的描述。有人担心这可能会对男性青少年看待妇女的态度（见"性别"）造成不良影响。在英国《古墓丽影》（"Tomb Raider"）系列游戏中，除了展示世界第一的射击手之外，还展示了另外一个值得商榷的"第一名"。作为这个系列的主人公，劳拉·克劳馥（Lara Croft）是所有青春期男性幻想的化身：她是一个拥有与解剖学比例不符的胸围的运动型持枪女子，一个即便在暴风雪条件下也可以只穿一条短裤和一件T恤而不觉得寒冷的、似乎对温度变化完全免疫的年轻女性。虽然有些人可能会说，把女人描绘成英雄是积极且正面的，但这种说法并不能阻止其他人对克劳馥产生赤裸裸的性幻想（见"赛博女性主义"）。而关于女性中心角色的其他描述也不怎么正面［例如《完美黑暗》（"Perfect Dark"）中的乔安娜·妲克（Joanna Dark）。该游戏由英国罕见公司发行于现已停产的任天堂64位游戏机，这是一个极度暴力的第一人称射击游戏中的角色扮演游戏。］在最近的并购中，XBOX对英国罕见公司的收购意味着该角色将出现在前者的主题游戏当中。除游戏之外，极端的性意象也存在于日本的主流漫画和动画中，包括色情、暴力等。这在很多游戏中都很常见（见"御宅族"）。

　　相比之下，为女孩所设计的游戏则少之又少。有证据表明，女性也会玩许多具有跨性别吸引力的主流游戏，比如《最终幻想》系列或《塞尔达传说》等角色扮演类游戏。此前提到的由娱乐和休闲软件发行商组织所开展的调查还表明女性玩家在主流玩家群体当中占比很大，于是游戏公司开始瞄准这些新用户。www.gamegirlz.com等一些网站呈现了女孩和女人们对游戏的兴趣，这类网站既关注游戏本身，也关注游戏玩家的性别特征（例如www.gamegirladvance.com）。

　　然而，尽管有些游戏的确存在暴力或其他存疑内容，但它们并未以真正的暴力或任何对可识别的现实进行描述作为特色。至少在一定程度上，游戏的主题是关于养育和关爱的。以任天堂的《口袋妖怪》系列游戏为例，玩家会照顾宠物并训练它们与其他怪物一起参加类似于相扑的比赛（见"电子宠物"）。《口袋妖怪》已成为一款杀手级应用，它与俄罗斯益智游戏《俄罗斯方块》一起助力任天堂占据了手持游戏机市场界的主导地位。同样的，以世嘉公司的《刺猬索尼克》（"Sonic the Hedgehog"）系列和任天堂的《超级马里奥》（"Mario"）系列为代表的游戏则注重速度、原色和解谜，而并不涉及真正的暴力。

　　日本不仅拥有远超欧美国家的非暴力主题游戏种类，还将一些更为稀奇古怪的游戏成功打入欧美市场，如《蚊子先生》（"Mr Moskeeto"）（在游戏中，玩家是一只夜晚在房间里飞来飞去的蚊子，叮咬着熟睡的居住者，却没有被打到），或者世嘉公司的《巴斯鲈钓》（"Bass Fishing"）（字面意思是"钓鲈鱼"）。此外，还有一些游戏基于音乐，玩家可以创作歌曲，如索尼公司的《动感小子》（"Parappa the Rappa"）。还有些游戏基于动作，如街机游戏《劲舞革命》（"Dance Dance Revolution"，游戏角色在屏幕上跳舞，用户匹配他们的舞步，一切变得越来越快），这类游戏在亚洲以外很少见到。而那些最复杂的游戏，尤其是《最终幻想》和《塞尔达传说》系列，往往都是由日本制作的。

　　近年来，游戏产业与好莱坞的联系正在不断加深。将视频游戏搬上银幕的最初尝试在票房方面并不成功。以影片《街头霸王》（*Street Fighter*）为例，它是根据一款当时非常成功的拳击游戏《街头霸王2》（"Street Fighter 2"）（即一个使用拳头和武术的游戏）所改编的。然而，有些电影则确实取得了成功。以第一部《古墓丽影》为例，其票房收入足以制作续集。很明显，想要赚钱，最重要的就是将影视与游戏配在一起。卢卡斯艺术公司（Lucasarts）是由影片《星球大战》（*Star Wars*）的资方所创立的，它为本公司各种游戏打造了一个主要市场，玩家可以在这些游戏中参与太空战斗或成为"绝地武士"（Jedi）。影片《黑客帝国2：重装上阵》与游戏的搭配则由电影导演本人参与完成，这或许成为电影与游戏两种娱乐方式日益紧密联系的趋势之始。

　　除电影市场之外，游戏市场也同样重要，因为各大公司都非常看好其发展前景。很明显,微软和索尼等公司将目前所生产的游戏机视为实现"家庭娱乐中心"的第一步,后者还将通过网络"随需应变"地提供游戏、电影、电子商务、应用程序以及其他内容。这些公司的兴趣在于探索消费者使用何种物理设备访问网络以及如何在这些网络上提供内容,以实现开发市场份额的目的。以上种种发展可能会对互联网等网络使用方式产生深远的影响(见"企业主导")。

更多资源:范·伯纳姆(Van Burnham, 2001)、史蒂文·肯特(Steven Kent, 2001)、弗兰克·普尔(Frank Poole, 2000)、*Edge*杂志(www.edge.com);www.womengamers.com,www.nintendo.com,www.playstation.com,www.xbox.com

极客

"极客"一词起源于美国,它是一个贬义的俚语。儿童和青少年往往用"极客"来形容一个专注于学业或对科学和技术的兴趣非常大,而在社会上则不太成功的人。这一术语有时会和"电脑"结合成"电脑怪才"(computer geek),指比日语"隐蔽青年"或"御宅族"更加离群索居的人。另一个源自美国的俚语词汇是"书呆子"(nerd),它可与"极客"换用。在英国,除上述这些已经司空见惯的叫法之外,还有一些本土俚语如"闷墩"(anorak)。随着信息通信技术的使用范围不再仅局限于业余爱好者而是变得越来越普遍,研究这些术语的使用是否会发生变化将是一件有趣的事情。

性别

赛博文化对性别的认同和政治的影响引起了人们来自于不同角度的广泛关注。现存关于该主题的大量女性主义相关理论研究从赛博空间作为父权制延续的工具到赛博空间作为一个新的无性环境的广大范畴都有所涵盖。在某种程度上，这些理论以目前所开展的关于性别和技术之间关系的工作为基础，同时还加入新的理论和经验观点，性别研究由此成为赛博文化领域最激烈的论争主题之一。

对科学与技术进行女性主义研究的强大传统现已被投入到赛博文化的研究当中。该传统分支众多，覆盖了从研究女性获得技术到女性科学家获得教育机会（及其面临的障碍）的广大范畴。对技术进行性别化研究倾向于强调某些技术的男性化形式和另外一些技术的女性化形式，以及关于访问、不平等性和统治等问题的强调作用。例如在研究国内技术的过程中，制造不同的人工制品时隐含的性别因素问题浮现了出来，而生殖技术方面的工作则将妇女作为技术的主体（甚至以女性作为服从对象）来发挥特殊的作用。因此，作为技术谱系的一环，计算机可能被视为另一种男性技术。关于这一方面的研究从行业就业模式到存在于电子邮件谈话中的性别歧视，从电脑游戏中角色和格式的超性别现象（芭比娃娃属于女孩，劳拉·克劳馥属于男孩）到全球网络资本主义的异质结构等范畴兼而有之。赛博文化性别研究旨在通过多种途径探索计算机和赛博文化的"男性化"过程。

然而，强调技术解放可能性的工作与此相对立。在这一语境下，赛博文化要么被视为一个真实生活（RL）身份不再具有任何意义或连贯性的潜在无性场域，要么被视为一个女性可以完全按照自己的方式参与赛博文化的空间。这些不同观点都不乏支持者，该领域中的工作者们对于不同性别研究方法在赛博文化中的相对优势的问题存在着相当大的争议。此外，积极分子们在学院派之外也进行了同样重要的干预，他们强调这些论争所涉及的政治利害关系。

对于那些希望强调赛博空间对于女性主义理论政治的生产可

能性的人而言，"赛博女性主义"这个标题意味着能够获得一系列可能性方案。社会学家凯蒂·沃德（Katie Ward，2000）试图通过区分"在线女性主义"和"在线赛博女性主义"这两个概念来对这些方案进行整理。在她看来，"在线女性主义"指利用赛博空间进一步推进不平等、意识觉醒等"传统"女性主义问题的意识形态，这里的"赛博空间"是作为促进女性主义的另一种手段而存在的；而"在线赛博女性主义"则指利用网络技术并参与网络行为、试图对赛博空间和女性主义进行重新编码的意识形态。沃德通过对比反骚扰网站（在线女性主义）与在线网络女性主义网站（如"极客在线女性"和"书呆子在线女性"）来说明这种区别，她认为后者的名字标志着赛博文化（"极客"和"书呆子"这两个词从一句"辱骂"变成了一枚"令人骄傲的徽章"，这意味着人们与电脑的亲密接触）与"后女性主义"政治（"极客在线女性"的声明完美地总结了这一点："在线女性们欣赏自身的女性气质，但同时也很讨人厌"）的新组合。对于与"极客在线女性"思潮有着共同愿景的女性主义理论家来说，在富有成效地参与赛博空间的过程中，重塑一个女性主义空间这一过程存在着令人兴奋的可能性，而类似趋势显然与游戏相关。例如，莎迪·普兰分别于1997年、2000年对在线赛博女性主义项目进行了有趣的政治解读。她将在线赛博女性主义与法国女性主义理论相结合，旨在探索女性在赛博文化中过去、现在和未来的地位。然而，对于一些作家而言，这种解读显得过于乐观：他们认为将该意识形态与女性进行在线参与时所受到的物质和意识形态上的不平等限制放在一起进行解读，才是合理的。（朱迪斯·斯奎尔斯，2000）

在将赛博空间作为"后性别"领域的实践和政治问题方面，一场同样激烈的辩论也在上演。例如探索多用户域的研究人员对于性别游戏中的实验进行了描述，其中最著名的是在黏巴达社区上进行的实验，参与者们能够在10种不同性别之间进行选择。［洛莉·肯德尔（Lori Kendall），1996］虽然这或许是一个令人兴奋的发展，因为它在远离了二元性别的束缚的同时强调了所有性别以及线上和线下的行为本质，但对于一些批评家来说，自由是虚幻的，因为大多数参与者很快就会回归"传统"、回归刻板的真实生活性别。实证研究表明，线上的跨性别认同不仅相对而言并不常见，而且还普遍被认为是不道德的。［琳恩·罗伯茨（Lynne Roberts）和马尔科姆·R. 帕克斯（Malcolm R. Parks），1999］

因此，媒体引发的道德恐慌，尤其是那些由关注成年男性在聊天室里伪装成少女所带来的恐慌，就将一部分网络互动情境掩盖了。而这种掩盖所带来的欺骗性是网络空间对恋童癖恐慌的一个重要组成部分。这种风险重建提出面对面（见"面对面"）进行身份验证的必要性问题。存在于线上生活与真实生活之间的分裂是有问题的，一系列身份误用、滥用现象可能由此产生。然而，对于一些作家来说，这种分裂同时也是赛博空间的一个重要的积极特征，因为参与者们能够在赛博空间中安全地自嗨或同他人一起玩耍，并找到新的身份表达方式。当虚拟网络/现实生活被严格区分，并且虚拟环境不可能渗透到现实生活中时，新的亲密关系和身份就会出现。当然，至少在某种程度上，这种在线实验的"安全性"使实验不得不去坚持否认这种做法对存在于真实生活当中的身体和自我的影响。进而，一种虚拟的爱情（或虚拟的强奸）可能由此深刻地体现出来。

正如黏巴达社区中著名的"虚拟强奸"情节和"变装精神病学家"秀中的故事那样，为性别游戏创造一个假想的自由空间可能会在真实生活层面上带来某些令人不快的结果。（朱利安·迪贝尔，1999；A. R. 斯通，1995）就前者而言，多用户域中的一名参与者控制另一名参与者并使其进行非自愿性的虚拟行为将会带来围绕身份认同、骚扰和"强奸"的网络含义等主题的一系列激烈辩论；就后者而言，当一名男性精神病医生在网上通过伪造女性身份来进行实验并在意识到自己的行为不负责任时决定将自己所扮演的女性角色"抹杀"掉，以缓解他在网络环境中所面临的信任、欺骗和情感介入等问题时，类似的问题又重演了。这两个事例都是众所周知的，但人们却很少利用使变性人在赛博空间中探索新的身份和开展政治动员的观点去分析和解读它们，尽管这一观点很重要。[斯蒂芬·怀特尔（Stephen Whittle），2001] 从这个意义上而言，赛博空间可以被视为一个"安全"的空间。在其中，人们可以进行关于自我认同的实验，可以认识志同道合的朋友，可以建立一个集体项目，也可以建立一个专注于改变性别的理论、政治和实践的集体项目。

另请参阅：身体、赛博女性主义、多用户域

更多资源：朱利安·迪贝尔（Julian Dibbell, 1999）、温蒂·哈库特（Wendy Harcourt, 1999）、A. R. 斯通（Allucquere Rosanne Stone, 1995）

威廉·吉布森

见"赛博朋克"、《捍卫机密》《神经漫游者》

全球信息基础设施委员会

建立全球信息基础设施委员会是美国于1995年向G8集团成员国提出的，旨在确保全球人口能够普遍获取各类信息。其宗旨为"促进私营部门的领导地位，实现公私合作，发展信息网络和服务，以促进全球经济增长、教育进步和生活质量提升"。该提案仅以自由市场为依托，几乎没有提供切实可行的措施来确保既定目标的实现。

另请参阅：文化帝国主义

更多资源：www.giic.org

全球化

许多人将"全球化"视为当前资本主义发展时代的特征，这种看法将这个术语简单化了。全球化是指国际交流、旅行和贸易的增加，以及不同文化跨国家、跨民族传播的现象。西方全球化明显表现为越来越多的人飞往世界各地出差或旅游度假，而本地商店开始有越来越多的"外国"产品可供选择，耳熟能详的商业品牌在全世界范围内出现，以及民族风格开始混合进时尚单品与设计品中。部分人认为这些现象就是经济文化全球化的证据。互联网及与之相关的全球信息通信技术在全球化概念当中具有重要意义，它们促进了信息经济的发展和网络社会的出现。

在承认上述全球化趋势的重要性以及对新型媒体电信技术设备在促进这些趋势方面所发挥的作用持肯定态度的同时，许多评论员、学者和社会活动人士也一直在宣传全球化可能带来的诸多负面后果。2000年11月，在西雅图召开的世界贸易组织（WTO）会议上，抗议者们坚定地将这些担忧提上世界政治议程。他们经常被描述为反全球化运动的一员，然而，确切地讲，他们并非反全球化，而是向全球化的新自由主义经济变体发起挑战。在他们看来，这种新自由主义经济变体是导致文化帝国主义和西方资本主义政企经济统治的罪魁祸首，而新的文化政治可能蕴含于其中。一个松散的新社会运动联盟由此产生，该联盟由环保主义者、女权主义者、人权运动参与者以及其他共同反对新自由主义全球化的政策和实践的人组成。

对新自由主义全球化的批评和关注是多种多样的。事实上

"这些批评起源于全球化"的说法一点儿都不新颖。相反，"新自由主义全球化"概念可以追溯至英国、西班牙、葡萄牙和荷兰的贸易帝国时代。此外，像今天一样，国际贸易和移民也是19世纪资本主义的特征。因此，尽管全球化进程遭受了20世纪30年代由于经济大萧条所导致的贸易保护主义影响，但我们仍可以将其视为对以往资本主义做法的延续、第二次世界大战后西方国家加强国际自由贸易关系的共同特征。

对于经济自由贸易政策的倡导者而言，全球化的好处是相当可观的。他们认为这些利处包括为购物者提供更多的选择、刺激财富涌流和促进生活水平提升。此外，国际旅行的增加促进了信息交流，发生在不同文化群体之间的了解进程得以深入。

然而，反对者们指出了新自由主义全球化所造成的不平等影响，即西方国家以牺牲发展中国家的利益为代价，获得了巨大的利益。例如在过去十年中，据估计世界上最贫困人口本已十分微薄的财富实际份额从2.3%下降到1.4%。此外，全球化带来的利益在各国内部也并未实现均匀分配。以西方国家为例，体力劳动者一直受到超级临时工雇佣制度的影响，跨国公司借机将其生产设施转移向低收入经济群体；在较贫穷的国家，执政精英和官员被指是贿赂和腐败的受益者，以此作为消除贸易壁垒的一大诱因。

反新自由主义全球化抗议者群体对自由贸易体系的建构方式表现出极大的兴趣，他们认为这些群体以牺牲当地利益为代价换取全球企业利益的实现。的确，后西雅图时代的口号是"本地好，全球坏"。娜欧米·克莱因和诺琳娜·赫兹（Noreena Hertz）等评论家认为许多跨国公司手中目前所拥有的权力甚至已经超过了一部分由民主选举所产生的政府。2001年，赫兹甚至激烈地指出："政府已经被迫沦为大企业的奴才"，其结果是股东的利益高于社群甚至消费者的利益。于是，面对外来投资的需要，许多政府无力反对企业对解除政府经济管制的要求。在这种经济管制模式中，工人权力有限，税收有力，规划也相对放松。下面的情况随之出现：直接对居民社区生活和当地环境造成影响的全球化决策是由不出面的公司董事所制定的，他们不对受其影响最严重的群体负责。

然而，资深记者约翰·皮尔格（John Pilger）对这种政府无力制衡企业权力的状态提出了质疑。他认为："国家疲软的幻象是'新秩序'（2003:115）设计师们所抛出的烟幕弹。"他肯定了国家实力，称西方政府一直在与企业合作伙伴共同采取行动并致力于系统性地打造一个将北美、欧洲和澳大利亚利益置于世界其他地区之上的世界经济模式。因此，这一语境下的全球化是一种剥削性的安排，其目的在于通过确保西方企业"无限制地获得矿产、石油、市场和廉价劳动力资源"，将世界贫富差距维持住。有人认为该战略是由西方国家凭借军事优势与世界银行、国际货币基金组织和世界贸易组织等负责管理全球经济的机构联合实施的。通过运行这些机制，发展中国家依赖西方国家的条件得以生成。而为了获得财政贷款、发展援助或吸引西方国家公司投资，发展中国家往往首先被要求放松对其经济的管制、使其公共服务私有化并同时遵守自由贸易的原则。批评人士指出，这样的安排几乎毫无公平性可言。例如，来自西方国家的援助通常以购买其商品的贷款形式提供，而这些商品往往是不具备本土销售市场的西方过剩商品。虽然发展中国家市场被要求面向外国竞争开放，但西方市场往往不受来自发展中国家廉价商品的影响。较贫穷国家为了迎合西方的口味而进行的农作物种植占用了宝贵的农田，饥荒现象由此产生。此外，当企业不受管制时，其经营运作方式也对人类健康、环境保护和物种生存造成了威胁。

另请参阅：文化帝国主义、超级临时工雇佣制度

更多资源：约翰·皮尔格（John Pilger，2003）、威廉·格

雷德（William Greider，1998）、威尔·赫顿（Will Hutton）和安东尼·吉登斯（Anthony Giddens）（2000）

革奴项目

革奴项目启动于1984年，旨在开发一个完全由自由软件所组成的、完整的类尤尼斯（UNIX）操作系统[i]（名称"GNU"是对"'革奴'不是'尤尼斯'"的递归缩写，其发音为"革奴"，即"guh-NEW"）。革奴项目目前正在积极发展一系列项目，包括用于打造虚拟电影工作室的公共程序、支持Java语言的语言库、满足不同业务需求的革奴企业以及用于制作数字音乐的八进制革奴算法。自由软件基金会（Free Software Foundation，简称FSF）是革奴项目的主要组织者和赞助者。

更多资源：www.gnu.org

图形用户界面

见"界面"

黑客

黑客一般指使用计算机知识对受保护计算机系统安全性实施侵犯行为的个人，有时也被用来描述那些对编程感兴趣或从事编程工作的人。大众媒体对"黑客"的定义是怀揣邪恶意图入侵计算机系统的人，而黑客群体则认为自己的行为动机在于抵制微软等公司的全球统治。这两者之间是有区别的。有些黑客会将一些行为区分开来。比如有些行为是对某些大型软件公司造成损害，

---

i UNIX，一种计算机操作系统，具有多任务、多用户的特征，美国AT&T公司于1969年在贝尔实验室开发出UNIX系统。

这些公司与美国西海岸的反资本主义有关，或者更准确地说，是反企业情绪。这些公司希望将互联网作为那些与电脑有密切关系的人的游乐场。有些行为则是实施其他网络犯罪的个人行为。黑客与病毒制造者是不同的，后者只是简单地设计对计算机和网络的损害，而前者则可以直接控制他的任何主动行为。

另请参阅：网络犯罪、极客

更多资源：道格拉斯·托马斯（Douglas Thomas）和布莱恩·D. 罗德尔（Brian D. Loader）（2000）、保罗·泰勒（Paul Taylor, 1999）

黑客攻击

黑客攻击是指在未经适当授权的情况下侵入计算机系统的非法行为。

另请参阅：网络犯罪、黑客

黑客行动主义者

该术语是由"黑客"和"行为主义者"两个词所构成的合成词，用于描述那些为激进主义事业使用和开发互联网软件的人。

万圣节文件

"万圣节文件"指的是几份机密的微软备忘录，其中第一份于1998年10月底遭到泄露。人们通常认为这些备忘录文件是微软首次公开承认他们受到开源威胁的证明。此外，这些文件还展示了微软对抗LINUX和开源软件的策略。遭到泄露后的第一份备忘录文件被媒体捕获，随后微软肯定了其真实性。时至今日，部分相关文件在网上仍有留存。《大教堂和市集》（*The Cathedral and the Bazaar*）的作者埃里克·雷蒙（Eric Raymond）为其作注，他在开源软件和专有软件开发特性之间进行了对比。

另请参阅：自由软件、免费软件、开源

更多资源：埃里克·雷蒙（Eric Raymond, 1999）， www.opensource.org/halloween

健康

见"虚拟社会支持"

高清电视

见"数字电视"

隐蔽青年

"隐蔽青年"是一个日语特定群体称谓，该群体以男性青年为主。这些人退出社交生活，他们将自己限制在一个房间里并拒绝外出。尽管"隐蔽青年"群体往往会表现出沉迷游戏或网络的倾向，但这种现象主要由社会和经济原因导致。"隐蔽青年"现象在某些方面与"御宅族"的描述类似。

点击

点击指网站所接收到的信息请求。大多数点击量不是对于网站加载的每一项内容的计算（因为存在于网页中的每一个图形元素都可以作为单独的项目被加载），而是对于访问页面次数的计算。点击量不一定等于一个网站的实际访问者数量，因为它是对不同部分被访问的频率的描述，而非对实际访问人数的统计。获得一份单独网页的点击量计数，依靠的是对已访问某站点的机器（对于这些机器的识别是通过其IP地址来实现的）数量进行收集，这一过程有时被称作"服务于不同控制台"。就像用于评估美国电视收视率的尼尔森收视率测量系统一样，该调查所收集和分析的对象主要是发生在商业网站上的点击量，它们是判断网站人气高低和确定在线广告费率的基础。

主页

主页是网站中一个特定的页面，它通常是我们所遇到的第一个页面或首页。因此，主页发挥着重要的作用。无论对于组织还是对于个人而言，主页是进行印象管理的关键——它用来引起人们对普通浏览器的注意并进而引导他们深入网站。主页就像一本书的封面，它吸引你的眼球并说服你去阅读里面的内容。从这个意义上说，丹尼尔·米勒（Daniel Miller，2000）将"网站"理论化为"陷阱"，认为它的目的在于吸引网络冲浪者的注意力——"我们完全可以把主页描述为一个审美陷阱或界面，它试图捉住人们隐藏在网站背后的'真实自我'，试图激起潜在访问者的好奇心"。随着网站越来越多，主页必须承担的工作也相应增加：它们必须能够吸引眼球，必须便于访问者进行导航和使用，而且不能复杂到需要很长时间才能加载完毕。

张志伟（Charles Cheung，2000）[①]在探索非机构的个人主页的工作中借鉴了社会学家厄文·高夫曼（Erving Goffman）的"拟剧论"，该理论强调了我们在日常生活戏剧中所扮演的角色。对于高夫曼来说，个人生活的特征就是表演，它就像配有道具、线索和剧本一样徐徐展开。简而言之，我们积极地设法管理他人对我们的看法，并试图以适当且正面的方式向他们展示自

---

① 出处：cpw.hkbu.edu.hk/staff.php?staff_class=ts&staff_id=8（访问时间2019年5月2日）——译者注

己。在张志伟看来，这个过程会显示在个人主页的语境之下，而此时的个人主页则充当了自我的虚拟替身。个人主页通常包括图形、图像和文本，这些要素与传记叙述一起被编织成为一个扣人心弦的故事，且同时还附有其他网站的链接。事实上，对于链接网站的选择不仅展示了个人兴趣爱好的先后选择顺序，同时也展示了我们所谓的赛博文化资本——一个人在使用网络方面的知识和技能由此显现。最后，使用点击量计数器还能够通过显示网站的人气，来使该网站的总访问量获得保障。因此，作为自我的一种自觉的反身表达方式，个人主页承担了大量身份识别工作，它也因此成为一个值得仔细研究的对象。

这一问题不仅适用于个人主页，也同样适用于组织机构的主页。组织机构网站不仅应反映其形象和地理位置，还应服务于所有的潜在用户。作为一种宣传推广工具，组织机构主页现已与其品牌设备并置，二者共同扮演针对潜在顾客或用户的"陷阱角色"。在意识到这一做法所带来的金融影响后，一些人便抢注了大公司和名人等群体的统一资源定位符，他们通常打算以后把它们再卖回给这些公司——这种现象被称为"域名抢注"。而倘若一家公司想要绕过域名抢注者或试图从众多拥有类似统一资源定位符的网站中脱颖而出，往往需要采取富有创造性且引人注目的命名策略。

另请参阅：统一资源定位符

更多资源：张志伟（Charles Cheung，2000）、丹尼尔·米勒（Daniel Miller，2000）

超文本标记语言

超文本标记语言用于在万维网上创建网站和主页。然而，从语言意义上来讲，它并不是一门可以直接用于创建应用程序的编程语言。换句话说，我们无法使用超文本标记语言来编写一个全新的文字处理程序或创建一份电子表格。相反，它被设计成一种"标记"性文本，目的在于以一种特定的格式显示出来。文本之所以能够以某种形式（如粗体、斜体、标题）在英特尔浏览器的网页页面上显示出来，就是因为网页页面的超文本标记语言代码中包含了文本格式的相关指令。此外，超文本标记语言还可以在某种程度上控制网页的大致布局，尽管它无法精确控制具体元素的位置。

超文本标记语言的发明者是英国人提姆·柏纳·李（Tim Berners-Lee），他在20世纪90年代早期曾任职于欧洲核子研究组织。为促进以互联网为媒介的分布式计算技术的使用，李于1992年创建了万维网的第一个元素。"超文本"概念本身比"超文本标记语言"要早，它起初是由美国人泰德·尼尔森（Ted Nelson）提出的。直到超文本标记语言能够被一个具有易用性的应用程序以预期的格式进行解读和显示时，它的腾飞才真正实现。1993年，美国国家超级电脑应用中心发布了一款名为Mosaic的网络浏览器应用程序，它飞速占领了当时规模尚十分有限的互联网市场。Mosaic的开源代码使很多类似的应用程序如雨后春笋般出现。Mosaic的"直系后裔"就包括火狐浏览器（Mozilla）和微软的IE浏览器。

在撰写本书期间，超文本标记语言已达到4.01版本。柏纳·李已经成为全球资讯网协会（W3C）的主席，该联盟提倡使用标准化、可访问格式的超文本标记语言，以确保尽可能多的人访问网页。该联盟的工作包含推动建立网页无障碍推进组织联盟（WAI），其目的在于最大限度地保证盲残人士也能够顺利访问网站。此外，一种用于创建新的标记语言的通用语言——可扩展标记语言（XML），以及与之相关的动态超文本标记语言和可扩展超文本标记语言也是值得关注的。这些语言几乎一直处于更新、修改的变化状态之中,这一过程在全球资讯网协会网站上有详细描述。

另请参阅:Java语言、JavaScript语言

更多资源:www.w3.org

超文本传输协议

这里使用的术语"协议"与外交礼仪中的"协议"含义相同,是指用于通信的系统或催化剂。超文本传输协议用于在万维网上进行超文本文档交换。换句话说,是它的存在使网页浏览得以进行。

该协议以"客户端/服务器"原理为基础。它使"客户端"计算机与"服务器"相连接并发出信息请求。一份超文本传输协议请求将会告诉"服务器"客户对哪些信息感兴趣,以及应该对相应请求采取何种操作。超文本传输协议往往与超文本标记语言或其他的超文本网页页面协同工作,用户只需单击页面上的统一资源定位符或链接,就可以按照客户端计算机所显示的格式发送特定信息的超文本请求。超文本传输协议还使用户能够访问文件传输协议等许多其他协议。超文本传输协议与传输控制协议/网际网络协议协同工作,以此实现全网范围内的信息交换。

另请参阅:www.w3.org/protocols

人/机界面

见"界面"

超级临时工雇佣制度

超级临时工雇佣制度指与全球化和信息经济兴起相关的劳动

力市场变化现象。从本质上讲，该制度意味着制造行业全职就业率的下降，这些工作被服务业工种所替代，而后者通常是兼职性质的低薪短期合同制工作。这些发生在劳动力市场中的结构性变化在服务业占主导地位的美国表现得最为明显，而英国等欧洲国家的劳动力市场也出现了类似现象。

超级临时工雇佣制度在一定程度上被认为是新资本主义社会崛起的结果。后者的劳动力成本低于后工业社会，这就导致制造业从西欧和美国转移到亚洲，并在某种程度上转移到东欧，而作为全球化催化剂的信息经济的兴起则使这些发展变化加速发生。这一变化使得一度被认为相对安全的中产阶级变得更容易失去工作，而高技能的"知识工作者"则将会享有更高的薪水，甚至可以进入全球就业市场。

更加值得注意的是，曾经在经济工业部门从事非技术型或半技术型工种的全职雇员发现他们很难再获得同等的工作。除此之外，许多人越来越担心他们可能很难再找到任何自己可以胜任的工作，因为过去由男性从事的工业性工作已经转移到国外，而国内工资较低、地位较低的服务业工作往往由女性承担。以长期存在于英国的中青年男性失业现象为例，这已经成为一个主要的社会问题。对此，一些政府已经制订相应计划加以应对。一些超级临时工雇佣制度相关政策将主要关注点放在与社会排斥和社会凝聚力相关的概念上，这意味着高度不平等的社会面临着不稳定危险。目前，英国政府和欧盟对此有所顾虑。在洛杉矶等美国城市，关于社会凝聚力崩溃与极度不平等所导致后果的证据随处可见。麦克·戴维斯在其著作《石英之城》（*City of Quartz*，1992）中将这些现象与经济变革联系了起来。

另请参阅：全球化

更多资源：比尔·乔丹（Bill Jordan，1996）、曼威·科斯特（Manuel Castells，1996）

"我找你"软件

"我找你"是一种即时通讯软件,它的出现比"美国在线"所提供的流行服务早许多年。

身份

在社会和文化理论领域中,"身份"已经成为一个颇具争议的术语。之所以会产生这一现象,一部分原因是由全球化和后现代化的变革过程所导致的。在赛博文化方面,新型信息通信技术的变革效应使"身份"得以在个人和集体层面重塑。(大卫·贝尔,2001)纵观人们对赛博空间各种重塑身份方式的广泛研究,除着墨最多的性别研究之外,身份认同方面的相关问题也颇受关注。就后者而言,面对面接触机制在计算机媒介传播中的缺失使我们摆脱了真实生活中身份和身体的限制——我们可以无休止地重造自己,可以在不同的在线环境中呈现出无限的自我,并与我们所能成为或我们所想成为的客体一同展开实验。这里的赛博空间被视为一种表演空间。在这个空间中,我们可以利用道具、线索和脚本来实现自身虚拟身份。立足于这个角度,张志伟(2000)对个人主页作为自我的反映和延伸自我的方式进行了探索——视觉材料与文本材料之间是如何进行组合的?一个网站与其他网站的链接是如何构建的?以特定的方式将自我呈现给网络冲浪者如何成为可能?

除了关注"个人认同轴"之外,更广泛的集体身份认同"轴"——即传统上被视为种族、阶级、性别、性取向和国家的要素,都在赛博文化的背景下得到重塑和再思考。然而,这并不意味着赛博空间完全将个人从真实生活中解放出来。例如,丽萨·那卡穆拉(Lisa Nakamura,2000)的研究表明种族刻板印象在赛博文化中仍旧存在，不平等现象从现实世界走进了虚拟世界。此外，赛博空间对于性别的影响也同样复杂，一些作家在一些关于多用户域的文章当中强调后性别赛博文化的新自由，而另一些人则认为女性在赛博空间和游戏等其他领域中仍然处于边缘化地位。尽管大多数关于性行为的研究都集中在男女同性恋者对于赛博空间的使用问题上，但这些研究或许也将指向同一结论，即对于用于"出柜"和进行社区建设的新空间的展示。［妮娜·韦克福德（Nina Wakeford），2000］

研究者们在等级问题方面的研究重点有所不同，因为这里最突出的问题集中于赛博空间的准入问题。互联网访问者群体结构的经济差异产生了新的数字底层阶级和数字精英阶级［亚历山德罗·奥里吉（Alessandro Aurigi）和斯蒂芬·格拉汉姆（Stephen Graham），1998］。虽然这些不平等往往反映出一些网络空间已经存在，但存在于"信息丰沛"和"信息贫乏"之间的鸿沟只会随着在线生活的增加而被逐渐拉大，我们当中那些被迫无法上线的人将会遭到来自不断升级的网络环境的排斥。这种排斥存在于包括"国家"在内的任何空间尺度：通过查阅由互联网所提供的全球地图，我们就能够清楚地知道谁在上网、谁不上网。

对于那些拥有赛博空间准入权限的人而言，与民族认同相关的问题也成为关注的焦点。在某些情况下我们的确目睹了民族主义在网络环境中的复兴，但与此同时我们也看到了相反的情况：新的跨国身份从地理的限制中获得了解放。很明显，无论你选择在赛博空间中探索哪种身份，你都将会不可避免地受到复杂且常常彼此矛盾的力量影响。对于某些人而言，赛博空间的确为他提供了成为一名新人的自由；但对于另一些人来说，这样的机会仍然显得遥不可及。

另请参阅：身体、性别、主页、多用户域

更多资源：大卫·波特（David Porter，1997），亚历山德罗·奥里吉（Alessandro Aurigi）和史提芬·格拉汉姆（Stephen Graham）（1998），大卫·贝尔（David Bell，2001），张志伟（Charles Cheung，2000），丽萨·那卡穆拉（Lisa Nakamura，2000、2002），妮娜·韦克福德（Nina Wakeford，2000）

信息

在讨论信息社会、信息经济和信息通信技术的重要性时，合理界定信息及信息技术的概念对于我们理解当代赛博文化至关重要。无论是我们在进行商业交易、休闲活动，还是在与公共服务和政府发生关系，都可见信息在我们的日常生活中发挥着越来越普遍的作用，这几乎已经成为一个公理。此外，在越来越多的信息通信技术加速传播的背景之下，人们还将达成一个共识，即认为我们有受到"信息超载"威胁的可能性。然而，许多关于信息通信技术中心转变性质的争论都集中于"信息是一个备受争议的概念"这一事实。

从广义上讲，我们可以通过确定两种观点来试图理解信息的概念。其一是把信息看作一种既可以被量化，又是外在于社会和文化背景的独立存在"资源"。信息诞生于社会与文化背景下，并在其中获得理解。这表明信息是一个能够独立于发射器和接收器而存在的稳定实体。这一观点与主张用"比特"来量度信息的观点是一致的，该观点吸引了那些负责借助此类符号进行传输和存储的通信工程师群体的普遍参与。事实上，信息的处理者们几乎无须了解它们，且信息资源往往隶属于外部机构，例如某个组织（即信息资源是作为公司财产而存在的）。

与之相对立的另一种观点则是将信息理解为一种依赖于个人的"感知"。这一观点区分了属于组织的数据集和存在于人们头脑中的数据信息——虽然后者有时可能会被使用。从这个意义上说，信息的所有者是个人，而非组织。因此，信息内在于接收者的感知而存在。事实本身不能说明问题，对于事实所进行的操作和解释才能说明问题。实际上，为了使信息具有价值，它还必须具备对接收者有意义的语义内容。这种对信息的主观理解表明信息总是对解读、误解和争论持开放态度。因此，个人特质、文化、政治结构、经济环境以及许多其他因素都会对信息接受者认知信息造成影响。

与其说重要的是信息竞争视角，毋宁说最重要的是区别，因为它有助于对关于"为什么"的问题做出阐释。举例来说，在一个组织机构当中，作为"基于资源"而被引入的信息系统①可能会因不同部门或员工试图以完全不同或相互矛盾的方式对信息的价值做出阐释的行为而宣告失败。而在另一种语境下②，这种区别则可以帮助我们去理解一种被视为"资源"的信息是如何以一种"政治"方式被刻意地诠释，如关于不同机构之间传播健康信息的可能性问题。举例来说，卫生职业、执法机关、保险公司或就业组织等不同机构就可能会对"个人医疗记录"这一信息做出完全不同的解读。换句话说，每个机构的信息价值都是不同的，其意义被具体的文化利益所塑造。对于卫生职业人员来说，"信息价值"可能指医生和病人之间特殊的信任关系；对于执法机关来说，"信息价值"可能涉及调查程序；对于保险公司来说，"信息价值"是按照风险评估解读；对于就业组织来说，"信息价值"应被视为职业适用性的证据。在每一种情况下，"个人医疗"这条信息都将根据接受者的不同看法获得不同解读。每一方解读者都可能试图通过宣称该信息是进行犯罪侦查、风险分配评估等方面的重要资源来使他们的解释变得圆满并进而获得信息访

---

① 即第一种观点：把信息看作一种既可以被量化，又是外在于社会和文化背景的独立存在"资源"。——译者注
② 即第二种观点：将信息理解为一种依赖个人的"感知"。——译者注

问特权。然而，由于这种主张会对个人信息"隐私"和"保护"等问题造成影响，有关机构之间已经就信息共享问题展开一系列政治论辩。

更多资源：比尔·达顿（Bill Dutton，1999）、斯科特·拉什（Scott Lash，2002）

信息通信技术

"信息通信技术"是对所有数字计算和通信设备的统称。信息通信技术的涵盖范围很广。除了计算机之外，它还包括从服务器到手机及其他掌上或手持设备、蜂窝电话和数字电视等。大多数学者认为"技术决定论"（即主张"信息通信技术正在改变社会"观点的理论）将信息技术对社会和经济所造成的影响进行了过于简单化的解读。事实上，信息通信技术在被社会所塑造和改变的同时也反过来改变着社会。曼纽尔·卡斯特是信息通信技术领域的重要理论家之一，他在自己的三卷本著作《网络世界的崛起》（*The Rise of the Network Society*）中详细阐述了自己的观点。

一些人认为，信息通信技术在信息经济、全球化现象和超级临时工雇佣制度等方面发挥了至关重要的作用。不难预见，在电子服务、电子商务和电子政府等领域，信息通信技术也将对商业和政府产生重大影响。在社会层面上，有些人认为过度使用信息通信技术会导致人际关系疏离和社会功能失调（见"御宅族"），与此相关的是担心电脑游戏和视频游戏可能会对社会产生负面影响。

信息社会

在发达国家，新型信息通信技术正在日益普遍地扩散至文化、经济、政治和社会生活等几乎各个方面。一种断言随即产生：人类已经进入发展新时代，即信息社会。信息社会时代经常与在此之前就已经存在的工业和农业社会形成对比，前者通常具有以下特征：

• 大多数职业都以信息或知识为基础，可见信息作为全球信息经济和信息社会组成部分的经济、文化和政治资源的重要性正在日益凸显。

• 人们认为信息通信技术的动态创新正在以前所未有的方式影响着信息处理、存储和传输潜力，信息通信技术应用也因此在我们的生活中变得越来越普遍。

• 电子网络经济和社会从根本上改变了我们对时间和空间的概念，信息流由此超越了时空边界，从而促进了全球化和企业网络化进程。

• 在文化领域，信息通过多媒体应用变得更加普遍；但在一个充满竞争、矛盾、不断变化的图像、标识和消息的世界中，信息也随之变得更有争议且更没有意义。

顾名思义，信息社会的主要特征之一就是承认当代生活中的"信息爆炸"。信息的创造、所有权和分配被许多人认为是一项主要的经济活动。的确，衡量信息社会出现的一个共同标准是信息产业对国民生产总值（GDP）的贡献程度。于是，弗里兹·马赫卢普（Fritz Machlup，1962）和马克·波拉特（Marc Porat，1977）将知识工作与非信息部门区分开来，并对其增长和对国家繁荣所做出的贡献进行量化衡量，这一工作开创了对知识工作进行分类尝试的先河。与之类似，另一种衡量社会信息化的流行方式是对可被描述为"信息"或"知识"工作的职业占比进行考察。丹尼尔·贝尔（Daniel Bell）在对于"信息社会"（1976）的著名描述中指出，白领工人数量的增加和工业劳动力数量的减少预示着深刻的社会和经济变革即将发生。此外，最近罗伯特·

莱克（Robert Reich，1992）和曼纽尔·卡斯特（1996）也都对信息经济全球化的重要性以及新型信息劳动所发挥的日益普遍的作用进行了强调。这些被莱克描述为"符号分析师"的工人们受过高等教育且处理问题方式灵活多变，他们通过操纵符号来解决、识别和权衡问题。（1992:198）他们被视为新兴信息社会的驱动力，他们的存在对全球信息经济的发展至关重要。

值得注意的是，尽管以上所有关于社会信息化的说明都能对经济发展和社会变革提供有价值的诠释，但它们也同时引起了来自社会科学家的诸多争议〔为了获得合理的介绍性评论，可参见弗兰克·韦伯斯特（Frank Webster）在《信息社会理论》2002年版中的表述〕。特别是，粗糙的就业和国民生产总值统计数字往往被认为掩盖了更复杂的因素，使我们难以明确地说信息社会已经到来。研究表明即使在发达国家如美国，信息产业在国民生产总值中的占比也未达到50%。此外，针对信息工作者的分类更多地取决于研究者的个人判断，而非客观特征。所以这些"被感知到"的就业模式变化是否显著地改变了社会中权力和地位的分配？答案无解。因此，批评人士经常指出这种分析模式对"定性"问题有所忽略。

信息通信技术在近几年间取得了速度惊人的发展。对于它所取得的非凡进步，一些评论人士甚至将这一过程描述为一场与工业革命旗鼓相当的技术革命。〔威尔逊·迪扎德（Wilson Dizzard），1989；尼古拉斯·尼戈洛庞帝（Nicholas Negroponte），1995〕这种转型的核心是发生在曾经的不同技术与部门之间的融合，而这种融合预示着深刻的组织和行为变革前景。

计算机行业的发展已经显示出如下趋势：随着微计算与用户友好型软件相结合的重要性不断上升，大型控制台的重要性正在不断下降。以微软、苹果、麦金塔软件应用程序为例，它们已成为存在于全球许多办公室和家庭中的常见特征。在电信领域，从模拟信号到数字信号的转变使作为转换介质的模拟开关和转换机都将能使用被计算机所理解的二进制语言，进而为电子数据（语音、文本、图像、数据）的传输提供了机会。最近，这种数字融合还将主要的媒体娱乐产业收入囊中。这预示着新的前景，即不同行业和逐步扩散的多媒体应用之间的界限将被进一步模糊化（见"游戏"）。

计算机、电信和媒体技术之间的数字融合过程使互联网、万维网等能够相互连接、相互通信的计算机电子网络得以发展。无论是在家中、办公室、商店、银行、学校或是其他地方，全球数百万个终端都可以在一天中的任何时间里实现信息共享。而诸如手机、有线及卫星电视、智能媒体卡及闭路电视等其他数字技术，也越来越多地被纳入电子网络应用设备当中。信息通信技术方面所取得的一系列发展对信息化进程起到了支持和促进作用，但它们也可能导致我们对时间和空间的理解发生深刻变化。

网络已成为信息社会中的主要隐喻。曼纽尔·卡斯特在他的著作《网络世界的崛起》一书中指出："作为一种历史趋势，信息时代的主导功能和流程越来越多地围绕网络组织起来。"（1996:469）在社会、经济和政治方面，网络也逐渐被视为社会实践和生产结构的主要形式。在某种程度上，电子计算机网络（如互联网）的转换能力是促成这一结果的主要原因。特别是信息通信技术，它重新定义了我们对空间、信息流和通信的理解前景。从此，通过"信息高速公路"进行计算机连接的个人和组织之间的通信不再受到时间与空间的限制，人们将能够实现全天候的信息跨国共享。

这一现象对于我们思考"地点"和"空间"的问题具有潜在的意义。评论员们用"虚拟社区"或"赛博空间"术语来描述由计算机所控制的空间，在这些空间当中，分散于地理位置上的个体将能通过使用电子邮件、电子布告栏、聊天室、论坛、世界性新闻组网络及其他电子手段来实现信息的远程分享、在线互动。霍华德·莱因戈德（1993）曾提出一个著名的预言：除了地理社区之外，人们将在虚拟社区中度过大部分社会生活。此外，联网通信还促进了虚拟组织的兴起，企业或公共服务的成员没有必要再固定于某一个物理地点。可见，网络组织使更加分散的社会结构和更加灵活的工作实践的实现成为可能。

人们常说，"信息社会"的最终特征是"新型信息文化"的出现，而这种文化将再次与"工业文化"形成对比，后者则与社会阶层、专业技能、科学理性思维等要素相关。同时，有人认为信息的爆炸式增长及信息通信技术和媒体带来的日益迅速的讯息传播使我们对"何所信"和"何所是"产生质疑。个人身份的传统确定性受到了来自广播电台、电视频道、互联网网站、电影、报纸、杂志、广告展板、文学、时尚、音乐和大量信息源相互矛盾且相互竞争的信息和风格的一系列挑战，而后者则充当了我们日常生活经历中的信息提供者。

据说，这种信息文化是通过电话、相机、随身听、数字电视、联网的个人电脑和笔记本等日益渗透到我们生活中的技术来维系的。从另一个方面而言，文化反过来也会渗透进我们生活方式的其他方面，比如我们所穿的衣服和我们所想要展示的身体形象。在这个被信息所淹没的环境之中，我们的生活几乎从未停止关注象征化进程——这个进程也就是我们自身与他人发生意义交换的过程。

毫无疑问，在许多先进的社会中，人们生活环境的信息密集程度往往更高，而且环境往往会呈现出一套令人困惑的混杂信息符号。事实上，让·鲍德里亚（Jean Baudrillard）曾提出过一个著名的观点，即"符号"的泛滥导致了"意义"的相应丧失。那些曾被引用的具体符号，如"衣着"是对于特定地位的定义，"医学"意味着一门科学专长，"政治评论"是一门哲学等，如此种种现已被缺乏现实根基的虚拟符号所取代了。鲍德里亚指出,信息环境的特点是"超真实"(1983),而所谓的"现实"则是在这种超现实的环境当中被复制和制造出来的。同样的,经历了符号化过程的受众群体将变得更加具有自我创造性且更善于开展批判性反思,这使他们对于符号的意义持更加怀疑、轻视的态度,甚至会导致他们的符号幻想破灭。

另请参阅:计算机、赛博朋克、赛博空间、身份、信息、互联网、网络组织

更多资源:让·鲍德里亚(Jean Baudrillard,1983),曼纽尔·卡斯特(Manuel Castells,1996、2001),威尔逊·迪扎德(Wilson Dizzard,1989),尼古拉斯·尼戈洛庞帝(Nicholas Negroponte,1995),罗伯特·莱克(Robert Reich,1992),弗兰克·韦伯斯特(Frank Webster,2002)

信息高速公路

见"数字鸿沟"

信息技术

见"信息通信技术"

信息战

"信息战"是兰德研究所(RAND Institute)的大卫·朗费特(David Rondfeldt)和约翰·阿奎拉(John Arquilla)共同提出的概念。这一概念描述了通过互联网进行的愈演愈烈的广泛交战活动,具体包括"互联网宣传分发""间谍活动""病毒发布"和"计算机黑客攻击"几个方面。

更多资源：约翰·阿奎拉（John Arquilla）和大卫·朗费特（David Rondfeldt）（2001）

即时通讯

即时通讯最初由美国在线（AOL）公司研发，是一种基于文本的计算机同步中介通信。在安装即时通讯应用程序之后，会有声音或视觉提示来提醒用户收到了新消息。这里的信息交换机制甚至可以瞬间发生（这取决于网络连接的速度）。目前流行的即时通讯服务包括微软的MSNMessenger、美国在线的InstantMessenger、"我找你"软件及雅虎的Messenger。

"即时通讯"提供了类似于互联网中继聊天聊天室的功能，只不过它专门用于一对一互动。从此意义上来说，它能够提供电子邮件一对一交流的亲密感，而由计算机中介通信所提供的"打字对话"的即时反馈能力则是由互联网中继聊天所提供的。

更多资源：web.icq.com，www.aol.com

交互式电视

见"数字电视"

界面

界面指的是"塑造用户和计算机之间交互的软件"以及以"计算机用户理解的语言……向用户表达自己"的方式［史蒂文·约翰逊（Steven Johnson），1997:14、15］，界面（也被称为"人机界面"，或"人机交互"）也就是我们在计算机屏幕上所看到的画面。不久之前的界面相当复杂，只有电脑高手才能理解；而现在的界面对于用户而言变得更加友好了，它已经具有了可点击的图标、用于装饰的壁纸、桌面和窗口。对于图形用户界面外观的探索过程为我们带来了这样几个问题：计算机屏幕是如何呈现给我们的？它如何工作？其外观又会对用户造成怎样的影响？朱利安·史塔拉布拉斯（Julian Stallabrass）在其关于微软Windows多媒体操作系统的讨论中提出了这一观点，他将其解读为常见于软件界面中的"理性"美学的缩影：

> 想想界面的那些特殊特征，这些特征已经变得如此令人熟悉，以至于我们倾向于认为它们本就是理所当然的。它们实在是太令人熟悉了——一个个文件、文件夹、带有图标名称的小缩略图……那些有雕刻质感的3D按钮、那些通知——如果用户能够识别这些通知，它们就会立刻弹出；反之，这些符号就会警告危险或者报告用户错误。
>
> （朱利安·史塔拉布拉斯，1999:110）

史塔拉布拉斯认为，在用户友好型的伪装下，这样的界面代表了计算机使用方面的低能化。在效果方面，这种界面没有用令人感到愉悦且成熟的举止来讨好我们，这是让人恼火的。然而，这就是目前存在于个人电脑上普遍使用的图形用户界面的全部意义：以我们能够理解的方式，采用图片和现成的帮助键向用户展示机器的内部工作方式，使机器的内部工作变得透明。这当然意味着一种简化，因为大多数计算机用户并不需要（也并不想要）了解软件代码或计算机内部的实际进程。我们仅需要知道如何使用它们。这同时也意味着一种对于计算机创造性使用的消弭，因为用户只能访问有限的、预先设置好的功能。（西恩·科贝特，2001）

除了存在于微软Windows操作系统中的细节之外，"窗口化"的一般界面实践也受到了关注。这种界面允许用户同时打开多个应用程序，这些程序一个接一个地堆叠起来，以便我们可以轻松地从一个应用程序转移至另一个，而无须进行复杂的编程或其他操作。因此，雪莉·特克（1999）认为将Windows界面设计为一种工具以便进行更有效的计算就好比在迅速翻阅一堆文件。在多项打开的应用程序之间来回点击的设计为我们提供了一种通过使用计算机来反映人类思维和工作实践复杂性的可能性体验。此外，特克尔还将"窗口"的隐喻延伸至我们对自己身份的不同部分保持开放的方式上，她认为这反映了一种去中心主体性的后现代经验。

此外，我们还需要考虑所谓的"网络美学"问题——"互联网如何重塑了界面"。计算机及其功能正在变得越来越复杂，管理机器和人类之间的界面这一需要也随之变得愈加迫切；与此同时，随着计算机被人类彻底驯服，我们对它也越来越熟悉，对其进行解密的需求也随之减少。因此，向网络用户描绘和呈现赛博空间的形式和结构的需求已经对网页设计等问题产生了特别重要的影响。

随着时间的推移，"界面"将会经历使用"代理人程序"——即能够像一个人一样做出反应的、存在于用户和计算机之间的"真人用户—模拟用户—真人用户"的交互模式的另一重过渡性转向。致力于代理软件开发和"自然语言处理"的工作仍在继续，尽管在编写代码时，出现能够与用户进行对话的计算机似乎还只是个梦想。事实上，如果真的出现了这样的操作系统，那么真人用户和模拟用户机器之间的关系将会变得非常复杂。

另请参阅：身份

更多资源：史蒂文·约翰逊（Steven Johnson，1997）、朱利安·史塔拉布拉斯（Julian Stallabrass，1999）、雪莉·特克（Sherry Turkle，1999）

互联网

互联网是一种国际性"网络之网"。它使用一套通用的传输控制协议/网际网络协议标准使数百万台计算机之间得以相互连通，进而实现电子邮件收发和远程信息访问等服务。万维网是建立在互联网基础设施之上的网络。

数百万台计算机通过局域网（LANs）与互联网相连，而局域网通常是指局限于某幢建筑物等有限空间区域之内的数据通信网络。局域网（最常见的是以太网）依次与广域网、物理网络或逻辑网络等能够在更大范围内为更多独立用户提供数据通信的网络相连（城市网络有时被称为"城域网"）。"互联网"是我们用来描述这些相互联系的网络的简称。

起源于1969年的互联网是美国国防高等研究计划署的一个项目成果，其诞生目的在于创造一种新的通信方法。通过这种方法，战场上的军事指挥官将可以通过某种通信系统与计算机取得联系，这种通信系统在理论上可以承受巨大的损害，然后计算机才会因战争所带来的损毁而无法使用——尽管这种方法在那时成本极高。1962年，兰德公司（RAND Corporation）的保罗·巴兰（Paul Baran）奠定了互联网的概念基础。在那时，他开发了自路由数据"包"的模型。

用相对比较简化的术语来解释这一概念，这涉及将信息分解成"块"（或"包"）。这些"块"或"包"和道路网络上的自动汽车相类似，信息包也是可以"自我引导"的，它们也同样能够在有需要的时候采取替代路线。当遇到网络在某个部分发生的阻塞状况时，在互联网上进行传输的数据包可以重新开展路由进程，或者在网络的某个部分不可用时选择另一条路径进行数据传输。从理论上讲，这个模型使互联网具有了"防弹性能"，因为当网络的某一部分功能丧失时，数据包将可以选择按照另一条路径进行数据传输。

传输控制协议/网际网络协议构成了所发送数据包的基础。数据包将被发送到一个"路由器",即一个存储每一个数据包并通过读取网络地址信息以确定最终目的地,然后通过引用数据包的"路由表",再沿着这条途径将数据包在一个又一个路由器中传递下去的计算机接口。如果某一条路径发生拥堵或损坏,路由表将会自动更新,以确保每个数据包都能拥有最佳路由。数据包通常会通过不同的路由从一个路由器传递到另一个路由器,因为最佳路由可能在发送一个数据包和下一个数据包之间发生变化,而这种变化直到所有数据包都到达目的地之后才会停止。然后,再使用各个数据包上的标识符来重组整个传输数据集。将庞大的数据分解成小数据包可以最有效地利用网络,因为小数据包可以应对某些网络元素的失效或数据通路的拥挤。此系统的高效性由此而来。可以说,网络交易背后的非专有协议是互联网产业快速增长和持续发展的关键。

互联网的第一个民用情境发生在1984年。当时,在美国国家科学基金会(NSF)的赞助下,负责该事项的民用部门被称为NSFNET。这个实验性网络将大学、工厂和政府实验室的研究计算机都联系在一起。尽管它最初仅用于数据传输,但在早期也同样实现了信息的低成本便捷传输,这为电子邮件在这些网络上的后续发展奠定了基础。

互联网使用的爆炸性增长始于万维网的出现,而万维网的基础设施是由欧洲核子研究组织的提姆·柏纳·李于1992年开发的。当美国国家超级计算中心决定将他们的超文本标记语言浏览器——火狐浏览器,在开源基础上作为免费软件时,互联网迎来了真正的发展期。到了1995年,当现行的商业活动禁令被解除、有关互联网基础设施的关键要素被出售给企业时,互联网呈现出了目前的形势。如今,互联网的关键物质基础设施由一个商业协会所持有,而该协会以一个名为"互联网协会"(Internet Society, www.isoc.org)的保护伞组织为代言。目前大量网站已经商业化,其特征为网站地址末尾的".com"后缀。

在过去十年左右的时间里,家用互联网的大幅增长与个人电脑成本的下降现象直接相关。在这种情况下,消费者被互联网所具有的廉价通信潜力、庞大信息库以及日益便利的电子商务所吸引。自20世纪90年代中期以来,互联网已从一系列少数精英可以访问的网络转变为大众传播媒介。然而,有强有力的证据表明,在包括美国在内的经济发达国家中,经济边缘化群体或弱势群体往往不易于访问互联网。事实上,世界上大多数人口无法访问互联网(见"数字鸿沟")。

另请参阅:超文本标记语言、万维网

更多资源:詹姆斯·吉利斯(James Gillies)和罗伯特·卡里奥(Robert Cailliau)(2000)、雅内·阿巴特(Janet Abbate,2000)

网上银行

见"电商"

网咖

网咖通常指一个计时收费的上网场所,它尤其受游客欢迎。在发展中国家,网咖费率对游客来说通常都非常合理。网咖有时也会与电信中心[斯科特·罗宾逊(Scott S. Robinson),2003]形成对比,后者可能还包括教育或其他社会目标,且通常是非营利性的。

另请参阅:电子村落会所

更多资源:斯科特·S.罗宾逊(Scott S. Robinson,2003)

互联网中继聊天

互联网中继聊天由芬兰人贾科·欧伊卡莱恩（Jarkko Oikarinen）于1988年在奥卢大学（University of Oulu）信息处理科学系工作时开发。它旨在提供一种"实时性"的电子布告栏系统或新闻组服务。互联网中继聊天起源于芬兰，它首先传播至丹佛大学（University of Denver）和俄勒冈州立大学（Oregon State University），后来遍及世界各地。互联网中继聊天拥有开源性的实践基础，它不试图对其背后的软件或概念进行版权保护，因而促进了后者的传播和发展。

互联网中继聊天的交流形式既非书面也非对话，尽管它兼有这两种特性。"打字对话"可能是对它最好的表述。互联网中继聊天的用户会进入一个通常被称为"频道"或"房间"的虚拟共享空间，他们将在其中实现彼此对话（见"聊天室"）。就具体方式而言，一名参与者键入一行或两行文本，这些文本随即出现在屏幕上，然后其他参与者再一个接一个地将文本聊天继续下去。这种形式的对话既可以只在两个人之间进行，也可以在很多人之间进行，只不过当一个频道有很多人在场时，交流就会变得很困难。互联网中继聊天的交流速度与讲话速度并不匹配，最重要的原因在于每个人都在"打字"而非"交谈"，但参与者交流的速度和交谈的感觉往往更接近于电话或面对面交谈（见"面对面"），而非使用世界性新闻组网络或电子邮件进行交流。

互联网中继聊天与多用户域有一个共同之处，即二者都允许用户共享一个虚拟空间，并在其中与其他用户开展实时互动。然而，前者的工作原理与后者大不相同。许多多用户域都是基于单个服务器（某个控制台）的，而互联网中继聊天则是基于全球的，其网络通常在一系列相互连接的服务器上运行。互联网中继聊天网络遍布全球，因此，使用互联网中继聊天软件的任何人都可以访问全球的互联网中继聊天网络的"频道"或"房间"。互联网中继聊天也是一个简单的应用程序。

在互联网中继聊天的交流过程中，使用作为象形符号的表情符号、标点符号和字母的组合来表达情感或显示面部表情是很常见的（见"线索过滤"）。就像使用手机发短信的人一样，互联网中继聊天的参与者们常常希望通过有限的几个按键尽可能多地传递信息，以保证他们的交流速度。因此，"缩写"的表达形式极为常见。这些缩写（例如LOL，用于"Laughing Out Loud"，即"放声大笑"），与MUDs（即"multi-user domain"，即"多用户域"）、email（即"electronic-mail"，即"电子邮件"）和使用于世界性新闻组网络上的缩略语很相似。

目前，互联网中继聊天已经成为一种非常流行的计算机中介通信方式。其中的许多频道专门用于休闲聊天等。因此，它通常对年轻人特别有吸引力。与多用户域服务器一样，互联网中继聊天也同样允许匿名、角色扮演、性别和身份交换，以上任何一个因素都可以吸引用户（见"身体"）。此外，它还提供了一个可以供人们进行身份尝试的环境。人们还可以以在更传统的社会互动形式中无法被接受或被容忍的方式行事。然而，不同的互联网中继聊天拥有不同的频道。许多频道并不受监管，许多频道则拥有运营商。这些运营商充当着监管者角色，并对该频道的参与者们执行行为标准规约（不遵守频道规则的人会被驱逐或被拒绝进入频道）。在某些情况下，这些运营商可以通过利用他们在某个频道中享有的权限，以他们在另一种情境中无法施行的方式行使任意权力。

虽然互联网中继聊天经常用于游戏娱乐，但它同样拥有不同的用途，例如作为一些在线"自助"资源的基础。海湾战争（the Gulf War）期间，能够访问互联网的科威特人就使用互联网中继聊天向世界其他地方发送其国内情况的相关信息。

有许多交流方式与互联网中继聊天是非常类似的,例如"我找你"软件就在参与者之间提供了非常类似的一对一通信(见"即时通讯")。

随着宽带使用的逐渐普及,互联网中继聊天可能会被以视频或化身为基础的通信方式所取代。在这种通信中,用户可以看到彼此——至少可以看到彼此的身份表示,并在以图像形式所展现出的虚拟空间中进行互动。

更多资源:布兰达·达内(Brenda Danet,1998)、里德·伊丽莎白(Reid Elizabeth,1996)、尼古拉斯·普利斯(Nicholas Pleace,2000)

Internet2®

Internet2®是一个非营利性联盟,其成员包括200所美国大学,旨在开发和部署与下一代互联网相关的先进网络应用和技术。根据文献记载,该组织的三个目标分别是:(1)为全美国研究界创造领先的网络能力;(2)实现革命性的互联网应用;(3)确保将新的网络服务和应用程序快速转移到更广泛的互联网社区。这些工作组涉及应用程序、骨干网络基础设施、工程和中间件等不同内容环节,每个工作组都在开展各种项目。

更多资源:www.Internet2.edu

"在真实生活中"

"在真实生活中"("IRL")是电子邮件中常用的无数简写形式之一。(蒂姆·沙提斯,2001)可以说,事情要么发生在真实生活中,要么发生在虚拟的互联网世界中。因此,"在真实生活中"是一种明确区分"真实"和"虚拟"的语法。就像面对面会议有时被人们看作对于建立于网络的身份和关系的重要确认一样,对于"真实生活"和"虚拟生活"的定义可以使"真实"凌驾于"虚拟"之上。在真实生活和互联网虚拟世界中,围绕身体和身份的一系列地位问题就是基于这种区别而被提出的。也许,更大的问题在于该区别对于赛博空间非真实性的强调。因此,在线互动和网络体验既不会带来真正的伤害,也无法带来真正的快乐。

另请参阅:身体、面对面、身份

互联网服务供应商

以美国在线公司为例的互联网服务供应商指的是为用户提供互联网访问业务的公司。

嵌入

"嵌入"("Jacking in")是威廉·吉布森赛博朋克中用来描述进入赛博空间这一过程的术语,其字面意思是将人类意识上传到数据景观中。在吉布森的小说《神经漫游者》中,控制台牛仔使用"控制板"(cyberdecks)进入赛博空间。[大卫·托马斯(David Tomas),2000]即便是在当代的赛博文化中,这种上传方式也因实现了将心灵与身体分离的梦想而仍然具有强大的吸引力。然而,在赛博朋克世界中,这一过程一度被认为是迷失方向、危险且极其矛盾的。在《捍卫机密》(*Johnny Mnemonic*)和《21世纪的前一天》(*Strange Days*)等电影中,人脑同基于数据的模拟物之间的直接交互可以带来刺激和利润,但同时也要付出代价。[丹尼·卡瓦拉罗(Dani Cavallaro),2000]当然,这一理想在一定程度上推动了人类对于虚拟现实技术(VR)的研究。在技术条件允许的情况下,虚拟现实技术试图提供一种沉浸式、交互式模拟体验,这种体验与"嵌入"十分类似。然而,与虚拟现实相关的"模拟器眩晕症"为人们带来的体验呼应了存在于赛博朋克中的矛盾心理——试图使身心分离可能会引发严重的后果，并产生一系列副作用。

另请参阅：身体、赛博朋克、虚拟现实技术

更多资源：丹尼·卡瓦拉罗（Dani Cavallaro，2000）、大卫·托马斯（David Tomas，2000）

Java 语言

Java语言是由斯坦福大学网络公司开发的编程语言。它与计算机语言C++有关，最初由比尔·乔伊（Bill Joy）和詹姆斯·高斯林（James Gosling）开发于20世纪90年代早期。Java语言被设计成一种跨平台语言，这意味着无论一台计算机具有何种操作系统，都能够运行用此种语言所编写的应用程序——只要计算机操作系统与Java语言兼容。从理论上来讲，Java语言的出现克服了存在于UNIX、LINUX、微软Windows和苹果MacOS等各种操作系统之间的兼容性问题，因为Java应用程序在这些平台上都能够运行。Java语言使用一种被称为"Java虚拟机"的应用程序，该虚拟机能够将常规的Java语言命令转换成指令，然后再通过特定的操作系统使计算机执行这一指令。由于Java语言代码的解读和运行是由访问网站的机器而非运行网站的服务器来完成的，因此，Java语言能够在无须增加网站服务器需求的前提下直接为网站添加功能，而这使得它与万维网之间的联系变得尤为紧密。用Java语言编写的、用于网页页面的小型应用程序通常被称为Java小程序（applet），它们可以通过添加动画、多媒体和小应用程序等一系列功能来优化网页。与提供多媒体功能的一些替代技术相比，被Java语言赋予多媒体性能的网页页面往往更便于访问，且加载速度更快。因此，大多数最新的浏览器都支持Java语言。

Java语言不同于其他与BW的崛起相关的语言。与超文本标记语言和JavaScript语言不同，Java语言是一种可以用来编写独立应用程序的、真正的编程语言。Java语言的潜力是巨大的，除互联网领域之外，它还被广泛应用于移动电话、数字电视等其他领域。

更多资源：www.sun.com/java

JavaScript 语言

JavaScript语言最初由网景公司开发，它是一种旨在与超文本标记语言结合使用的语言。一个网页页面可以将JavaScript语言元素与超文本标记语言元素混合在一起，从而添加仅通过超文本标记语言无法发挥出的功能。JavaScript语言最常见的用法可能是在web页面中添加由表单创建的交互式网页，这使得网页页面具有了客户向企业发送评论或请求的工具属性。使用JavaScript语言还可以对页面的布局进行微调，特别是可以对页面元素的位置进行调整。同时，还能为页面添加有限的多媒体功能，比如基本的动画和声音。与超文本标记语言一样，JavaScript语言也不是编程语言，因为它不能用于创建独立的应用程序。对于JavaScript语言最简单的概念化表示可能是将其视为一系列增强和强化普通超文本标记语言中可用功能的命令，而非一门独立的语言。

《捍卫机密》

影片《捍卫机密》以威廉·吉布森的故事为蓝本，1995年由罗伯特·隆格（Robert Longo）执导。由基努·李维斯（Keanu Reeves）饰演的影片同名主角拥有能够让他直接将数据上传至大脑的脑部植入物。作为一名赛博格走私犯，他通过将公司数据传递给付费客户来获取丰厚的回报。但与此同时，他也付出了高昂的代价：为了承载数据，他丧失了部分记忆。因此，他不再拥有童年回忆，他的认同感被彻底破坏了。随着电影情节的发展，他几乎被大脑中大量的数据所扼杀。这个角色可以被解读为对于去中心化自我状态的体现。

> 约翰尼的大脑里塞满了数据，失去记忆的他在困惑中试图理解自己所处的困境和充满敌意的环境，他终于不得不文学化地理解了这个被信息狂轰滥炸的后现代主题，这个时代在永恒的当下斩断了与过去的羁绊，却又在无序的空间中不知何去何从。
>
> ［克劳蒂亚·斯普林格（Claudia Springer），1999:207］

这部电影描述了赛博文化所带来的其他危险，即一种新的"瘟疫"："神经过饱和症"（Nerve Attenuation Syndrome），它由于数据超载而出现并肆虐全球。为了拯救自己、拯救人类，约翰尼借助作为吉布森作品的亚文化之一的"低技术"（Low Teks）[①]得以进入赛博空间。（大卫·托马斯，2000）因此，"赛博空间"既被视为对于"现实"的威胁，也是恢复"正常"的唯一途径。

另请参阅：赛博朋克、身份、存储器

更多资源：克劳蒂亚·斯普林格（Claudia Springer，1999）、大卫·托马斯（David Tomas，2000）

杀手级应用

杀手级应用是指一种能增强人们对硬件购买欲望的应用程

---

① 参考资料：mnenotech.wordpress.com/2012/10/26/johnny-mnemonic（访问时间 2019 年 5 月 19 日）——译者注

序。当苹果公司于1977年推出Apple II时，作为电子试算表软件最早化身之一，配套软件VISICALC使这款电脑特别具有吸引力，前者则作为其杀手级应用发挥作用。随后，国际商业机器公司个人电脑所配备的电子表软件Lotus 123在20世纪80年代初使VISICALC软件黯然失色，并进而成为人们购买个人电脑的主要动机之一，这也使得莲花公司（Lotus Corporation）由此发展成为一家大型公司。正如Lotus 123软件实例所示，开发杀手级应用程序的软件公司通常会凭借单一产品的优势成为大公司。微软的BASIC和DOS版本以及它的Windows操作系统都可以被看作一系列对杀手级应用程序的延续，因为这些应用程序在本质上不仅创造了微软公司，还为它的持续繁荣提供了保障。事实上，一家仅依赖于一款杀手级应用的公司在高度竞争的市场中也是很脆弱的，因为总有可能有人会生产出更为价廉质优的产品。杀手级应用程序在游戏市场也同样重要。通过世嘉、任天堂、索尼（以及现在的微软）等大型公司的发展历程，我们可以看到其命运在杀手级应用影响下彻底转变轨迹。例如，任天堂能够取得掌上游戏机市场的主导地位，在很大程度上就得益于益智游戏《俄罗斯方块》的研发。除此之外，还得益于接下来出现在掌上游戏机及其一系列子代产品中的《口袋妖怪》系列游戏的外观。

知识社会

见"信息社会"

劳拉·克劳馥

作为《古墓丽影》系列历险游戏中的英雄，劳拉·克劳馥（Lara Croft）最近开始转向好莱坞电影。"她"首次出现于1996年，一度成为一款以青春期男孩为受众的幻想中的女性形象。自此，她就成为一个用于描述某些游戏中固有的关于性别歧视和性早熟色彩的缩影符号。该形象也被用来推动英国的软件和信息通信技术产业的发展。

另请参阅：赛博女性主义、游戏、性别

LINUX 操作系统

LINUX是一个开源的操作系统，它的创造者林纳斯·托瓦兹（Linus Torvalds）通过免费软件的形式发布了它。自LINUX首次出现于1991年至今，程序员们一直在不断地修正和改进其开源代码，使之成为一个高度稳定且有效的操作系统。LINUX与一些其他软件一样提供了一种可替代的免费产品，以此代表对软件供应企业主导地位的最严重挑战。

更多资源：www.linux.com

列表服务

见"世界性新闻组网络"

潜水

潜水指的是在聊天室或世界性新闻组网络中所进行的被动的、非交互式的交流和阅读行为。尽管它可能是网络新手们学习特定赛博空间中网络规范的一种重要方式，但它通常被消极地视为一种偷窥行为。对于想要观察在线互动的学者来说，潜水也是一种受欢迎的研究技术，这就引发了人们对研究伦理问题的质疑（见"计算机中介通信"）。另一些评论人士则将潜水视为一种无害的消遣方式，而"潜水者"也就像"观者"一样。人们对于潜行者的态度因各自的立场不同而有着很大的差异，而这些不同的观点有时会对有关潜水者"问题"相关协议的制定产生影响。

还有一些评论员开始关注存在于一些新闻组或聊天室中所谓的"奥普拉化现象"("Oprahfication",该名词源自一档包含偷窥元素的奥普拉电视栏目)①,而后者主要为那些寻求虚拟社会支持或希望借助虚拟世界缓解痛苦的人所使用。然而,令人担心的是被一些人视为一种支持机制的网络环境可能仅被另外一些人用作娱乐(见"网络白目")。

另请参阅:网络礼仪、网络新手

更多资源:大卫·贝尔(David Bell,2001)

日本漫画

日本漫画包括日本动画电影、电视和视频。日本漫画所涵盖的话题非常广泛,从日本工人或"工薪族"的平庸事迹到色情和极端暴力的科幻小说兼而有之。从赛博文化角度来看,那些设定在未来的作品是非常重要的,其意义不仅体现在美学上,还体现在对后人文主义、赛博格等问题的处理上。在美学方面,日本漫画/日本动画、网络游戏和赛博朋克电影和小说交叉融合,而前者所拥有的极高人气也将相关产品及核心问题带给了更广泛的受众——尽管一些批评家仍对存在于西方世界中的那些盗用和消费日本漫画/日本动画的"东方主义者"群体持怀疑态度。在日本,痴迷于日本漫画和日本动画的群体与"隐蔽青年"和"御宅族"有关。

另请参阅:赛博朋克、亚文化

更多资源:安东尼娅·列维(Antonia Levi,1996)、多洛雷斯·马丁尼兹(Dolores Martinez,1996)

---

① 即《奥普拉·温弗瑞秀》,又名《奥普拉脱口秀》("The Oprah Winfrey Show")——译者注

多对多通信

见"计算机中介通信"

《超级马里奥》

见"游戏"

《黑客帝国》

影片《黑客帝国》1999年由华卓斯基姐妹（Larry Wachowski 和 Andy Wachowski）导演，它是一部非常成功的科幻大片。通过对赛博朋克风格的大量运用、对法国哲学家让·鲍德里亚拟像理论的引入以及对电脑游戏美学的借鉴，《黑客帝国》将日常生活描绘为一个精心设计的结构，即一个人类主体性遭到悬置的数据景观。影片中人们表面上过着虚构的生活，而实际上则正处在一种被"养殖"状态下，他们以自己的身体为统治"现实世界"的机器提供动力。这些机器是在22世纪末期，人类和人工智能之间发生灾难性冲突后开始占据统治地位的——尽管机器模拟人类"生活"的历史可以追溯至1999年。这个虚拟世界是由自主智能代理人程序（这个词效仿了美国联邦调查局代理人。虽然术语"代理人程序"也用于描述独立代理软件，即《黑客帝国》中"代理人程序"概念的"实际"所指）进行管理，而关键人物则组成了一群叛逆的黑客，他们意图摧毁模拟人，进而"解放"人类。（丹尼·卡瓦拉罗，2000）由基努·李维斯饰演的名为尼奥（Neo）的"英雄"使《黑客帝国》第二部充满了宗教意象（该意象在《黑客帝国》的两部续集中显得尤为明显）。伴随着对意识形态的批判，人们最终对这部电影毁誉参半，例如斯拉沃热·齐泽克（Slavoj Zizek, 1999）认为采用精神分析法来分析这部电影实际上是将学术理论变成了民粹主义的娱乐。麦肯锡·沃克（McKenzie Wark，1999）则对齐泽克的观点予以反驳，他赞许地将《黑客帝国》描述为一部"本体论恐怖电影"，认为该电影提出了关乎现实状况的重要问题。该系列的第二部电影《黑客帝国2：重装上阵》也作为一个娱乐媒体相融合的例子吸引了来自各个方面的广泛兴趣。此外，该系列电影的导演们还负责监督游戏的开发。

另请参阅：赛博朋克、拟像

更多资源：丹尼·卡瓦拉罗（Dani Cavallaro，2000）、麦肯锡·沃克（McKenzie Wark，1999）、斯拉沃热·齐泽克（Slavoj Zizek，1999）

存储器

从许多方面来讲，计算机都是用来存储的机器，最显著的原因在于它们以各种格式存储数据和程序，并为此配备了许多不同的存储器（在个人电脑中，这些存储设备往往被标注"A-drive""C-drive"等）。内存容量、随机存取存储器大小及其存储空间的千兆字节数指标是计算机设备的主要卖点。在日常生活中，我们经常将数据存储的任务委托给计算机，用我们生活中的各种事务来填满它们的存储器。我们相信计算机能够记住我们的事情，因此，当计算机存储器遭到电脑病毒等损坏时，我们会感到恐惧。我们对外界事物的依赖程度——不仅仅体现为电脑，还有照片、视频、日记等，被一些理论家描述为"假性记忆"（the prostheticization of memory）。［艾莉森·兰斯伯格（Alison Landsberg），2000］兰斯伯格认为，在一种媒介化的文化中，我们可能会对自己的记忆状态感到困惑：我们究竟是在回忆发生在自己生活当中的"真实"事件，还是仅仅在回忆由过去的媒介所建构起来的事件?《银翼杀手》和《全面回忆》(*Total Recall*)等科幻电影将这类叙事生动地演绎出来,它们都探讨了假性记忆的概念以及我们记忆与自我意识之间的关系。如果我们无法相信自己的记忆是真实的,那我们如何知道自己是谁?

实际上,作为记忆设备的计算机所具有的特性还在其他方面体现出来。其记忆性不仅仅体现为它们拥有存储我们的文件和思想的能力,而且还包括拥有存储存在于它们周围的记忆的能力。就像我们生活中的房屋、汽车等其他重要物品一样,计算机交织在我们的生活叙事中,与我们的生活模式融为一体。我们所拥有和所使用过的计算机,我们步入"计算机文化"的"成人礼",以及我们与这些"亲密机器"所建立起来的关系,如此种种,都已经被缝合进我们的人生自传当中了。(大卫·贝尔,2001;见"界面")此外,作为一种符号化的对象,计算机还承载着各种各样的联想,而这种联想通常只有当我们需要将其替换或丢弃时才会显示出来。这份联想可能充满怀旧的气息——这从一个方面解释了人们在电脑收藏、复古机型方面的兴趣日益增长的原因。[克里斯汀·A.费恩(Christine A. Finn),2001]对于一个专注于未来技术文化的语境而言,这种怀旧情绪似乎显得非常矛盾;但一旦我们认识到人们与最亲密的非人类伙伴[1]所建立起来的关系,这个矛盾就很容易解释。了解人机交互的复杂性,并承认它不仅涉及计算,而且涉及情感,可以让我们更充分地理解计算机的许多记忆制作的功能。

另请参阅:《银翼杀手》《全面回忆》

更多资源:大卫·贝尔(David Bell,2001)、克里斯汀·A.费恩(Christine A. Finn,2001)、艾莉森·兰斯伯格(Alison Landsberg,2000)

---

[1] 即计算机——译者注

面向对象的多用户域

"面向对象的多用户域"（MOO）[①]是"多用户域"（MUD，即Multi-User Domain）的缩写形式，前者是后者的子集。在多用户域中，作为参与者的多面向对象能够积极参与对所在域建筑空间环境的构造对象的创建等。因此，面向对象的多用户域中的参与者能够在线上互动所发生的空间中发挥塑造作用，而非仅仅在预先设定好的结构中进行表演。黏巴达社区是所有面向对象的多用户域当中最著名且研究人数最多的一个，该社区以其多重性别身份而闻名。[安·卡洛斯基（Ann Kaloski），1999]尽管这些以文本为基础的社区环境目前仍在使用，但它有可能会被图形化的替代品所取代，比如视频游戏《无尽的任务》（"Everquest"）所提供的在线世界。

另请参阅：多用户域

更多资源：安·卡洛斯基（Ann Kaloski，1999）

莫塞克浏览器

见"万维网"

mp3

作为一种文件扩展名，mp3描述了一系列软件格式中的一种，它能够对数字视频和音频数据进行有效压缩。mp3代表的含义为"动态图像专家组（Moving Picture Experts Group），音频层3（audio layer 3）"。mp3使用"心理声学压缩"原理来去除包括人类耳朵无法察觉的录音成分在内的所有多余听觉信息，进而在不会明显降低音质的前提下，将CD上的音乐音轨缩小到十二

[①] 即 Multi-Object Oriented——译者注

分之一。这种格式的音乐使人们（特别是年轻人）对网络和互联网使用率大大提升，因为他们可以将音乐和专辑下载到非常便携的mp3个人音响、汽车音响和家庭音响中进行收听。为此，唱片公司还为在互联网上免费提供的mp3音乐文件而展开了力度颇大的法律诉讼，其中最引人注目的是针对纳普斯特网站（Napster.com）的诉讼。

另请参阅：盗版

多用户域

多用户域（或"多用户维度""多用户地下城"）来源于《龙与地下城》等角色扮演类游戏。这类游戏利用计算机数据库构建虚拟文本世界，参与者在其中进行互动。社交多用户域则将关注重点从游戏的娱乐性转向为社交互动提供一般的社交环境。社交多用户域通常以房子或城镇为原型，多用户域的所有者被称为"神"（Gods），因为他们对发生在多用户域中的所有事情行使最终权力；被赋予多用户域治理权的参与者被称为"巫师"（Wizards）。这些称谓再次反映了多用户域在幻想角色扮演类游戏中的起源。多用户域参与者通常被称为"泥人"（MUDders），其实践则被称为"玩泥"（MUDding），而当用户完成了游戏或社交任务，则被称为已经"钻入泥中"（MUDded）。

黏巴达社区可能是最著名的面向对象的多用户域，其程序非常便于房间和物体的构建。该社区也是由朱利安·迪贝尔（1999）所记录的臭名昭著的虚拟强奸案的发生地，其中一名参与者有效地控制了其他人在该多用户域中的行为。黏巴达社区一直都被视为一个能够开展广泛学术研究的网站，其研究领域包括性别互换和身份游戏等主题，因为该社区以提供在线互动方面的性别选择而闻名。[安·卡洛斯基（Ann Kaloski），1999]多用户域的其他变体包括MUCKs①、MUSEs②和MUSHs③。由在线游戏所提供的图形环境和更为新颖的多用户域形式可能很快就会使最初基于文本的多用户域黯然失色，而后者的历史则可以追溯到互联网的起源时期。

另请参阅：化身、面向对象的多用户域

更多资源：帕维尔·科提斯（Pavel Curtis，1999）、朱利安·迪贝尔（Julian Dibbell，1999）、安·卡洛斯基（Ann Kaloski，1999）

多媒体

见"聚合"

城市信息基础设施

城市信息基础设施指的是支持市镇数字信息和通信需求的技术基础设施。一组城市信息基础设施经常会被概念化地解读为一种公共关系或公私伙伴关系，尽管这类例子并不常见。有时，这类城镇或城市网络也被称为"城域网"（Municipal Area Network）。

国家信息基础设施

"国家信息基础设施"概念由分别时任美国总统和副总统的比尔·克林顿（Bill Clinton）和阿尔·戈尔（Al Gore）所推

---

① 即 Multi-User Chat/Created/Computer/Character/Carnal Kingdom，多用户聊天/建构/计算机/角色/肉体的王国——译者注
② 即 Multi-User System Environment，多用户系统环境——译者注
③ 即 Multi-User Shared Hallucination，多玩家角色扮演游戏——译者注

广宣传，其目的在于建立一个不同于传统互联网的、能够为美国的教育和商业提供通信基础设施的新型数字电子网络。发布于1993年的《国家信息基础设施：行动议程》（"The National Information Infrastructure:Agenda for Action"）针对这一问题给出了大量建议。

更多资源：www.ibiblio.org/nii

国家公共远程计算网络

1989年，由克利夫兰免费网络创始人汤姆·格鲁德纳创建的国家公共远程计算网络成为全球越来越多的免费网络和政策发展的中心枢纽。国家公共远程计算网络发布了包含关于如何启动和维护免费网络的信息等内容的"蓝皮书"，不仅首度开创"网络广播"的概念，而且试图定义和发展那些有助于团结和加强免费网络的集体网络——前者曾经是世界第四大网络。国家公共远程计算网络包含专门用于免费网络管理、电子民主、白宫新闻发布、远程奥运会（运动员通过计算机来比较成绩）和合作实验室（即学生们通过互联网共同致力于某个科学项目研究）的电子邮件列表等内容。1996年，因无法获得足够的运营资金，国家公共远程计算网络最终解散，社区网络协会于同年成立。后者旨在实行一些国家公共远程计算网络计划，包括医疗中心、学术中心和远程奥林匹克的建设。

另请参阅：免费网

书呆子

见"极客"

《网络惊魂》

作为网络惊悚片系列的代表，由艾尔文·温克勒（Irwin Winkler，1995）执导的影片《网络惊魂》（*The Net*）以计算机技术和人类身份之间的关系为中心。（克劳蒂亚·斯普林格，1999）身为影片主角的安吉拉·贝内特［Angela Bennett[①]，桑德拉·布洛克（Sandra Bullock）饰］是一名系统分析师，她的身份被一群名为"罗马执行官"（Praetorians）的邪恶黑客抹杀了，他们正打算发布一种能够嵌入电脑安全软件中的病毒，进而控制世界各地的数据库并获得最终的权力。贝内特揭开他们的阴谋之后踏上逃亡之旅，但"罗马执行官"黑客攻入了记录她个人身份的数据库并将其重写。尽管她极力反对，但她还是变成了另一个人：一个名为露丝·马克斯（Ruth Marx）的小罪犯。所有的电脑记录都被更改了，任何能够证实她真实身份的人要么被杀死，要么和她母亲的状况一样，因为患上阿尔茨海默症而无法认出她。在心甘情愿地将自己的大部分生活和自我认同意识委托给电脑之后，贝内特不得不求助已经变得陌生的现实生活资源，为的是重新找回自我，击败"罗马执行官"。最终，她凭借对电脑的了解使自己通过将黑客的病毒转移到他们自己的系统上，赢得了胜利。影片《网络惊魂》讲述了一个关于计算机的警示性故事并讨论了计算机文化中自我认同的地位问题。就像影片《银翼杀手》和《全面回忆》中对"记忆"的思考一样，它提醒我们：让机器完全进入我们的生活是有风险的。

另请参阅：黑客、身份、病毒

更多资源：克劳蒂亚·斯普林格（Claudia Springer，1999）

---

① 原文写作"Angela Bassett"——译者注

网络礼仪

网络礼仪是一套在赛博空间领域内得到普遍认可的行为标准或沟通规则，它代表着一种通过制定宽松"规则"来实现行为管理的尝试，而这些规则必然会随着赛博空间自身的演变而发生改变。网络礼仪规则通常是进行于特定虚拟环境之中的非正式监管，有时也会委托"维和人员"来执行。网络礼仪相关规则具体包括：对于可接受的写作形式的定义（如禁止咒骂、"大喊"、使用攻击性语言等）；对于网络新手行为的规范（不要问太多浅显的问题，不要花太多时间"潜水"等）；禁止通过跨群邮寄或制造垃圾邮件等方式浪费带宽等。[玛格丽特·麦克劳克林（Margaret McLaughlin）；凯莉·奥斯本（Kerry Osborne）和马克·史密斯（Marc Smith），1995]在许多情况下，规则及其相关机构（惩戒模式、法律、警察）必须以一种特殊的方式来建立，以便应对特定情况——如著名的"胡搞先生案件"（case of "Bungle"），"胡搞先生"被指控强奸了一名黏巴达社区中的参与者。（朱利安·迪贝尔，1999）虽然这些规则被一些人视为网络上新兴民主存在和崛起的证据，但对另一些人来说，它们也同样表明了虚拟环境的排他性，尤其是在监管新人行为方面。

另请参阅：计算机中介通信、潜水、网络新手

更多资源：朱利安·迪贝尔（Julian Dibbell，1999）、玛格丽特·麦克劳克林（Margaret McLaughlin，1995）、凯莉·奥斯本（Kerry Osborne）和马克·史密斯（Marc Smith）（1995）

网民

网民一般指的是利用互联网进行行动的人。对此，有不同观点认为网民是指存在于赛博空间中的人，是参与赛博空间交流的

人——包括关于赛博空间的讨论。

更多资源：迈克尔·霍本（Michael Hauben）和朗达·霍本（Ronda Hauben）（1997）

网络战

见"信息战"

网络组织

将联网计算机通信引入组织的构想已经导致了这样一种争论，即现在是否已经可以采取一种全新的组织形式，以便在迅速变化的信息经济中生存下来。曼纽尔·卡斯特指出，"正是新技术范式和新组织逻辑之间的融合和互动构成了信息经济的历史基础"（1996:152）。与在20世纪下半叶较为稳定的环境中蓬勃发展的垂直一体化官僚组织相比，这些新兴网络组织形式在结构上更为扁平化，在实践上也更为灵活。因此，与那些奉行现代主义的组织前身不同，新兴网络组织对日益活跃、支离破碎且更为多样化的市场更具有敏感性。

存在于网络组织当中的许多重要特征使其比官僚组织更具适应性。首先，人们认为网络组织的层级结构已经被更加水平化、分散化的多核心结构——即采用半自治单元模式的外围网络——变得扁平化，甚至被取代。因此，企业仅受一小部分高技能、高薪酬的核心成员指导，这些人的作用在于战略性地指导网络组织来应对不断变化的信息市场。这些核心成员主要通过与其他组织、主题和机构建立和切断联系的手段不断形成网络，进而实现这一目标。这些联系在实质上通常以合同谈判、特许经营和服务水平协定为特征。因此，即便是在那些最发达的网络组织形式中，网络组织的边界到底是从何处开始、到何处结束，有时是很难确定的。

　　这种远离僵化、集中，分层管理的趋势也是网络组织的第二个特征。与垂直控制策略不同，网络组织管理往往涉及远程控制实践，即将资源下放到分散的单元中，同时让他们负责管理自己的绩效。这种远程控制的优劣性衡量手段无论是通过与其他单位的比较，还是通过与协商妥当的集中目标或是服务水平协议的对比来实现的，它都被认为可能比有缺陷的官僚监督手段更为有效，因为其实现基础是已取得一致同意的自我管理机制。

　　虽然新型信息通信技术并不决定新网络组织的起源，但有人认为前者的转化功能对于培养网络组织的灵活性和协调性而言是比较理想的。竞争激烈的全球信息经济使标准化产品和服务的大规模生产转向更加分散的动态利基市场，这一重大转变指向了对于能够持续创新且反应灵敏的智能网络组织的需求。因此，旧有劳动分工模式被采用多技能或多价工作模式的新型工作实践所取代。最重要的是，这些新职位大都由富有想象力、创造性且以信息和知识为基础的符号分析人员所担任。

　　不管哪种类型的网络分析，其核心都是信任关系的重要性。专业化自主单位的网络化协调可能在某些情况下会对建立在高度信任关系基础上的、参与管理的民主性产生促进作用。这在某种程度上可能是网络组织的一个有趣的方面。

　　虽然卡斯特等评论家并不认为这些特征能够为所有（或者说就目前而言许多）组织都带来一个具有可行性的普遍网络组织模式，但他们确实认为这些特征会形成一个"共同矩阵"（common matrix）。（曼纽尔·卡斯特，1996:151）在这个矩阵中，大量基于不同文化、地点、技术发展或社会结构的不同配置会实现演化。从这个意义上来讲，网络组织代表了一种挑战传统官僚组织形式支配地位的新模式。

　　此外，关于"网络组织"这种新型组织形式的一些中肯的批评也同样值得注意。一些观察者表示,这些理论仅仅是建立在抽象的高度上而无法提供任何具有现实意义价值的解释。此外,这些理论有时似乎是从少数几个备受瞩目的例子中抽取出来的,诸如贝纳通(Benetton)和丰田汽车(Toyota)。因此,在具体实践过程中,这些理论的普及程度还是一个未知数。此外,由于经常被置于资本主义发展的逻辑中,这些理论也因此承受着来自技术决定论的风险,而忽视了基于人的主观能动性以建构和抵抗这类组织形式的可能性。最后,还有一些评论人士一直在苦口婆心地指出,网络组织与过去的做法有更多的共同点,因此我们不能认为它是新的。例如,侧重于绩效评估的远程控制策略就似乎与20世纪早期的科学管理理论有很多共同之处。

另请参阅:信息社会

更多资源:曼纽尔·卡斯特(Manuel Castells,1996)、史都华·克莱格(Stewart Clegg,1990)、弗兰克·韦伯斯特(Frank Webster)和凯文·罗宾斯(Kevin Robins)(1998)

网络社会

见"信息社会"

《神经漫游者》

首次出版于1984年的科幻小说《神经漫游者》由威廉·吉布森编著,它可能是最知名、最具影响力的赛博朋克小说。该作品确立了吉布森在这一领域的明星作家地位,而包含于其中的著名烙印——关于"赛博空间"术语的一段话则是所有科幻小说中被引用最多的段落之一。《神经漫游者》是威廉·吉布森"蔓生都会三部曲"("Sprawl Trilogy")中的第一部,后两部分别为《零伯爵》(*Count Zero*,1986)和《蒙娜丽莎加数档》(*Mona Lisa*

Overdrive, 1988)。

《神经漫游者》所造成的广泛影响远远超出了科幻小说的范畴,一些评论家认为它对计算机和赛博文化的发展也同样产生了深远的影响。这部小说描述了人类进入赛博空间的体验,存在于屏幕之间的数据世界就像城市景观一样排列,这便是对于未来由企业资本主导的信息社会的想象。除此之外,吉布森还在小说中加入了一种新型的"英雄",他们以黑客和电话飞客为原型。此外,吉布森还描述了那些在赛博空间中从事叛变活动的控制台牛仔和网络朋克群体以及一系列新的部落或亚文化。以上种种都试图在新的世界秩序中占有一席之地。(大卫·托马斯,2000)

《神经漫游者》的传奇地位可以追溯至它神话般的创生过程,吉布森使用老旧的手动打字机敲完了整部小说。他的灵感来自于看孩子们玩街机游戏,而对于电脑文化则知之甚少。[艾瑞克·戴维斯(Erik Davis),1998]

另请参阅:赛博朋克、黑客、嵌入、亚文化

更多资源:艾瑞克·戴维斯(Erik Davis,1998)、詹姆斯·尼尔(James Kneale,2001)、大卫·托马斯(David Tomas,2000)

新文化政治

新文化政治是一种包含了新的政治活动套路的象征性政治,它旨在规避既定利益、社会精英或企业权力并直接吸引公众。这种有组织(或无组织)的政治激进主义是许多当代社会运动(SMs)的特征,这似乎与那些以互联网为媒介、在赛博空间中的虚拟社区的非分层性网络关系密切。

更多资源:弗兰克·韦伯斯特(Frank Webster,2001)

网络新手

"网络新手"是一个网络俚语,它指的是"网络新人",特别是指对某个特定虚拟论坛的规则和规范知之甚少的人。在多用户域、聊天室或网络游戏中,网络新手往往可能会自视为"局外人"而无法参与较早参与者的编码型对话过程中。而那些在自己熟悉的论坛的社会规范或网络礼仪前仅仅选择留在网上而不会冒险参与的人则被称为"潜水者"——一种被退伍军人所蔑视的虚拟窥阴癖。为网络新手提供服务的一种方式是创建"常见问题列表",这样一来,他们就可以在参与网络对话之前先访问基本信息。尽管如此,网络新手们还是经常会觉得自己是一个或被忽视或被轻视的局外人。可以说"网络新手"这个术语本身几乎就是一种滥用。

另请参阅:常见问题列表、网络礼仪

新闻组

见"世界性新闻组网络"

昵称

人们在多用户域、互联网中继聊天、电子邮件和其他交流论坛中使用的假名被称为"昵称",有时也会被称为"句柄"〔handle,从"断路器无线电"(CB radio)[1]借用的术语〕。在用户可以选择自己昵称的情境中,我们可以将其视为一种自我身份显示的形式,就像个人主页一样。又如同电子邮件"主题"栏那样,"昵称"或也试图吸引读者的注意力。(提姆·柏纳·李,1996)作为一种个人身份或个性的象征,在无法获取面

---

[1] 即"Circuit Breaker Radio"的简写——译者注

对面交流信息线索的前提下，"昵称"试图通过有限的几个字符来传达其个人信息，以便接收者接收到正确的信息。拥有多个电子邮件账户的人可以在不同的网络环境中使用不同的昵称进行交流（例如，与同事交流和与朋友交流就可以使用不同网络和不同昵称）。这一现象与雪莉·特克（1997）关于赛博空间使"分布式自我"在不同的场域和语境中发生分裂的观点相呼应。

另请参阅：电邮、面对面、主页

更多资源：提姆·柏纳·李（Tim Berners-Lee，1996）

电子特使办公室

电子特使办公室以英国中央和地方政府推广和采用电子政府为工作重点，它的作用不仅延伸至每个中央政府部门，还涵盖了全英选举产生的地方当局等广大服务范围；此外，苏格兰和威尔士也有单独安排，因为这两个地区已经大部分实现自治。电子特使负责确保所有的政府服务在2005年前全部实现电子化，使之关键服务水平更上一层楼。随着2005年的临近，这一目标的实现前景看起来越来越乐观。在电子商务特使办公室内，电子经济集团为英国电子商务部长和电子商务特使提供战略支持，政府的目标是将英国发展成为"电子商务的最佳环境"。

更多资源：www.e-envoy.gov.uk

"随需应变"

"随需应变"这一概念以通过网络传递数字内容为根基。它将媒体与数字格式等同为一体，人们因而将能够以数字格式从网上下载和使用软件应用程序、游戏、电影、音乐和其他材料，这就为创建G3（蜂窝）电话、数字电视、手持电脑和平板电脑等设备带来了可能性。只有当网上的资源内容与用户所希望从网上下载的内容吻合时，才能称之为"随需应变"。

在线

发明鼠标的美国人道格拉斯·卡尔·恩格尔巴特（Doug Engelbart）[①]于1968年12月展示了他所谓的"在线系统"。该在线系统具有超文本浏览、编辑、收发电子邮件的能力，术语"在线"也由此产生。这个术语现在通常是指使用互联网等计算机网络的行为。在某种意义上，浏览万维网也是一种"在线"活动。

开源

"开源"是一类编译和源代码都已完成的软件名称（通常可以通过互联网进行免费下载）。开源软件比享有公共版权的软件所受限制更少，因为它们能够自由合并进其他软件当中，而不受公共版权限制。Slash dot就是一个很受欢迎的网站，它专门为技术人员，尤其是开源软件的狂热爱好者服务，其座右铭为"新闻是书呆子的，软件是最重要的（News for Nerds. Stuff that matters.）"。由于Slash dot站点绝大多数内容都由来自网站外部的人提供，该网站使用了一个有趣的模型，使几乎所有故事都可以通过网站上的一种形式进行提交。阅读者们可以将其评论添加进文章当中，这些评论有时甚至会多达上千条。这些故事的主题主要集中在"技术"方面，同时也会包括其他一些不太具有技术性的话题，如"全能者巴克"（"The Almighty Buck"）、"审查制度"（"Censorship"）、"媒体"（"Media"）和"葡萄酒"（"wine"）。

更多资源：freshmeat.net，slashcode.com

[①] 道格拉斯·卡尔·恩格尔巴特英文全名为Douglas Carl Engelbart——译者注

操作系统

见"界面"

御宅族

"御宅族"是一个日语俚语,用来描述一些对某些事物抱有执着兴趣的人。不同于英语中的"极客"和"书呆子","御宅族"描述的是一类具有社交偏差的强迫症群体,而非仅仅指那些对科学或信息通信技术感兴趣却在交友和建立性关系方面不成功的人。在日本,这个词通常与那些对成人动画和普通动画抱有狂热兴趣的人联系在一起。这些作品通常使用色情意味强烈的图片,其中甚至包括暴力色情内容。它们受到了赛博朋克的强烈影响,有时也会反过来影响赛博朋克。此外,日本的电脑游戏充满了日本动画和日本漫画当中的画面(有时则是角色)。除此之外,同样的,一个痴迷于像流行歌手一样无害事物的"粉丝"也可以被称为"御宅族"(日本的一些流行歌手已经采用了在日本漫画和日本动画中极为常见且非常性感的青春期女学生形象)。

御宅族究竟是一个真正存在于日本社会当中的"群体",还是仅仅是一种媒体发明,这依然是一个值得商榷的问题。大众媒体所定义的典型御宅族形象是一个孤独的男性,他不仅痴迷于日本动画,而且是狂热的游戏玩家和互联网用户,这些关系的构建都是通过计算机中介通信来完成的。这意味着存在于人类与科技之间的一种不健康关系。

从这个意义上说,御宅族体现了存在于日本与西方国家内部的焦虑感,它主要表现为对"人类与信息通信技术的关系可能意味着什么"这一问题的思考。就人类前景而言,与一些社会学家等人所预测的得到强化、改进和丰富的赛博格版本的人类不同,御宅族群体被异化和边缘化了。20世纪90年代，这种高度焦虑在日本和西方媒体所描述的一些极端暴力的谋杀事件中有所表现，他们认为这些事件是御宅族干的。（Wired 1.01: Mar.—Apr. 1993: www.wired.com）

尽管最近这个词没有再被使用，但关于御宅族的担忧开始集中于那些制造高校屠杀案的在校生们对之前所玩过的极端暴力游戏的沉迷问题上。美国丹佛的科伦拜恩学校（Columbine School）就是一个例子。

不仅如此，日本社会学家对"隐蔽青年"现象的发掘也重新点燃了人们对御宅族群体的兴趣。被定义为"隐蔽青年"的年轻人在社交方面很内向，他们会花很多时间独自使用信息通信技术或打游戏。然而，有趣之处在于"隐蔽青年"群体是那些对日本社会的社交和经济压力做出反应的人，而非那些因时而与科技、日本漫画或日本动画形成强迫性关系而变得不正常的年轻人。在以赛博朋克类型为主的科幻电影和文学作品当中，针对存在于人与技术之间潜在的不健康关系进行探讨的类似主题与焦虑感并不鲜见。

另请参阅：赛博朋克、极客、书呆子

数据包嗅探

"数据包嗅探"是一种"检查"（"嗅探"）数据信息流的行为。这种行为将以"数据包"（见"互联网"）的形式，在互联网的收发地址之间进行信息数据传输。经编码之后的信息将能够通过这种方式被嗅探到，但识别出其含义并不容易。虽然合法系统的管理员拒绝使用数据包嗅探功能，但是众多肆无忌惮的嗅探器却随时都可以使用数据包嗅探软件。

另请参阅：加密、互联网

飞客

飞客是指那些非法侵入电话网络的人，他们通常会逃避长途电话拨打费用或进行电话窃听。"黑客"就是由最初的"飞客"演化而来的。这个词有时也被用来描述试图闯入任何网络的人。

盗版

作为网络犯罪的主要因素之一，盗版是指对软件、游戏、电影、音乐和其他数字媒体进行非法复制的行为。盗版的进行是相对容易的，通常只需要一个CD-RW或DVD-R／RW驱动器就可以复制存储在特定应用程序中的原始CD或DVD。当然，应用程序、游戏、音乐和电影也可以简单地被复制到互联网上，再进行下载。随着众多媒介融合的发生，所有媒体都逐渐变得数字化。因此，无论是复制技术本身，还是复制与原版质量相同的副本，都变得更加容易了。同样的，万维网的可使用性使得盗版材料的销售和分销也比以前容易得多。此外，由于盗版材料的销售或分销是基于网络的，对于盗版者的跟踪也相应变得更加困难。尽管数字媒体和网络的崛起的确为我们带来了种种好处，但它同时也是一个新的犯罪行业的催化剂。

据估计，现在有成千上万的网站能够提供数字拷贝软件、游戏、电影和音乐的非法拷贝和下载。美国国际知识产权联盟（IIPA）是一个代表了包括商业软件联盟（Business Software Alliance）和美国电影协会（Motion Picture Association of America）在内的多家媒体和软件公司相关利益的保护伞组织。据其所称，2002年国外的侵犯版权行为已经使美国经济"损失"了92亿美元（这里指的是潜在收益）。2001年，据商业软件联盟估计，软件盗版仅在美国就给整个软件行业造成了超过18亿美元的损失。

发生于2000年至2001年间的美国纳普斯特案件就凸显了音乐产业所面临的问题。纳普斯特网站通过mp3文件形式为人们提供了受著作权保护的音乐文件,这类文件将唱片复制成可下载的数字格式是很容易的事情。2001年,该网站与词曲作者和音乐出版商达成了一项协议,即前者向后者支付2600万美元;此外,网站还将向现在开始下载mp3文件的用户收取一定比例的费用作为服务费。据估计,目前还存在着很多网站在互联网上提供非法mp3文件下载服务。

游戏行业因盗版现象而产生的损失也同样巨大。欧洲娱乐和休闲软件发行商组织所发布的数据表明,游戏发行商每年仅在英国因盗版行为就产生30亿英镑的损失。据估计,俄罗斯和亚洲等地区的盗版游戏数量甚至远远超过合法销售的游戏数量。为了抵制盗版,游戏公司已经试图推出更为难以复制的新格式游戏以及使用更为复杂的加密和拷贝保护。然而,即使是在控制台使用而不能在标准CD或DVD驱动器中读取的磁盘等难以复制的媒体,或者是经过了更加复杂的加密过程的媒体,也都能够被盗版分子很快攻克。

人们还可以通过盗版手段,从非法贩毒等更严重的犯罪活动中筹集资金。有证据表明,盗版活动有可能支持政治极端分子甚至恐怖组织的活动。然而,一些盗版行为是个人行为。

软件盗版者有时使用"破解软件"一词来描述那些已被移除拷贝保护功能且已在网站或其他互联网上支持下载的软件。盗版网站有时会被称为"破解软件"网站。

另请参阅:聚合

更多资源:www.siia.net,www.idsa.com,www.elspa.com

平台

"平台"是用于描述"操作系统"或"计算机制造"的另一个术语。

另请参阅：界面

《口袋妖怪》

见"游戏"

门户网站

门户网站是存在于万维网上的一个网站，它被用作大量其他网站和服务的主要访问点。门户网站是发展电子政务的关键概念之一，它通过提供一个简单的导航界面让人们能够轻易地找到他们所需要的公共服务。以英国政府门户网站www.ukonline.gov.uk为例，该网站围绕"生孩子""搬家"等"生活事件"，使人们能够在无须了解该项服务由政府哪个部门或机构所提供的前提下直接搜索自己想要的服务，由此简化寻找服务的过程。

隐私

隐私指的是有关个人或公司实体的信息仅限于该实体之内的状态。从历史上看，隐私问题一直与国家本身及国家在"收集个人和组织信息""限制信息流动"二者之间矛盾的需求和欲望相关。现如今，人们越来越关注商业实体，因为几乎所有的信息都具有一定的商业价值，而赛博空间的出现更是将隐私问题提升至前所未有的高度。作为赛博空间的引擎，计算机的出现允许并促进了信息的大量存储和数据的高速传递，赛博空间使用现象的增加意味着获得更多的数据变得可能。最后，计算机可以对大数据进行梳理，并从大量较小的数据块中收集数据。

义肢

"义肢"是一种用于对身体进行人工增强的术语，医学科学领域通常用它来描述人造肢体、心脏起搏器等用于替换身体部位的部件。一些批评人士认为，义肢标志着人类向后人类或赛博格的转变，因为它的出现将生物的"肉件"与高科技金属混合在一起。在一定程度上，我们使用技术来增强人类能力，而不仅仅是替换肢体，这使得一些作家认为我们生活在一种"义肢文化"之中，汽车和电脑等物体成了自我的延伸。此外，这些新增物将会增强我们的能力，而非弥补我们的缺陷——影片《六百万美元先生》（*Six-Million Dollar Man*）就揭示了这一主题：通过使用仿生义肢，男主人公从普通人变成了混合超人。对于一些人而言，该情节可被看作对（后）人类的下一个进化阶段的庆祝（史迪拉克，2000），而另一些人则对科技如此彻底地侵入我们的身体和生活所带来的影响表示担忧。日常生活义肢化还延伸到了将电脑作为记忆机器的使用方面，虽然照片等其他更为平凡的人工制品也在扮演着类似的角色。正如电影《银翼杀手》所描绘的那样，我们对自己过去的了解实际上可能是假的。（艾莉森·兰斯伯格，2000）

另请参阅：《银翼杀手》、赛博格、存储器

更多资源：克里斯·哈波斯·格雷（Chris Hables Gray，1995）、艾莉森·兰斯伯格（Alison Landsberg，2000）、史迪拉克（Stelarc，2000）

公共访问

见"访问"

公共广播

　　公共广播指的是由非商业组织进行的非营利性收音机和电视广播。公共广播的确切构成要素因国而异。该类组织可能会得到来自政府的支持或保障，但与受国家控制的媒体不同，因为它们保留了社论的独立性。公共广播的核心在于提供社论均衡、立意积极向上且对所发表言论负责的节目。公共广播有时也被称为"公共服务广播"，它通常拥有一个宣传、教育或推广文明价值观的明确目标，而非仅仅着眼于实现娱乐价值。

　　欧洲国家和美国在公共广播方面存在着根本性分歧。其中，公共广播在英、法等国的大众媒体中占有非常重要的地位。英国广播公司可能是世界上最著名的公共广播实例。在英国，英国广播公司与模拟和数字商业电视广播展开竞争并保留了大量观众，在收视率上常常超过商业电视台。看电视的人每年都必须支付一笔固定费率专用税（该笔税费的上缴以家庭为单位，而非以电视台数为单位）。在撰写本书期间，这笔税费金额为112英镑。因此，英国广播公司所拥有的资源是大多数公共服务广播公司梦寐以求的。相比之下，美国一些公共服务广播公司则不得不将相当大一部分广播时间花费在筹款事宜上。

　　这些资源使英国广播公司能够以相当大的规模进军数字服务领域。从两个国家模拟电视频道和五个国家广播电台（现在还要加上一些其他区域和地方电台）的基地开始，英国广播公司已经增设了八个频道的免费数字广播，并与其他广播商合作开展了一系列项目。此外，数字广播电台也被引进。英国广播公司率先提供了交互式数字电视服务，它开始提供在互动性和内容深度方面皆与网站形成竞争的在线服务。英国广播公司还开发了世界上覆盖范围最广泛的网络之一，该网络能够提供该公司广播服务的在线版本（及其收音机和电视服务的在线广播）。英国广播公司网站是全英国访问量最大的网站之一。

人们有时会对英国广播公司究竟在多大程度上包含了数字电视和网络提出质疑。该公司在其网站和数字渠道上的支出是相当可观的，但即使到了2002年，其大多数用户也无法使用这两项服务。然而，这一战略决策是在英国政府计划拍卖模拟电视频率的时候做出的，而该频率对于高带宽手持设备是有用的，如能够增强移动（蜂窝）电话和其他无线设备的信号。

网络日益成为一个以企业主导（见"全球化"）为特征的虚拟空间。大多数人在家的上网活动都是通过某一家大公司所提供的服务来完成的。关于替代的声音在网上从未断过，但随着网络本身作为一种产品得到了越来越多的推广，用户只有通过这种产品才能被商业化的互联网服务提供商[①]所引导。因此，这些关于替代的声音日益微弱。此外，"电子商务"也渐渐成为网络本身的特征。像英国广播公司这样的组织，它们拥有公共而非商业的服务职权，这将有助于对企业统治网络方面的状态形成制衡。然而，像英国广播公司这样的组织在很多方面都仍在模仿商业大众媒体，以便真正为另类群体或少数人的观点和看法提供一个表达出口。因此，这类公司与商业大众媒体究竟有多大的不同？这个问题尚未解决。当然，除了扮演其传统角色之外，英国广播公司还同英国的商业大众媒体展开了直接竞争。他们制作了大量质量低劣且面向大众市场的节目，想要在这些节目与商业广播公司所制作和输出的节目之间做出区分是十分困难的。

更多资源：www.bbc.co.uk

---

① "互联网服务提供商"，即 Internet Service Provider（ISP）——译者注

公共电子网络

加州的圣莫妮卡市的公共电子网络于1987年由该市系统信息部门主任肯·菲利普斯（Ken Phillips）和南加州大学安能堡通信学院（Annenberg School of Communications）的约瑟夫·史密斯（Joseph Schmitz）联合发起，是世界上第一个由城市资助的计算机公共访问系统。公共电子网络已经付诸实践并提供了一些关于早期使用新技术的警示故事。除了通过各种各样的论坛为圣莫妮卡市的市民提供网络免费访问服务之外，公共电子网络还提供市政信息访问（如议会议程、报告、公共安全提示和图书馆的在线目录）和政府服务访问（如许可批准或偷窃行为上报）。人们可以通过电子邮件和电子会议与政府官员、城市公务员以及其他人进行交谈。圣莫尼卡的每个城市组织都是在线的。公共电子网络还为世界上第一个以电子方式进行的地方级政治行动提供了通信基础设施。1989年8月，住在圣莫尼卡的卜鲁里亚·芬克尔（Bruria Finkel）基于自己与无家可归者的讨论，在公共电子网络的无家可归者大会上提出了一个想法。这个概念被称为"淋洗柜"〔（SHWASHLOCK，即"淋浴"（SHowers）"洗衣设施"（WASHers）和"储物柜"（LOCKers）〕，旨在帮助无家可归的人找到工作，并为他们提供晨间淋浴、洗衣设施和储物柜。圣莫尼卡市议会最终决定拨款15万美元用于储物柜、淋浴和洗衣房设备建设，这个例子显示了公共电子网络在利用网络资源进行社区组织方面的潜力。

另请参阅：社区信息学

公共政策网络

公共政策网络是最近兴起的一种混合性组织，它囊括了利益一致但价值观、观点、议程和做事方式有时会产生冲突的人。［沃尔夫冈·H.雷尼齐克（Wolfgang H. Reinicke），1999/2000］尽管这些网络可能会受到其赞助商的操纵，但它们依然提供了一种基于赛博空间的有趣的新组织形式。这些网络通常会涉及跨越传统国家和其他边界的广泛问题，如气候变化、贸易、粮食安全、污染和贫困等。

根据全球公共政策网络（GPPN[i]）资源集团的规定，公共政策网络有四大核心属性：

• 跨国性：全球公共政策网络应试图去解决国家政府不拥有明确权力的问题；

• 政策行动中心性：全球公共政策网络应在整个政策任务范围内工作；该范围覆盖从问题界定到问题解决的全过程；

• 网络结构性：全球公共政策网络的行动和决策不应依赖于正式的等级权威；

• 跨界性：全球公共政策网络通常应弥合存在于传统鸿沟当中的问题，如部门（即存在于企业—政府—社会之间的分歧）、文化、纪律、南北和贫富等分歧。

更多资源：沃尔夫冈·H. 雷尼齐克（Wolfgang H. Reinicke，1999/2000），www.gppnresearch.org/about

公共领域

"公共领域"是由德国哲学家尤尔根·哈贝马斯（Jurgen Habermas）提出的概念，用以表达他对人们可以自由进入和讨论问题的环境的看法。哈贝马斯的理念也与权力结构联系在一起，因此该概念能够促进社会变革。虽然他的著作《公共领域的结构转型》（*Structural Transformation of the Public Sphere*）的英译本

---

i 即 Global Public Policy Networks

直到1989年才出版，但这并不妨碍"公共领域"很快即成为传播学研究中最重要的概念之一。与传播学中的其他概念（如"文化帝国主义"）相比，"公共领域"被视为一种积极的概念，同时还是一种被很多人视为可以实现的理想交流模式。

由于"公共领域"概念抽象且不够精确，它的最佳用途可能是作为对于方向的指示或对批评和行动的恒定标准。建立一个公平且普遍的公共领域的想法能否成为现实，将取决于人们能否有效地围绕这一问题组织起来。此外，"公共领域"的概念还可以帮助人们对当前存在的通信系统进行评估，以及帮助人们想象甚至创造一个更好的通信系统。

更多资源：尤尔根·哈贝马斯（Jurgen Habermas，1989）

"道路战士"

"道路战士"是《个人计算机杂志》（*PC Magazine*）中的一个术语，指的是那些在不同地点工作并且严重依赖联网计算机通信来开展业务的人员。各种各样的专业人员、经理和技术人员存在于世界各地的商务酒店、酒吧、餐厅、机场休息室等场所，这些"道路战士"通常每周花几天时间在办公室、会议地点或其他工作地点之间来回穿梭。他们几乎不间断地使用笔记本电脑、查看电子邮件和短信以及通过移动电话与其他分散的同事进行讨论，这些设备为他们的工作实践提供了重要的支持和帮助。

另请参阅：无线

机器人

机器人可以被视为用于信息搜索或数据挖掘的一种软件工具。人们可以给机器人一个方向，告诉它们需要搜索什么然后就离开；它将继续进行搜索，并会在找到所需答案时回应用户。

目前，机器人的最佳使用案例是一些搜索引擎公司对"网络蜘蛛"或"网络爬虫"的使用，它们被用来对网站和网页进行分类。当有人为一个网站输入了一个新的全球资源定位器，而机器人启动了在搜索引擎上搜索该网站时，"爬虫"之类的应用程序就会被触发。

机器人还被视为电子商务的关键工具。根据一些思想家的观点，机器人将会演变成为这样一种工具：它们将能够在给定的产品或服务上为其用户搜索最佳"交易"并向他们汇报——"自动化"使用户无须自己承担进行全面搜索的复杂工作，因此，这将有助于一个完美或近乎完美市场的生成。

当然，机器人概念也会出现在普遍意义上的通俗科幻小说当中。除了那些长期且广泛使用于生产线上的工业机器人之外，现在还出现了诸如索尼的人工智能机器人Aibo[i]之类的交互式机器人"玩具"，它们具有人工智能的元素（见"电子宠物"）。

在21世纪初，本田生产了一种名为"高级步行创新移动机器人"（ASIMO，即Advanced Step in Innovative Mobility）的"智能人形机器人"。该公司声称，这款机器人能够解释人类的姿势和手势并通过独立行动做出回应。ASIMO可以"欢迎"那些接近它的人、跟随他们、识别出他们的脸并叫出他们的名字。它还可以通过访问直接的无线互联网向人们提供信息，同时还能充当接待员。本田公司将会在2003年对这款机器人提供租赁服务。该公司对ASIMO的"人性"做了强调，因为它在走路、爬楼梯、挥手，以及对它"认识"的人做出反应等方面既能模仿人类的形态，也能模仿人类的动作。这些发展向我们提出了这样的问题：我们应如何将自身与不断变化的技术联系起来？我们又应如何看待模仿我们的机器，以及我们的自我概念又将如何因此而改变？

另请参阅：人工智能、身体、赛博格、电商

---

i　Artificial Intelligence Robot，即"人工智能机器人"。

更多资源：德瑞克·莱博特（Derek Leebaert，1999）；www.jp.aibo.com，world.honda.com/ASIMO，asimo.honda.com

机器人排除标准

BW机器人［或名为"蜘蛛"（spiders）和"漫步者"（wanderers）机器人］是一种可以自动遍览万维网网页的软件程序。为了限制各种不受人欢迎的网页访问现象，一种禁止机器人访问网页的标准方法被设计了出来，即所谓的"机器人排除标准"。这种方法依赖于带有"robots.txt"后缀的文件在网页服务器上特殊的存在位置。在发起网页访问之前，这些位置将会被机器人排除标准执行一般性或特殊性的禁止访问结构性排查流程。

另请参阅：机器人

更多资源：www.robotstxt.org/wc/norobots.html

搜索引擎

搜索引擎通常是网站或门户网站上的一种工具，其主要用途通常是通过使用搜索词来帮助用户进行网页定位。人们每天都会数亿次地使用搜索引擎，因此，搜索引擎代表着人们最常用的网页查询方式。最主要的搜索引擎有远景（AltaVista）、谷歌（Google）、莱科思（Lycos）和雅虎（Yahoo）。没有任何一个搜索引擎有超过30%的网络索引。网页的索引与杜威十进制系统（Dewey Decimal System）、一般性的公共方法和互联网协议（即关于电子邮件收发、网页页面获取地互联网协议）不同，其商业索引方案是私有的，因此不能供公众使用。因此，在网页的索引方面往往还存在着诸多限制。

另请参阅：万维网

自助

见"虚拟社会支持"

符号学

所谓"符号学"即"关于符号的科学",它研究的是事物与意义之间的关系。符号学是文化研究的一个重要元素,因为符号的意义是由文化决定的。符号学领域最重要的思想家是弗迪南·德·索绪尔(Ferdinand de Saussure)和罗兰·巴特(Roland Barthes)。符号学的基础可以用这个等式来进行定义:"能指+所指=符号"。关于符号学定义的另一种表达方式为"事物+意义=拥有意义的事物"。"能指"指的是被赋予意义或被命名之前的事物——即存在于"真实世界"当中的事物;"所指"则只存在于我们的头脑当中,是作为我们赋予事物的意义而存在的。"能指"与"所指"两者共同代表了"符号",即事物与其意义的相加。要想传达(谈论或书写)符号,我们就必须使用一个能指符码(例如一个词语)——但这可能会造成误解,因为我们并未直接表达所指。因此,意义是永远无法固定下来的。作为连接能指和所指之间的纽带,符号的意义是处在不断变化当中的。最终,每一个能指都只有放在与其他能指的相对关系里才能被认识——它们存在于一个无穷无尽的意义链条之中。此外,意义在"外延"和"内涵"两个层面上发挥作用。其中,"外延"指的是某物的字面意思,即它的名字或字典对它的定义;"内涵"则是其联想义,即我们在想到事物时所产生的感觉。因此,从这个角度而言,计算机可能具有技术进步或技术恐惧症的内涵意义。一些批评家认为,在一种媒体饱和的文化中,事物的意义与事物本身将完全脱节,因此,这个事物就不复存在了。术语"拟像"

就用来描述图像与现实的脱节，这个概念很容易应用到赛博文化中。在这种文化中，虚拟现实独立于"真实"而存在。（西恩·科贝特，2001）

另请参阅：拟像

更多资源：西恩·科贝特（Sean Cubitt，2001）

服务器

见"万维网"

性别歧视

见"赛博女性主义""游戏""性别"

硅谷

硅谷大致是指旧金山以南的加州地区，主要包括圣何塞（San Jose）、山景城（Mountain View）、圣克拉拉（Santa Clara）、库比蒂诺（Cupertino）和帕洛阿尔托（Palo Alto）。该地区拥有大量的软硬件公司和研究机构。毗邻美国政府航空航天研发机构的地理优势推动了硅谷地区的建设。硅谷被认为是计算机行业的发源地。

另请参阅：李钟文（Chong-Moon Lee）等（2000）[①]

拟像

在当代哲学和社会理论中，"拟像"是一个具有复杂含义和历史意义的关键概念。它在西恩·科贝特的优秀著作《拟像与社

[①] 出处：item.jd.com/12211610.html（访问时间2019年6月2日）——译者注

会理论》(*Simulation and Social Theory*, 2001) 中的定义如下：

> 拟像：即没有来源的复制品或失去原件的仿制品。拟像理论是关于我们的形象、我们的交流和我们的媒体是如何取代现实的角色，以及现实是如何消失的历史的理论。虽然"拟像"详尽地阐述了我们的媒介世界，但其核心仍是一种现实哲学，指向存在于我们与现实之间的不断变化的关系。

拟像理论将符号学、精神分析学、信息论、意识形态学和后现代主义等各种理论和思想结合在一起，以探索我们与"现实"之间的关系。尽管科贝特指出了该理论的范围之广，但他也鲜明地指出了我们所生活的世界的媒介化与拟像经验之间的紧密联系。随着我们生活媒介化趋势的增强，我们与"真实"之间的距离越来越远，最终完全沦为"失真"。法国理论家让·鲍德里亚在其著作《拟像与仿真》(*Simulation and Simulacra*, 1983) 中对于这种趋势进行了著名的概念界定。他描述了一种"拟像先行"(precession of simulacra) 状态——图像与现实之间的距离越来越远，就像这样：图像开始是现实的反映；然后它掩盖了现实；接下来，它取代了现实，使现实缺位；最后，它与现实不再有任何关系。图像，最终成为一个没有"原作"的、无限制的复制品。现实就此消失，真实被超真实所取代。之所以称作"超真实"，是因为作为一种没有原件的复制品，它将会比现实本身更真实。这是鲍德里亚在关于迪斯尼乐园是美国的超真实拟像的讨论中所探究的一个著名主题。(让·鲍德里亚，1988)

在赛博文化方面，我们首先可以看到计算机是如何引入新的拟像形式，通过产生虚拟现实、人工生命形式和将现实转化为代码的操作来进一步推动"拟像先行"的过程。正如西恩·科贝特（2001）在关于工作场所电脑的讨论中所谈到的那样，日常生活与日俱增的计算机化趋势加速了拟像进程。通过拟像或虚拟来替代现实的主题是电影和小说中关于赛博文化的常见场景，也许影片《黑客帝国》将该场景展现得最为淋漓尽致。影片的核心角色尼奥甚至将电脑磁盘藏在一本被掏空的《拟像与仿真》当中，这个镜头使影片与鲍德里亚著作两者之间的联系变得清晰可见。而拟像在一个关键场景中被剥离，以揭示出"真实的荒漠"[①]。正如科贝特所言，电影本身就玩转了我们对于拟像的矛盾心理——我们在接受电影对于拟像批判的同时，也沐浴在电影所创造的拟像之中。

另请参阅：赛博朋克、赛博格、《黑客帝国》、机器人、符号学

更多资源：让·鲍德里亚（Jean Baudrillard，1983、1988）、西恩·科贝特（Scan Cubitt，2001）

微笑图示

"微笑图示"是一种经常被插入电子邮件或其他形式的计算机中介通信中，以提供那些使用非语言性线索（如声调、手势或面部表情）来进行交流的上下文信息的、基于文本的符号。笑脸图标"[:-)"可能是最著名的微笑图示。此外，还有很多其他的例子。"微笑图示"（也被称为"情感符"，即"情感图标"的简写形式）用于传达隐藏在信息含义当中的精神情志，如传达一种讽刺的感觉或轻松的心情（举例："我只是在开玩笑"）。

另请参阅：缩写、线索过滤、电邮、网络论战、世界性新闻组网络

[①] 原文为"Welcome to the desert of the real"，出自鲍德里亚的著作《拟像与仿真》。在1999年的电影《黑客帝国》中，墨菲斯（Morpheus）用这句话迎接从虚拟现实中醒来的尼奥。——译者注

短信服务

短信服务指的是一种在手机或便携式电话上发送短信的技术服务。

社会资本

"社会资本"是罗伯特·普特南（Robert Putnam）在1995年推广的术语，它代表了一种社区支持和维系自身的潜在能力（例如，这种能力可以通过社区组织和社区成员的技能和利益来实现）。社会资本通常由三部分组成：信任、规范和互惠。社会资本可分为"联结社会资本"和"桥梁社会资本"两部分，其中前者存在于某个社区内部，后者则跨越多个社区存在，这与马克·S.格兰诺维特（Mark S. Granovetter，1973）所谈到的"弱联系"概念相类似。普特南的研究显示，在过去40年间，美国社会资本一直在经受着各种指标的侵蚀。一些研究人员断言，互联网将会加剧这种侵蚀。其中，商业广播电视常常被认为是造成这种侵蚀的罪魁祸首。

另请参阅：访问、数字鸿沟、御宅族

更多资源：马克·S.格兰诺维特（Mark S. Granovetter，1973）、罗伯特·D.普特南（Robert Putnam，2000）

社会信息学

根据社会信息学主页（www-slis.lib.indiana.edu/SI）的定义，社会信息学是指"在考察计算机化的社会性方面所开展的研究及学习主体，后者包括信息技术在社会和组织变革中所扮演的角色，以及信息技术的社会组织受到社会力量和社会实践影响的方式"。

另请参阅：社区信息学

更多资源：罗布·克林（Rob Kling，1999）

科学社会形塑

对于技术与社会关系的一种常见的理解方式被称为"技术决定论"。在这种表述中，技术外在于社会并对社会产生影响。与这种观点相反，"科学社会形塑"观点认为技术是社会性的。正是由于社会需要，科学才会出现在特定的环境当中。不仅如此，科学还具有社会生命甚至文化生命。

事实上，我们可以将科学技术融入生活的做法视为对"技术决定论"的抵制。电脑最终是如何出现在我们的桌面上，并为我们完成工作的？思考这一问题就不得不将社会因素考虑进来。社会不仅是技术的"受害者"，同时也是它的生产者。可以说，社会和技术存在于一种相互影响、相互适应的复杂关系之中。这并不意味着我们要拒绝接受科学技术在社会运作中发挥了作用的观点；相反，这意味着我们在理解社会在科学技术运作方面所扮演的角色的同时，还要反过来思考科学技术在社会运作中扮演了何种角色的问题。事实上，用户群通常以不可预见的方式显著地影响技术的形式和用途。例如，将电子邮件添加进不断发展的互联网功能当中的最初构想并非在电子邮件出现之始就被人想到了，是用户很快发现了它的用处，并推动了这一构想的实施。同样，手机的短信功能在社会生活中所扮演的角色也远比业界所预期的更加重要，一套全新的文化实践由此被催生。批评家指出，我们需要确保完全不会忽视那些确定性的观点，但我们同时也必须承认技术确实塑造了社会。在这个等式中，保持一种平衡的观点能够为我们理解人机交互问题提供最有成效的方法。

更多资源：唐纳德·麦肯齐（Donald MacKenzie）和茱迪·瓦曼（Judy Wajcman）（1999）

软件代理人程序

见"代理人程序"

垃圾邮件

"垃圾邮件"最初是一个俚语，用于描述计算机应用程序因使用过量数据加载大小固定的缓冲区而故意导致计算机崩溃的状况。后来，它被用来描述世界性新闻组网络上帖子重复的情况。垃圾邮件意味着在一个新闻组中重复发布相同的消息，有时也指向多个新闻组发送相同帖子的"过量多次发帖"行为。"垃圾邮件"也常用于描述世界性新闻组网络中任何不受欢迎的帖子或任何不受欢迎的电子邮件信息，其中包括未经请求的商业电子邮件（UCE，即unsolicited commercial email）和批量电子邮件（UBE，即unsolicited bulk email）。发送垃圾邮件的人则被称为"垃圾邮件发送者"。

关于"垃圾邮件"一词的起源有着各种各样的解释，其中普遍被接受的说法是它来源于20世纪70年代的英国喜剧《蒙提·派森的飞行马戏团》（*Monty Python's Flying Circus*）。在这部剧中，两个人在咖啡馆点餐，却发现菜单上全是关于一种午餐肉罐头的垃圾邮件。在讨论这份菜单时，这两个人一直在说"垃圾邮件"一词，这可能就是这个词的起源。

垃圾邮件之所以遭到抵制是因为它占用了宝贵的带宽，拖慢了网络速度，还挤占了珍贵的硬盘空间。此外，收件人甚至可能需要花钱接收垃圾邮件。2003年，微软称其MSN和Hotmail服务器上的过滤器每天能够拦截超过24亿封垃圾邮件，还起诉了几个主要的"垃圾邮件发送者"。

垃圾邮件拦截机制已经被开发出来了。大多数电子邮件客户端都有能力阻止或立即删除来自用户可指定列表中某些特定发件人的电子邮件。然而,垃圾邮件发件人也已经开发出应对措施,例如同一个电子邮件地址只使用一次。为了开发一系列反垃圾邮件资源,一些组织已经受够了在此过程中出现的困扰和不便;而另外一些公司则声称他们能够提供拦截垃圾邮件的产品。

从社会学的观点来看,垃圾邮件是有趣的,因为它可以在长期使用互联网和电脑进行交流的人群之中产生反应。这是对已经相当稀薄的大众营销空间的一种悖反。事实上,垃圾邮件经常与网络新手或虚拟空间新用户联系在一起,这也许不是巧合。这些虚拟空间的新用户可能也会遭受更多的负面言论,因为他们并不知道或不够尊重那些在电脑通信受到更多限制时建立起来的规则。

更多资源:spam.abuse.net,www.cauce.org

蜘蛛程序

见"机器人"

尼尔·斯蒂芬森

见"赛博朋克"

《21世纪的前一天》

故事发生在千禧年的转折点上。在凯瑟琳·比奇洛(Kathryn Bigelow)的影片《21世纪的前一天》中,拉尔夫·费因斯(Ralph Fiennes)饰演了一名靠出售记录了他人经历(这一过程被他称为回放）的非法数字录音谋生的前警察尼禄（Nero）。就如同一种能够改变大脑的药物一样，"回放"可以让使用者看到、听到和感受到其他人体验过的一切。在影片的一个关键场景中，一名黑帮成员抢劫了一家餐馆并与警方展开了致命的枪战——整个过程被一名黑帮成员记录下来并出售。这部电影中的大量镜头都使用手持摄像机来完成，导演使用快速剪辑技巧，试图借此传达生活在数字媒体文化环境中的加速状态和方向的迷失。

后来，尼禄开始陆续收到关于残酷谋杀事件的"回放"并从受害者的角度观看它们。影片围绕着他试图找到凶手，并保护自己的前女友不成为受害者展开。然而，这部电影的中心主题却是一个人对其他人生活的上瘾体验——尽管在这种体验当中，性和死亡是最常见的两人元素。影片《21世纪的前一天》由此对拟像、虚拟现实和媒介世界的经验状态做出了评论。然而，正如克劳蒂亚·斯普林格（1999）所说，这部电影渴望保留一种真实性——即通过尼禄、菲斯［Faith，朱丽叶特·刘易斯（Juliette Lewis）饰］和梅斯［Mace，安吉拉·贝赛特（Angela Bassett）饰］之间的浪漫关系来演绎主题的真实性。

另请参阅：拟像

更多资源：克劳蒂亚·斯普林格（Claudia Springer，1999）

亚文化

"亚文化"一词在社会学和文化研究领域有着悠久的历史，它被用来描述一个在与"主流文化"或"父母文化"相对立时所出现的被集体认同的、以年轻人为主的社会群体。在英国，从亚文化的角度进行研究工作的典型群体包括摩登派、摇滚派、朋克派、自行车和足球流氓派。人们关注的焦点往往集中于这些团体对现有文化材料的改造和对服装、音乐、演讲新风格的创造——这些行为被称为"随创"（bricolage）①。[迪克·希伯蒂奇（Dick Hebdige），1979]此外，利用媒体形式将"内部"信息传播给其他亚文化成员也同样重要——比如粉丝杂志就是非常重要的媒体形式。

就赛博文化而言，现在已经出现了许多重要的亚文化形态，我们可以把它们分成两大类：第一类主要以赛博空间作为通信媒介，就像它使用其他媒体形式一样。这些组织中有许多在赛博空间出现之前就已经存在，继而利用后者为全球交流提供的机会将自身扩展至计算机领域。这一类别不仅包括粉丝团体（如乐队、电影明星、电视节目的粉丝），还包括被我们称为"边缘"的群体——即一些另类的、边缘化的宗教、政治组织和世界观。这类边缘群体还包括阴谋论者、反资本主义者、不明飞行物学家和极右组织。（大卫·贝尔，2001）网站和布告栏被各个群体、个人用来传达他们的意见，而存在于赛博空间中的分散性网络则被用来规避审查和建立跨国联盟。尽管这些群体在赛博空间中呈激增态势，但总体而言，他们并非关于赛博空间的亚文化。

第二种类型则可以被定义为网络亚文化或高科技亚文化：这些群体正表现出对新技术的积极参与。[蒂奇亚纳·特拉诺瓦（Tiziana Terranova），2000]该群体包含黑客、反科技的卢德派（anti-technological neo-Luddites）、赛博朋克群体和其他处于高科技边缘的群体（比如那些在主流国家认可的环境之外试验新技术的群体）。这些亚文化的出现或是对赛博空间的直接回应，或是对其资源的非主流性或替代性使用，或是对我们生活中主导地位的挑战。同样作为一种"随创"行为，有些人在文体上使用它；另一些人则关心它的技术性而非审美潜力。[马克·德里

---

① 参考资料：review.management.ntu.edu.tw/paper/2882-Z1.pdf（访问时间2019年4月5日）——译者注

（Mark Dery），1996］。无论是在哪一种情况下，网络亚文化都可以被视为发明创造和发挥想象力的肥沃土壤。它的存在向我们展示了创造赛博空间的可能性，并对其日益主流化和同质化的趋势做出了批判。

另请参阅：赛博朋克、黑客

更多资源：大卫·贝尔（David Bell，2001）、马克·德里（Mark Dery，1996）、蒂奇亚纳·特拉诺瓦（Tiziana Terranova，2000）

网上冲浪

术语"网上冲浪"通常被用来形容"在网上旅行"的行为。它原本来源于那些"沙发土豆"的爱好——"频道冲浪"，即通过被动且快速地不停换台行为，试图找到一些引人注目的东西。因此，作为一个术语，"网络冲浪"被批评为听起来显得太具娱乐性且太过被动。此外，它还将网站消费当作一种娱乐形式。这个词也会让人联想到海洋上的乘风破浪——这幅画面常被广告用作对冲浪行为的描绘［这幅画面通常借鉴了漫画《银色冲浪手》（"Silver Surfer"），只不过漫画以城市景观代表了数据景观］。即便如此，一些人还是对该术语的休闲娱乐性和关于沙滩的不良内涵进行了批评，而不去考虑自己是否低估了"冲浪"的技巧难度——无论是网上冲浪还是海洋冲浪。

传输控制协议/网际网络协议

"传输控制协议/网际网络协议"是一组协议，它们对数据通过网络从一台机器传输到另一台机器的方式起控制作用。这里所使用的术语"协议"是在外交意义上的概念，它指的是一套规则，目的在于促进各方之间的交流。此处是指促进计算机之间的通信。传输控制协议/网际网络协议是互联网的基础。

互联网的工作原理是将大数据分解成可管理的较小数据块或数据包。与一个大块的数据相比，这些较小的数据包可以以更快的速度进行传送。传输控制协议的作用就在于将数据分成网络能够进行有效处理的数据包。此外，它还能确保所有数据包都到达它们的预期目的地，并能够在目的地对这些数据进行重新组装。网际网络协议负责处理数据，即负责给数据进行标记，以便清楚地知道这些数据将要去哪里；然后再将这些数据放入数据包中。此外，它还使网络能够读取这些数据包，并将它们转发至目的地。网际网络协议还对单个数据包中可以容纳的数据量进行了定义。由于这两份协议是相互关联的，因此它们一般被合称为"传输控制协议/网际网络协议"。

技术决定论

见"科学社会形塑"

电信银行业务

电信银行业务是指通过使用交互式网络服务，用户可以在家里或办公室直接与银行进行在线交易的业务。

另请参阅：电商

电信中心

见"社区技术中心"

电话会议

见"网络组织"

电信技术

见"社区技术中心"

网真技术

见"虚拟社区"

电话购物

见"电商"

短信

发短信指的是使用手机(在英国通常缩写为"移动通信",在美国则被称为"蜂窝电话"或"手机")收发短信的行为。英国是世界上手机使用率最高的国家之一。在英国,短信的使用非常普遍,其使用者以年轻人为主。就像人们可以与他人"收发邮件"一样,人们现在也可以与他人"收发短信"。在英国,短信的使用甚至可能比电子邮件更为普遍。这种现象反映了手机对市场的总体渗透率以及较低的家庭互联网接入水平(尽管后者的总量仍很可观)。短信遵循了使用缩写和表情符号等许多计算机中介通信惯例。然而,尺寸较小的手机屏幕导致了人们对首字母缩写、表情符号和缩略语的使用比在计算机中介通信中所使用的更多。

另请参阅:线索过滤、电邮、网络论战

《全面回忆》

由保罗·范霍文(Paul Verhoeven)导演的影片《全面回

忆》通过一种虚拟旅游的形式，主要关注了将记忆植入人类大脑的可能性。阿诺德·施瓦辛格（Arnold Schwarzenegger）在影片中饰演道格拉斯·奎德（Douglas Quade），他购买了一次火星之旅的回忆。在回忆中，他是一名特工。然而，记忆植入程序出了问题，来自他人的记忆似乎混入了奎德的记忆之中，于是他的记忆变成了一名名叫霍瑟（Hauser）的秘密特工的记忆。后来，霍瑟/奎德遇到了他（们）以前的自我——一个对他说"你不是你，我才是你"（"You are not you. You are me."）的形象留下的录音。于是，主人公在影片中试图将"真实"的记忆和身份与植入他脑海的假记忆区分开来。（艾莉森·兰斯伯格，2000）最终，他选择了奎德的身份，不管这一身份地位如何，也不管电影里的反派科哈根［Cohagen，罗尼·考克斯（Ronnie Cox）饰］如何努力让他相信自己就是霍瑟。这部电影的情节涉及为火星上的一个变种人群供应氧气的问题，而这个群体是受科哈根控制的。奎德在火星深处发现了一个古老的外星发电机，它能够为火星创造宜居的大气层。就像《银翼杀手》一样，《全面回忆》也提出了关于记忆、身份和机器的重要问题：我们如何知道自己是谁？我们的自我意识又由什么构成？

另请参阅：《银翼杀手》、身份、存储器

更多资源：艾莉森·兰斯伯格（Alison Landsberg，2000）

跨国倡议网络

术语"跨国倡议网络"由玛格丽特·E. 凯克（Margaret E. Keck）和凯瑟琳·辛金克（Kathryn Sikkink）提出，用于描述跨国倡议参与者群体如何形成和利用跨国人际关系网络来定义、讨论和发展运动。据推测，廉价的网络通信和越来越多的国际非政府组织的存在将有助于这些网络的发展和影响的持续性增强。

另请参阅：新文化政治

更多资源：玛格丽特·E. 凯克（Margaret E. Keck）和凯瑟琳·辛金克（Kathryn Sikkink）（1988）

特洛伊木马病毒

特洛伊木马病毒是一种计算机病毒，其名称最初来自希腊神话"特洛伊木马"。作为一种恶意的破坏性病毒，它们通常隐藏在伪装成游戏程序或软件升级程序的文件中。最新的木马病毒没有采取任何这样的伪装，但它们仍然被单独归为一类病毒，因为其设计是具有破坏性的。"蠕虫病毒"称其他电脑病毒仅仅只进行自我传播，但特洛伊木马病毒程序目的在于删除文件、破坏操作系统、危及系统安全或对感染该病毒的任何计算机或网络造成广泛的不良影响。

另请参阅：病毒

网络白目

俚语"网络白目"起源于世界性新闻组网络中的新闻组，同时在互联网中继聊天房间或频道中也有使用，它用于描述故意与其他参与者寻衅滋事的个人或群体。在某些情况下，一名网络白目甚至会发布狂热的宗教或法西斯主义言论。在其他情况下，他们可能会以一种具有侮辱性的方式行事，但个中原因尚不清楚。可能这只是他们获取他人关注的唯一方法。该词来源于美式英语，本义指用大渔网（"大渔网"在美式英语中表述为"net"，在英式英语中表述为"trawl"）在深海中捕鱼，后被引申指那些在世界性新闻组网络中四处游荡、寻找麻烦，并希望由此获得关注的人。

另请参阅：线索过滤、网络礼仪

《2001 太空漫游》

影片《2001太空漫游》由斯坦利·库布里克（Stanley Kubrick）执导，并于1968年登月前一年上映。这是一部具有里程碑意义的科幻电影，尤其是在它对人工智能的描绘方面，具体体现在"发现号"飞船上的电脑哈尔9000（HAL 9000）上。

这部电影由三幕组成，神秘的黑方碑将其连接起来。在第一幕中，原始类人猿显然是从方碑（它奇怪地出现在大草原上）中学习如何使用骨头作为武器并用它杀死敌对部落的成员。第二幕较长，讲述的是宇航员戴夫·鲍曼［Dave Bowman，凯尔·杜拉（Keir Dullea）饰］和弗兰克·普尔［Frank Poole，格里·洛克伍德（Gary Lockwood）饰］乘"发现号"宇宙飞船前往木星的旅程。影片的第三幕主要讲述了鲍曼在太空中穿越一个奇怪的、迷幻的领域，到达木星的旅程。他与方碑、与自我、与迅速衰老的年纪以及在太空中漂浮在地球影像旁边的胎儿形状"星球婴儿"的相遇——如此种种，都指向一个谜一样的乌托邦式结局。

据说"哈尔"（HAL）这个名字来源于字母表中"IBM"所分别对应的前一个字母，它利用了将机器智能作为潜在破坏性力量的主题，与影片主题形成呼应。哈尔最初被描述为人类船员的仆人，但后来，它开始变得偏执甚至狂妄，并试图杀死除戴夫之外的所有船员——一部分原因是它认为自己比人类更理性，也比人类更高级。最终，哈尔被关闭了，它回归到唱着儿童歌曲《黛西，黛西》的"孩童时代"——这是它在1957年播放的第一首歌曲。［保罗·N. 爱德华（Paul N. Edwards），1996］与后来出现的"终结者"系列影片的表现形式一样，"先进技术将会带来毁灭"这种思想的早期代表可以追溯至影片《禁忌星球》（*Forbidden Planet*）。哈尔的存在显示了人们对于机器智能和技术影响的焦虑感，而类似的情绪在大众媒体领域中也同样存在，如社会现象"御宅族"。然而，哈尔也意味着一种类似于改进人机界面的目标。例如，微软公司正致力于自然语言的处理问题，其理论目标是开发一种能够理解人类语言并能以英语或其他语言进行回复的计算机。类似的目标也存在于代理人程序软件的开发中，即创建一个类似人或某个角色的界面，用户可以与之"交谈"。

另请参阅：人工智能、《银翼杀手》

更多资源：保罗·N. 爱德华（Paul N. Edwards, 1996）、大卫·G. 史托克（David G. Stork, 1998）

通用存取

通用存取是美国的政策目标，旨在确保所有人都能获得通信能力。这项政策最初意味着设立交叉补贴，即利用城市电话在使用过程中所产生的利润，以低于实际成本的价格为农村提供电话服务。许多人试图把这个概念应用于互联网。人们普遍认为该政策是没有必要的，因为市场力量很快就能使每个人都可以参与进来。

另请参阅：访问、公共广播

UNIX 系统

UNIX系统是一种提供多用户界面的操作系统，它允许多人同时使用计算机。根据一些定义，UNIX最初代表UNiplexed信息和计算系统（或写作"Unics"）。它是关于早期类似的操作系统Multics的文字游戏。尽管UNIX本身就是一种重要的操作系统，但更重要的是它为LINUX和苹果的OSX奠定了基础。其中，LINUX是目前可用的最重要的开源软件之一。

统一资源定位符

统一资源定位符是指所有数据块（如网页上的文件或页面）的互联网"地址"。一个统一资源定位符的格式为"通信协议://主机号/端口号"。其中，第一部分用于获取给定数据片段的"通信协议"。对于网页页面而言，这份协议通常是超文本传输协议。"主机号"部分用于标识存储数据的服务器，其余部分则用于在该服务器上提供其特定地址。

另请参阅：超文本传输协议、传输控制协议/网际网络协议、万维网

易用性

由于基于文本的媒体需要使用键盘和鼠标，因此，有很大比例的人都无法访问计算机中介通信（如电子邮件、论坛和世界性新闻组网络与万维网提供的在线自助服务）。人们常常从数字鸿沟的角度来讨论新技术难以使用的状况，因为很多人都无法使用传统的信息通信技术交互手段，这些技术手段往往是由来自北美的年轻白人男性工程师设计的。

对于外行而言，人机界面的设计是混乱、违背直觉、过于复杂而令人难以参与其中的。当然，这一领域目前已经取得了巨大的进步：操作系统已经从使用大量难以理解的类型化命令变成了Windows等系统的图形用户界面，而后者更加便于用户访问。尤其是在自然语言处理（即使用普通话的语音命令）和代理人程序的使用方面，更为重大的进步也出现了：使用者将能够与计算机直接进行"面对面"交互。如果这些发展能够实现，一种类似于人与人之间进行交流的人机交互界面将会取代我们目前的操作系统。在撰写本书期间，计算机与人之间的交互还难以实现，即便

是在一个非常基础的水平上。那些在家和工作场所使用电脑的人希望获得技术支持的迫切需求就是最好的证明。

"语言"可以成为"易用性"的主要边界。实际上，网络与"万维化"还相去甚远。举例来说，除了世界上大多数人在第一次接触到信息通信技术时遇到的困难（参见"数字鸿沟"）之外，只有使用官话和古吉拉蒂语说话和写作的人可能发现他们的语言和文化在网络上没有得到很好的体现，尽管网络上正在出现越来越多的国家的文化。

在撰写本书期间，如果网页页面等资源能够被准确地翻译，那么语言将可能不再是实现易用性的重要障碍。许多主流软件包已经能够处理世界语言所需要的各种字符集，包括用这些语言提供它们所需要的命令和帮助系统。但是，除美国以外，谁才是世界代表？这一问题也将取决于全球数字鸿沟的解决程度。

任何以英语为主要语言但不识字或读写能力不强的人都无法使用网页或应用程序等资源。因此，往往与社会和经济排斥联系在一起的教育问题也是我们在解决数字鸿沟问题时必须面对的。如前所述，随着时间的推移，人机界面的交互可能会趋向于以语音为基础，这为那些可能永远无法获得足够的识字技能者提供了潜在的访问机会。

此外，患有关节炎或其他疾病的老年人在使用鼠标和键盘方面会有难度；还有一些人甚至压根无法进行已有的信息通信技术互动。许多人将会发现他们难以阅读电脑屏幕，因为他们或有视觉障碍，或因眼盲而无法阅读。

事实上，包括借助鼠标以外的设备和键盘的替代品在内的修改硬件方案数量众多。人们可以用软件和硬件的组合对标准操作系统和应用程序进行修改，特别是语音命令（尽管这对于一些残疾人来说仍然不可行）。此外，网页浏览和计算机中介通信功能也可以由不需要与计算机进行物理交互的语音浏览器或电子邮件客户机来提供。

对于需要获取这些修正的人而言，在本质上存在着两个问题。首先是成本的问题，因为残疾人可能会发现自己获得工作保障变得更难，而福利或救助部门又往往不会为方便残疾人使用互联网和信息通信技术而采取的计算机改进计划提供资金。其次是思路的问题，硬件和软件的基本设计往往并没有将残疾人的需求充分考虑进去。事实上，大家对于这一点是没有任何想法的。

部分网站的存在再一次证明了残疾人无法很好地使用信息通信技术的事实。很多网站在设计方面都以牺牲导航为代价，将重点放在对视觉效果的追求上。这可能会令很多使用者感到尴尬，尤其是那些无法以传统方式使用电脑的人。许多网站对于盲人或视障人士所使用的"会说话的浏览器"表示无法理解。另一些网站界面则需要较高的精确度，对于那些无法轻松地使用鼠标等指向性设备的人而言，他们将难以获得导航。

作为对网页无障碍的回应，万维网联盟发起了无障碍网页倡议，该倡议旨在通过技术、指南、工具、教育和推广、研发这几个主要的工作领域推进网页无障碍工作。从本质上讲，这项工作涉及提供易导航型网页，这个网页对于任何希望使用它的人而言都应该是在最大程度上具备易用性的。

另请参阅：访问、数字鸿沟、超文本标记语言

更多资源：雅各布·尼尔森（Jakob Nielsen, 2000），www.w3.org/WAI

世界性新闻组网络

世界性新闻组网络是一种计算机中介通信系统，由汤姆·特拉斯科特（Tom Truscott）、吉姆·艾利斯（Jim Ellis）和史蒂夫·贝拉文（Steve Bellovin）三名研究生于1979年底发明于美国

北卡罗来纳州。在世界性新闻组网络当中，程序员们将会优化新闻阅读和组织软件，并为其提供多个版本。用户将能够通过大多数电子邮件客户端（即用于阅读和发送电子邮件的软件）和网页来对世界性新闻组网络进行访问。

世界性新闻组网络通常被定义为一个在全球范围内的分布式讨论系统，由它所承载的数千个电子论坛被称为新闻组。新闻组是世界性新闻组网络的一种异步形式，它意味着参与者不能像在互联网中继聊天这样的系统中直接进行交谈。新闻组的工作方式就像电子告示板或电子布告栏一样，一个人可以在上面"发布"一条消息，然后其他访问新闻组的人可以阅读它。新闻组和电子布告栏系统的区别在于，新闻组的任何人都对其阅读内容进行回复，且访问该新闻组的任何人都可以阅读到这条回复。

一旦原始帖子收到了一条或多条回复，软件就会将它们按时间顺序排列并将其发布于同一个主题帖的"线程"当中，排序的机制以原始帖子的标题为根据。如果需要将这些回复放在一个相同的线程中，那么对于该帖子的回复也将会得到保留。

将这些消息组织成线程的方式非常重要，因为它们能够使杂乱的新闻组变得有序。这些新闻组在任何时候可能都有数百个帖子，在线程的帮助下，新闻组网络的访问者将可以根据他自身兴趣有选择地阅读关于某个主题的所有帖子。

世界性新闻组网络是一个开放的系统，任何人都可以访问和使用它。然而，它在某些方面会受到一定程度的限制，特别是新组别的生成方面。想要创建新闻组的人并不能简单地直接去创建，而是必须要去联系被称作"新闻管理员"的相关人士。此联系可以通过新闻管理员维护的新闻组来进行。此外，关于如何在世界性新闻组网络上进行表现的规则被称为"网络礼仪"。在实践中，一个新闻组一旦成立，网络礼仪有时就可能会被忽略，除非该群组中有一个能够阻止某些帖子出现的版主。出现在新闻组中的侮辱性信息通常被称为"网络论战",访问新闻组并故意挑起争斗或争论的人则通常被称为"网络白目"。

存在于世界性新闻组网络上的新闻组通常是根据其广泛的主题来进行组织的。个人可以在新闻组列表中搜索,这样很容易就能够找到自己感兴趣的新闻组。在世界性新闻组网络中,那些按照广泛主题进行的分类被称为"新闻组层次结构",而新闻组所在的层次结构则构成其名称的第一部分。新闻组的层次结构是相当多的,一些比较常用的层次结构包括"替代"①、商业、计算机、杂项、休闲娱乐等。

除了包含一个用来确定其广泛主题的层次名称外,位于美国以外的新闻组还将包括一个用于确定其所在国家的层次名称。这些层级名称的含义是不需要解释的,比如"uk."代表英国、"jp."代表日本。此外,新闻组名称还能更详细地解释该新闻组的主题,如下例所示:

• 英国.人.残疾("uk.people.disability")表示一个为残疾人设立的英国新闻组;

• 替代.支持.抑郁症("alt.support.depression")表示一个为抑郁症患者提供支持的替代性新闻组。因为它的名称不包含国家标识符,所以它是美国的新闻组;

• 休闲娱乐.艺术.小说.托尔金("rec.arts.books.tolkien")表示一个面向 J. R. R. 托尔金(J. R. R. Tolkien)小说的读者群体的美国休闲娱乐新闻组;

• 替代.动物.饲养员.兔子("alt.animals.breeders.rabbits")表示一个向那些对饲养兔子感兴趣的人提供服务的美国替代性新闻组。

---

① alt.,即 alternative,意思是"在这个组可以讨论各类话题"。出处:张国鸣、严体华:《网络管理员教程(第 2 版)》,清华大学出版社,2009 年,第 20 页。——译者注

那些未受控新闻组^①往往拥有绝对的言论自由。因此，在某些新闻组中存在着包括种族主义者、厌女症患者和法西斯分子的观点在内的一系列非常无礼的材料。当然，这种不受监管的现象在万维网等其他网络中也存在。

更多资源：ftp.faqs.org/faqs/usenet，www.usenet.org，www.use-net.org.uk

增值网络

增值网络是建立在基本电信网络上的增强型服务，例如电子邮件和电子银行。

Vchat 聊天

见"互联网中继聊天"

V 芯片

V 芯片是一种可以安装在电视机上的、用来屏蔽"令人反感的"材料的电子设备。这些材料是通过对电视信号中的某一个被编码的指标进行检测而被筛查出来的。

视频游戏

见"游戏"

---

① 出处：www.worldhello.net/doc/inn_howto/ar01s04s09.html（访问时间 2019 年 6 月 12 日）——译者注

虚拟聊天室

见"聊天室"

虚拟社区

"虚拟社区"是一个由霍华德·莱因戈德提出并进行推广的术语。该术语后用于描述"在线技术如何帮助创建那些大致或完全虚拟的社区"这一问题。

更多资源：霍华德·莱因戈德（Howard Rheingold，1993）

虚拟组织

见"网络组织"

虚拟现实技术

"虚拟现实技术"是一个用于描述计算机系统的术语。该技术创建了实时的3D音频和视觉体验，描绘了对现实或想象中的现实的模拟图景。该术语最初仅指一个人可以真正沉浸于其所处的环境之中，用户需要借助耳机和数据手套才能看到虚拟现实场景并与之互动。在20世纪90年代中期，虚拟现实技术被视为人机界面的下一个发展阶段。它可以模拟一个现实，在这个模拟现实中，一个人可以获得与真实世界相类似的漫步体验。然而，早期在游戏中使用虚拟现实技术的实验结果却让那些支持虚拟现实技术的人大失所望。进行虚拟现实游戏所需要的耳机极为笨重，而且虚拟现实技术本身的体验令很多人感觉晕头转向又恶心。尽管早期的虚拟现实游戏耗费了大量的计算能力，但其环境却易于流向单调和缺乏特征。同样的问题也出现在将虚拟现实技术加入其他应用程序的过程当中。

这一术语现在被更广泛地用于描述3D建模、3D模拟以及对于3D环境的想象：诸如飞行模拟器之类的大型设备将会使用高级3D建模，军事模拟器也是如此。在万维网上，超文本标记语言经常与虚拟实境标记语言一起使用。虚拟实境标记语言可以被视为一种用于发布3D网页页面的多平台语言。当网页页面上的某些内容以三维形式显示时，就会用到这种语言，尽管它实际上所呈现的不过是3D的二维错觉。关于虚拟现实技术，常见的应用包括在线游戏、工程与科学模型、3D教育网站和3D建筑模型。

此外，该术语也用于描述那些在广泛应用中被投入使用的其他3D建模系统。例如，一个为电视节目创建屏幕演播室的应用程序有时会被描述为一个虚拟现实应用程序。该程序向观众展示了一位坐在奢华场景前的主持人，而实际上他/她只是坐在一个蓝色屏幕前面。真正意义上的虚拟现实技术意味着所有的感官都被电脑所控制且存在着一个真实的3D展示。类似的场景被赛博朋克作者广泛地用于描述想象中的计算机网络。

更多资源：www.web3d.org，www.vrs.org.uk

虚拟实境标记语言

见"虚拟现实技术"

虚拟社会支持

虚拟社会支持指的是以计算机中介通信为媒介，由获得卫生保健帮助和有相关需求的人利用计算机中介通信来实现自助服务和获得社会支持，这被称为虚拟社会支持。理解这一概念最简单的方法是想象一个在线版的"互助小组"：该小组由具有相同需求的人组成，他们为彼此提供社会支持和实际支持，这与地区性的匿名戒酒互助会非常类似。在线虚拟社会支持小组无须每周远赴某个特定的地方参加例行会议，而仅以虚拟形式在世界性新闻组网络上的新闻组、互联网中继聊天频道或聊天室里开会即可。在某些情况下，他们还可能会使用其他类型的虚拟共享空间，如多用户域。

自助的基础是经验的共享，而非专业知识或专业意见的指导。虚拟社会支持为人们提供了来自他人的支持，这些人要么与自己有着相同的健康问题，要么与自己有着相同的经历。与拥有相同需求和经验的其他人进行接触，从中收获的理解和支持是再优秀的专业人士也比不了的。

社会支持有时会用以下两种理论进行讨论。一种是"缓冲"理论，即社会支持会在个人面临疾病和压力时发挥积极作用；另一种是"主效应"模型，即认为社会支持拥有持续且普遍有益的作用。一系列社会资源被用来应对压力，这反过来既减少了健康问题出现的可能性，同时又能够在健康问题出现时发挥积极作用。雅各布·科恩（Jacob Cohen）和托马斯·威尔斯（Thomas Wills）（1985:313）制作了一张尊重支持列表，其中包含以下几部分：一个人被尊重和被接受的信息部分；信息支持部分，即为定义、理解和应对问题性事件所提供的帮助；社会交往部分，即花时间与他人进行休闲或娱乐活动；工具支持部分，即提供经济援助、物质资源和需要服务，以此作为社会支持的主要形式。

虚拟社会支持在许多重要方面不同于传统的自助或支持团体。虚拟自助是全球性的，因此，任何能够访问互联网的人都可以使用这些在线群组。目前，对互联网的访问严重向北美、英国和其他西欧国家的高收入家庭倾斜（见"数字鸿沟"）。在撰写本书期间，这一现状使使用虚拟社会支持仅仅是中产阶级才可以追求的事情。［罗格·伯鲁斯和沙拉·内特顿（Sarah

Nettleton），2000］人们在任何时候都可以访问这些虚拟社会支持群组，而国际上所使用的群组每天都至少会有一些参与者能够保证24小时在线。在一个自助小组的建立过程中，从寻找成员到确定合适的地点，线上后勤方面的问题从来都是无须担心的。对于大多数人在医疗或其他方面的需求，一个在线自助小组可能只需要点击几下鼠标就可以解决。

虚拟社会支持提供了一种与"真正的"自助或支持小组形式不同的、定性的社会支持。斯蒂文·芒沙（Steven Muncer，2000b）等人认为，虽然虚拟自助可以提供社交伙伴、信息支持和尊重支持，但它并不能提供工具性支持或实际支持。从某种程度上说，这反映在一个相当明显的事实当中，即团队成员不会发生实际意义上的物理性相遇。此外，这还意味着另一个重要的发现，即这些虚拟自助团体通常没有稳定的成员。因此，虚拟小组中的成员关系无法以与"真正的"支持或自助小组同样的方式形成。

诺尔曼·K.德津（1998）等评论家表示，北美人对虚拟自助的热情源自他们对自助与科技的热爱的二者融合。然而，研究表明英国人也正在使用虚拟社会支持。他们有时访问北美团体，有时建立自己的在线支持团体来使用虚拟社会支持。罗格·伯鲁斯和沙拉·内特顿（2000）等评论家认为，在英国使用虚拟自助的语境是最有趣的。他们认为对虚拟自助的使用实际上是人们对日常生活中新的不确定性的一种反应。随着人们对医疗专业人士在内的专业人士群体的信心不断下降，被英国医生称作"网络病人"（如互联网用户）的新现象出现了。"网络病人"通常是指中产阶级的专业人士，他们会带着一大堆打印出来的内容来到手术现场。这些内容有的来自网络，有的来自虚拟自助小组。在那里，这些病人已经同与他有着同样健康问题的人完成了意见交换。对于医生来说，这意味着他将要和一个对治疗方案有着相当坚定的自我主见的病人打交道。

一旦这种情况发生，虚拟社会支持就会被视为对专业人士角色的潜在威胁。虚拟社会支持可能会使个人对于医生诊断的准确性提出质疑。尽管这的确是一种明显的进步，然而，已有证据表明关于健康问题的低质量或错误信息已经出现在互联网上，并通过虚拟自助小组传播。这就在无形中增加了专业医疗建议被忽视的危险性和病人做出危及自身行为的风险性。

与虚拟社交支持相关的其他问题包括互联网和大多数计算机媒介通信不受管制的性质。易受攻击的用户可能会访问支持虚拟社交的在线环境并由此产生负面体验。例如，此类群体可能成为施虐者的目标（见"网络白目"）。他们自身也可能在这样的环境下受到危害，与儿童使用互联网一样的恐惧由此产生。同样的，虚拟自助和互助小组也可能被那些没有分享健康问题也没有对正在讨论的问题提供支援的偷窥者所使用，他们使用这些小组的方式可能与一些流行电视节目将个人的痛苦表现为大众娱乐的方式差不多。

在撰写本书期间，虚拟社会支持的意义尚不明晰。网上有戒酒匿名会的虚拟社会支持团体、针对受虐儿童幸存者的在线团体、残疾人的团体、关节炎病人的团体，还有很多其他的团体。很明显，人们建立了这些群体并使用它们。然而，在互联网上众多的电子布告栏、新闻组和互联网中继聊天频道中，这些群体似乎只代表了少数人。在撰书期间，虚拟社会支持的存在形式可能与现有的计算机中介通信的形式关系密切。目前，匿名性是虚拟社会支持的吸引力之一，但这一特性是技术条件限制下不得已而为之的结果，而非经过深思熟虑的设计产物。随着技术的发展，这些虚拟社会支持群体可能不得不随之做出改变。此外，虚拟社会支持的使用者似乎以相对受过教育且富裕的中产阶级为主，这将会限制对于其他群体的吸引力。

更多资源：罗格·伯鲁斯（Roger Burrows）和沙拉·内特顿（Sarah Nettleton）（2000），诺尔曼·K. 德津（Norman K. Denzin, 1998），尼古拉斯·普利斯（Nicholas Pleace）等（2000、2001），史蒂文·芒沙（Steven Muncer）等（2000b）

病毒

计算机病毒是对计算机运行产生特殊影响的程序。简单来说，病毒是一种能够自我复制的软件。病毒通过"被感染"的磁盘从一台电脑传播到另一台电脑，电子邮件是更常见的传播方式（见"蠕虫"）。该术语与某些导致控制台受到"损害"的程序（见"特洛伊木马病毒"）有关，且经常与黑客活动相联系，进而导致同样的道德危机。一个完整的反病毒产业已经发展起来了，该产业旨在帮助计算机用户处理来自于病毒程序的负面影响，其手段包括类似于疫苗和解毒剂的病毒扫描软件等。

除影响计算机之外，病毒还对计算机用户产生特别的影响——最常见的是恐慌情绪。病毒的出现令我们对电脑的焦虑变得显而易见，同时也显示出我们对电脑内部的理解何其糟糕。然而，一些评论家认为病毒在赛博文化中也发挥了重要的作用，而且这种作用是创造性的，而非破坏性的——尽管人们对于病毒及始作俑者最常见的描述是强调其破坏性。

被命名为"爱虫病毒"的蠕虫病毒在2000年5月前后传播开来，这一事实有力地证明了恶意使用互联网的可能性。"爱虫病毒"是一种电子邮件病毒，它以"我爱你"为标题，并带有一个写有"请检查附件中我发给你的情书"字样的诱人附件——谁能抵抗打开这样一封电子邮件的诱惑呢？

从5月初那几天的证据来看，并没有多少人受该病毒的侵害。然而，截至防病毒警告发布、反病毒行业介入之前，"爱虫病毒"已经造成了10亿美元的"损失"。它的影响遍及网络世界,传播速度也相当惊人。

人们围绕"爱虫病毒"所产生的恐慌显然是真实的。电脑受到感染和影响意味着生意中断、金钱损失且生活无法继续。此外,围绕"爱虫病毒"的媒体报道再次引发了人们关于黑客、病毒以及计算机文化中的安全问题和由此产生的焦虑情绪的争论。德博拉·拉普顿(1994)对之前媒体关于计算机病毒的报道进行了解构,她将它们重新解读为"计算机恐慌"("panic computing")的例证。对她来说,把流氓编程定义为"病毒",这一过程包含着很多意义:

> 将一种计算机技术故障命名为"病毒",这是一种意义重大且具有象征意义的语言隐喻选择。它被用来在原本不相关的主语和对象之间建立某种联系,进而赋予我们所不熟悉的事件以意义,将抽象的感觉和无形的过程具体化。
>
> (德博拉·拉普顿,1994:557)

对拉普顿而言,"病毒"一词的使用伴随着一个道德议程,即关于危险、风险、信任和保护的道德危机已经从另一场全球性病毒危机——艾滋病病毒/艾滋病当中蔓延开来。在追踪健康话语和计算机话语相似之处的过程当中,她发现在这两者之间,同样的逻辑起着作用:关于安全性行为的必要事项是围绕安全软件进行重写的 [也见安德鲁·罗斯(Andrew Ross),2000],计算机用户是被吸引到关于安全、风险和污染的话语当中的。"爱虫病毒"通过承诺爱情引诱我们做出"冒险"的行为,进而使"性"主题得到强化——它有意利用工作场所的电子邮件来发送私人的,甚至是私密的信息。此外,这种病毒还显示了互联网的脆弱性,并颠覆了其分散特性——至少在一段时间内,它在促进病毒在网络上迅速传播的同时,使病毒始作俑者隐藏起来了。当然，病毒始作俑者一旦被发现，他将会遭受现已熟悉的互联网妖魔化过程的影响。这种妖魔化过程致力于将黑客标记为异常者。（安德鲁·罗斯，2000）

然而，面对媒体恐慌的浪潮，其他评论人士对病毒的看法更加富有成效。例如朱利安·迪贝尔（1995）在其论文《病毒对你有好处》（"Viruses are good for you"）中，试图通过将病毒重新定义为"自主复制的计算机程序"来消除病毒恐慌——他试图将其视为一种存在于计算机网络"生态"中的人工生命形式。正如他所说，此举的目的就是为了驳斥我们当前面对病毒反应的"困惑与恐惧的混合情绪"："克服我们对计算机病毒的恐惧，可能是我们朝着信息处理的未来迈出的最重要的一步。"与赛博文化中的其他反文化元素一样，病毒编写在这里被重新视作一种创造性活动，它可以产生积极的效益——比如软件创新。马克·路德维希（1996a:19）同样认为"计算机病毒不是邪恶的"；"程序员有权利创造、拥有、实验它们"。他还补充道："病毒可以是有用且有趣的，而且只是普通的乐趣。"他对病毒定义的扩展目的在于摆脱病毒在人们心中的恶劣形象：

> ……计算机病毒本身没有破坏性。计算机程序之所以被归类为病毒，根本原因并不在于它破坏数据的能力，而是它控制计算机并复制自身功能的能力。它可以进行繁殖。当它被执行时，它会生成一个或多个自身副本。
>
> （马克·路德维希，1996a:29; 原文重点所在）

同样的，为了拓宽我们在计算机病毒世界的视野，朱利安·迪贝尔勾勒了程序员的动机：从程序员发展到人性扭曲或充满报复性的黑客，需要走很长一段路。他重申，人们围绕黑客所产生的道德恐慌已经掩盖了黑客行为在计算机进化过程中所起到的核心作用，他还指出大多数病毒没有破坏性的目标——它们是一种展示编程技能的方式，也是一种测试和改进当前系统的方式。内嵌于病毒中的破坏性应用程序或恶作剧通常只能真正起到提供病毒"特征"的作用。对于一名黑客而言，迪贝尔将病毒描述为"电子涂鸦"——它有时只是恶作剧，有时是恶意的，但更多时候是一种强有力的象征性方式，用来展示赛博文化中的编程技能和创造性，展示你是谁、你在哪里，以及你对自己行为的确认。

当然，其他病毒始作俑者有着不同的动机。有些人对人工生命感兴趣，对他们来说，病毒是在赛博空间创造新生命形式的第一步。他们会对那些"在野外"的计算机病毒进行收集和观察，进而发掘这些病毒在计算机、进化和人工生命方面所存在的可能性。而对于其他的"繁殖型"病毒，则令它们在隔离机（如"虚拟狩猎公园"）中进行混合，观察编程解决方案在这些生态系统中的演进状况，并寻找可能被用于新用途的飞跃性进化方案——例如创建智能代理人程序或其他软件解决方案。

然而，在一篇关于计算机病毒和进化的论文中，马克·路德维希（1996b）对在赛博空间中创建自我复制、进化的程序的结果提出了带有些许悲观，或者至少是谨慎的观点。正如他的问题："一个主要由进化而来的病毒将会变成什么样？"（马克·路德维希，1996b:243）将达尔文的进化论逻辑应用于计算机病毒，路德维希认为自供型病毒将能够轻易破坏计算机矩阵的稳定性，就像生物病毒可以战胜宿主一样。一如关于计算机失控的其他担忧，路德维希担心我们可能会在无意中释放出病毒的生命形式，而这些生命形式可能会对我们不利。他总结道：

> 我们现在还没有理由相信，在电子世界不会发生类似的事情[1]。如果电子病毒真的产生了生命形式，我们没有准备好迎接它，期待它。我们无法控制它的形状，也不知道它将

---

[1] "类似的事情"指电子病毒产生出生命形式——译者注

如何走向终结……我们经常想象着计算机会通过拥有比人类（科学）更高智慧方式来征服人类（科学）。但不要忘了，我们还有可能会被一些擅长操纵我们的感官、感觉和欲望的、非常愚蠢的东西征服。

（马克·路德维希，1996b：246）

举例来说，通过学习"爱虫病毒"，电脑病毒将可以找到它所需要的情感按钮，进而促使人类做出必要的反应，就像生物病毒巧妙地利用我们的弱点创造复制和传播的机会一样。因此，一种相对"原始"的病毒可能会产生灾难性的影响。

病毒最终还是会引起恐慌，因为我们大多数人想到它的情景就是我们收到一封电子邮件的病毒警告，或者大众媒体报道了更大型的病毒的时候，如"爱虫病毒"。在这种恐慌逻辑之下，试图更宽容地理解计算机病毒的不同形式和所扮演的不同角色是很困难的。但是，正如迪贝尔和路德维希所言，如果我们想要享受计算机所带来的好处，那我们也需要承担计算机病毒所带来的相应风险。这是必要的。

另请参阅：人工生命、黑客

更多资源：朱利安·迪贝尔（Julian Dibbell，1995），马克·路德维希（Mark Ludwig，1996a、1996b），德博拉·拉普顿（Deborah Lupton，1994）

可视人项目

美国国家医学图书馆的可视人项目以一种独特而非凡的方式将生物医学和赛博空间结合在一起。该项目源于美国国家医学图书馆对于制作人体数字档案的兴趣，该档案将被作为研究和教学的生物医学资源以及开发远程医疗技术的辅助工具。作为该项目的研究成果，"可视男人"和"可视女人"使用了一系列的医学成像和计算技术，构建了完整的、拥有详细的解剖学信息的三维虚拟人类尸体效果图。那些捐赠来的尸体（即那些被选中作为代表的、或"典型"或"正常"的身体）经过核磁共振扫描，再被冻结在明胶中至−85°C并再次进行扫描，最后被切片（尸体将会被切成成千上万0.3毫米到1毫米厚的薄片）和反复拍摄。到此为止，这具尸体的每一层都已经被刨掉，成为尘埃。由此产生的数字化图像可以在计算机程序的操纵下无限地进行重新组合。荧幕上的动画效果"飞快变换"着，在任何选定的平面上的横截面、病理重建、对于身体内部特定部分或系统（如骨骼、循环系统）的探索——如此种种都将可以实现，许多例子都将能够从线上获得。在赛博空间中，可视人永远可以被用于科学领域、教育领域（毋宁说娱乐领域）。

关于可视人项目的另一面可能更具有轰动效应。捐赠的这具"可视男人"尸体之后被证明是杀人犯约瑟·保罗·杰尼根（Joseph Paul Jernigan）的尸体，在度过12年铁窗生涯后，他于1993年在德克萨斯州被执行注射死刑。这些传记资料使人们提出了刑事机构作为生物医学规范的地位、囚犯权利等问题。[丽莎·卡尔托拉特（Lisa Cartwright），2000]而这位引人注目的"可视女人"的尸体则不像前者那样具有如此大的吸引力，人们只知道她是马里兰州一位匿名的59岁家庭主妇，死于心脏病。

可视人项目在科学家群体中引发了"扮演上帝"或"干涉自然"的恐慌，并促使弗兰肯斯坦（Frankensteinian）将其解读为单性生殖（即没有女性的男性自我繁殖）的又一次尝试。例如，沙拉·肯博（Sarah Kember，1999）就提供了这种分析。当然，在流行文化领域，弗兰肯斯坦式恐惧则是人们对科学所做出的普遍反应，因为可视人项目在赛博空间中的出现与一系列涉及虚拟身体和身份问题的好莱坞的"网络惊悚片"情节段落不谋而合，其中包括《21世纪的前一天》《捍卫机密》和《网络惊魂》。

（见克劳蒂亚·斯普林格，1999）从这个意义上说，可视人项目将科幻带入了生活。想要研究可视人项目，还必须阅读与流行文化以及生物医学相关的书籍。作为赛博空间对人体进行重置的非凡表现，可视人项目属于一个世系。在这个世系中还包括赛博格、后人类以及各种形式的人工生命。事实上，正如凯瑟琳·沃德比（Catherine Waldby，2000）在其关于可视人项目的优秀著作中所写的那样，这些数据化身体为我们思考身体在赛博文化中的地位问题提供了许多方法。

另请参阅：身体、身份

更多资源：丽莎·卡尔托拉特（Lisa Cartwright，2000）、沙拉·肯博（Sarah Kember，1999）、凯瑟琳·沃德比（Catherine Waldby，2000）

语音邮件

语音邮件是将语音信息存储在网络上，以便接收方随后进行检索的一种方式。

件

计算机的机械部件和电子部件，如硅芯片、屏幕、键盘和磁盘等被统称为硬件，即赛博文化的物质实体。而程序、文件等都是软件。它们一般储存在硬件内部或被刻在硬件上，硬件因而能够运行，我们也因此能够使用硬件设备。换而言之，未经编程的计算机是无用的。使人们能够共享文档、协同工作的软件被称为群件。那些在互联网上免费发布的程序有时被称为共享软件或免费软件——信息自由的概念是赛博文化中一个重要而有争议的因素。盗版软件则被称为"破解软件"（warez）。在某些圈子里，尤其是在那些对赛博朋克持同情态度或秉承后人类精神的圈子中，大脑被称为"湿件"。

另请参阅：赛博朋克、隐私

破解软件

见"盗版"

网页

见"万维网"

网页浏览器

见"万维网"

网络摄像机

作为数码相机的一种，网络摄像机的设计目的在于捕捉移动和静止的图像，它能够提供适合在互联网上进行传送的输出格式。许多网络摄像机站点只是简单地显示不同城镇的街道，以及许多其他不同的主题和地点。最早通过互联网发送图像的实验之一是在剑桥大学计算机系进行的，该部门通过互联网发送本校的特洛伊房间咖啡机的图像。此外，一些人已经开始使用这种网络摄像机技术在互联网上传播他们的部分或全部生活。

更多资源：关于特洛伊房间咖啡机的简史可以在www.cl.cam.ac.uk/coffee/coffee.htm中进行查阅；虽然这台咖啡机最终在2001年8月22日关闭，但无可置疑的是它的确提供过出色的服务。

网站管理员

经营网站的人被称为"网站管理员"。

另请参阅：万维网

维基百科

根据沃德·坎宁安（Ward Cunningham）最初的描述，维基百科是"最简单且可能有效的在线数据库"。作为一种服务器应用程序，维基百科允许人们使用网页浏览器创建和编辑网页页面内容。维基百科支持超链接，并用简单的文本语法来创建新页面以及内部页面之间的交叉链接。维基百科支持"开源编辑"方式。通过这种方法，除对百科内容本身进行修改之外，用户还可以对他人对该内容的修改进行再一次的修改，以此作为对内容的补充。尽管维基百科的基本模型允许任何人对维基百科上的任何内容进行编辑，但维基百科同样可以启用一些限制来减少完全开放的可编辑策略所带来的潜在性危害。作为波特兰模式存储库（Portland Pattern Repository，c2.com/cgi/wiki?PortlandPatternRepository）的自动补充，第一个维基百科网站于1995年正式推出，它被面向对象的编程模式语言社区用于发布和审查其模式理念。

更多资源：波·洛夫（Bo Leuf）和沃德·坎宁安（Ward Cunningham）（2001），wiki.org

《连线》

《连线》（*Wired*）是一本美国杂志，它记录了信息通信技术的种种优点并对其进行详细的描述和颂扬。从某种意义上说，它的言论反映了早期互联网乐观主义者霍华德·莱因戈德的观点：互联网有可能推动产生新的社会互动模式和社区形式。在这些早期的互联网乐观主义者看来，网络世界是一个平等的世界；在这个世界里，时间、空间和习俗带来的交流障碍可以被克服，共同利益的社区可以得到发展。尽管把《连线》杂志视为对这些观点的简单表达稍显夸张，但在其文章中，既有加州和右翼对待个人自由的态度，也有对商业和信息通信技术市场的浓厚兴趣。《连线》杂志曾对赛博文化的方方面面进行过讨论，因此，这本杂志及其在www.wired.com上的在线存档可被视为记录我们在与信息通信技术的关系方面不断变化的态度和趋势的重要资料：

> 《连线》杂志是一部为未来而记录的杂志。它大胆、引人注目、具有创新性、勇敢且有见地。它不仅面向掌握高科技和具备商业头脑的专业人士，同时也面向高瞻远瞩、文化嗅觉敏锐和对信息通信技术纯粹好奇的人。

更多资源：www.wired.com

无线

"无线"是一个通用术语，用来描述设备和信息通信技术之间不需要通过电缆就能相互通信的技术。这些设备目前使用的是IEEE 802.11b[①]标准。以蓝牙技术为例，我们只需将其置于"热点"（即提供无线网络连接的服务所覆盖的区域）辐射范围内，设备就可以连接到互联网等网络。人们认为实现与网络之间的无线连接创造并增加了使用G3手机等手持设备的可能性，并使像"道路战士"这样的群体在任何地方都能够访问网络。这些技术可能具备远大于移动蜂窝电话的潜力。尽管如此，在撰写本书期

---

① IEEE 802.11b是无线局域网的一个标准。其载波的频率为2.4GHz，可提供1、2、5.5及11Mbit/s的多重传送速度——译者注

间，一些人还是会对无线设备持游移态度，他们认为G3技术的市场潜力并不像他们所想的那么大。这种担忧是在互联网公司繁荣和萧条的痛苦经历推动下产生的。

更多资源：www.bluetooth.com

无线应用协议

与超文本传输协议和文件传输协议等其他协议一样，无线应用协议也提供了一组涵盖了数字信息传输过程的通用指令。在这种情况下，该协议包括向移动电话和类似的移动设备发送无线内容。无线应用协议是在无线星球（Unwired Planet）、摩托罗拉（Motorola）、诺基亚（Nokia）和埃里克森（Erickson）等公司的联合倡议下实行的。无线标记语言与超文本标记语言非常相似，而用于创建交互性的相关语言WMLScript脚本语言又与JavaScript语言存在联系。这些语言和互联网上所使用的语言的主要区别在于前者的设计涉及压缩问题，为的是在无线环境中节省传输带宽。无线标记语言创建了一个"卡片组"（每张卡片的大小与手机屏幕相当），而非超文本标记语言为全尺寸电脑显示器创建了"页面"。WMLScript脚本语言的工作方式与JavaScript语言则稍有不同，具体体现为将命令嵌入到页面（即一副卡片）中的工作方式不同，它仅仅向WMLScript脚本语言当中的统一资源定位符添加链接。

在撰写本书期间，无线应用协议看起来似乎并没有发展出路。第三代移动电话、平板电脑和手持电脑都能提供与台式机浏览器速度相当的网络访问方式，这也意味着在撰写本书期间，大多数手机都已经具备了无线应用协议功能。因此，为大多数手机的小屏幕优化而设计的低带宽无线应用协议服务是否会被开发？这一问题有待观察。

更多资源：www.wap.net，www.wapforum.org

万维网

万维网是指可以通过互联网访问的大量超文本文档的集合。1945年，美国的万尼瓦尔·布什（Vanevar Bush）在《大西洋月刊》（*Atlantic Monthly*）上发表了一篇文章，内容是关于一种叫作Memex的、用于存储器扩展的设备，它可以将微缩胶片（在计算机出现之前，由图书馆使用的微缩胶片）上的文档建立链接并追踪它们。文章介绍了一些与超文本相关的基础知识，如如何将一个文档链接到另一个文档。给定文档中的超文本链接使读者能够从该文档跳转到另一个文档，其中包含关于特定主题的更多细节，例如以超文本形式撰写的关于阿尔弗雷德·希区柯克（Alfred Hitchcock）电影的页面，可能会笼统地谈论他的事业并同时提供超链接，以便读者能够访问关于某个特定主题更多细节的其他文件。这个网页的部分摘录如下：

> 20世纪50年代，希区柯克拍摄了《迷魂记》（*Vertigo*）、《后窗》（*Rear Window*）等多部经典电影，并与演员詹姆斯·斯图尔特（James Stewart）建立了密切的工作关系。

每个带下划线的文本部分都提供了一个超链接，以链接到关于这个主题的更详细的文档。因此，阅读这个超文本页面的人可以选择跳转至关于《迷魂记》《后窗》和詹姆斯·斯图尔特的详细文档。

20世纪60年代，另一位美国人道格拉斯·卡尔·恩格尔巴特为万维网的发展迈出了新的一步。他创造了一个名为"在线系统"的模型，这个系统被缩写为NLS。这个系统还为我们提供了"在线"概念，它支持超文本浏览、编辑和电子邮件发送。

除了创建NLS系统外，恩格尔巴特还发明了一种名为"鼠标"的设备。

1989年3月，在欧洲核子研究中心（即位于日内瓦的欧洲粒子物理实验室）工作的一位名为提姆·柏纳·李的英国人给大家传阅了一份名为《信息管理：提案》（"Information Management: A Proposal"）的文件，向大家征求意见。这份提案提出了一种系统，该系统将在计算机上使用超文本作为组织和访问CERN数据的一种方式。该备忘录必须在5月份重新分发，然后柏纳·李才能够在9月份购买他的提议所需的计算设备，即NeXT盒子。在他与尼可拉·派罗（Nicola Pellow）、柏纳德·波洛曼（Bernard Pollerman）的通力合作下，他们终于在1989年圣诞节前开发出了一款具有可用性的超文本浏览编辑器。截至1990年5月，万维网的第一批要素在欧洲核子研究中心的某些机器上变为可用；三个月后，这批要素在互联网上也变为可用，尽管需要通过文件传输协议才能使用。柏纳·李随后发布了各种约定和协议以及大多数与之相关的软件，具体包括统一资源位符、超文本传输协议和超文本标记语言。以上种种无不促进了万维网的发展。

1993年4月，欧洲核子研究中心做出了一项具有里程碑意义的决定，即免费提供万维网技术（即任何人都可以免费访问万维网）。1993年2月，美国国家超级计算应用中心的马克·安德森（Marc Andreessen）完成了第一个真正的浏览器——火狐浏览器；同年9月，该应用中心为个人电脑、苹果电脑和UNIX电脑配备了这款浏览器。大众传媒热度最早在1993年末的英国和美国开始出现。

从1993年10月世界上已知的200个超文本传输协议服务器的情况来看，万维网已经扩展至一个巨大的规模。然而，在撰写本书期间，对于万维网更准确的描述应是"美国"网络，而非真正的"全球"网络。整个大陆、语言和文化乃至世界上大多数人口,在所谓的"万维网"上几乎或根本不存在(见"数字鸿沟")。

目前,柏纳·李是全球资讯网协会(W3C)的主席。该联盟提倡并开发所谓的"交互性操作"技术,旨在鼓励通用标准的推行和跨网络的高度可访问性的实现。更广泛地说,全球资讯网协会对柏纳·李的初衷是支持的,即将万维网建设成一个集信息、商业、通信和"集体理解"于一体的论坛。全球资讯网协会最近的工作包括创建网页无障碍推进组织联盟,旨在确保人们能够在最大程度上访问万维网。

更多资源:提姆·柏纳·李(Tim Berners-Lee,1999),www.w3.org

蠕虫

用计算机术语来说,"蠕虫"是一种病毒,它的传播方式是与电子邮件信息建立联系。一旦蠕虫进入电脑,它就会开始寻找新的机器来感染病毒并自行传播。一些蠕虫只是尽可能地进行自我复制,而另一些也会对被它们所感染的电脑造成损害。蠕虫病毒可以在永久联网计算机之间迅速传播,因为它们不需要用户干预就可以运行。蠕虫病毒有时具有"欺骗"电子邮件地址的能力,在它的影响下,电子邮件看上去似乎来自某一个发件人,但实际上却是来自于电子邮件地址簿中包含有这个地址的另一位发件人。

概念清单（补充词汇）

Apple 苹果

Bitcoin 比特币

Black Web 黑网

Blizzard Entertainment 暴雪娱乐公司

Blockchain 区块链

Cloud Computing 云计算

Dark Web 暗网

Deep Web 深网

Digital Natives 数字土著

Dimension 次元

Facebook 脸书网站

Ghost in the Shell（movie）《攻壳机动队》（电影）

Google 谷歌

Knowledge as FMCG 知识快消

Network Traffic 网络流量

VPN 虚拟私人网络

WeChat 微信

WI-FI 无线热点

YouTube YouTube 网站

关键概念（补充词汇）

苹果

　　苹果公司最初是由史蒂夫·乔布斯（Steve Jobs）、史蒂芬·沃兹尼亚克（Stephen Wozniak）和罗纳德·韦恩（Ronald Wayne）创立于1976年4月1日的一家跨国科技公司，其总部位于美国加州库比蒂诺。该公司原名为"苹果计算机公司"（Apple Computer, Inc.），后于2007年在旧金山Macworld Expo上改名为"苹果公司"并将此名沿用至今。苹果公司的前后更名也标志着其主理业务由开发和销售个人计算机转向提供电子软件、个人计算机和线上服务的开发和设计服务这一综合性领域。

　　截至2018年7月，苹果公司不仅在全球24个国家及地区内拥有502间线下商店，还同时拥有众多线上商店和全球最大的音乐零售商iTunes商店。此外，苹果公司最著名的产品为Mac计算机系列、iPod媒体播放器、iPhone智能手机和iPad平板电脑；在线服务包括iCloud、iTunes Store和App Store；消费软件包括macOS和iOS操作系统、iTunes多媒体浏览器、Safari网络浏览器，还有iLife和iWork创意和生产力包。目前，苹果公司已经成为全球市值最高的公共交易公司。

　　尽管苹果公司在经济效益和品牌推广方面取得了巨大的成功，但关于该公司的争议也从未停止，其争议点主要集中于苹果公司与代工厂不平等的业务关系，苛刻的用工制度和相应条款以及包括工作环境隐患、不合理的工时安排等因素在内的劳工人权问题等方面。

不管怎样，苹果公司的成功是一个现象级事件。其面对产品精益求精的态度和无所不在的创新精神深深影响着全世界范围内电子产品的发展。

更多资源：zh.wikipedia.org/zh-cn/%E8%98%8B%E6%9E%9C%E5%85%AC%E5%8F%B8

比特币

比特币与由中本聪于2009年1月3日创建的"创世区块"同时出现，是一种基于去中心化的、采用点对点网络与共识主动性的、以区块链作为底层技术的开源性加密货币。在区块链世界中，比特币作为交易货币和数字挖矿奖励而存在。基于虚拟性，比特币的发行机制由计算机节点运算来完成；其交易机制则由买卖双方点对点直接完成。在交易过程中，比特币的呈现形式为经由支付者私钥进行数据处理之后得到的数字签名。

为避免出现通货膨胀，比特币协议发行上限为2100万个。有数据表明，"'矿工'挖出一个区块所获得的奖励，每隔21万个区块将减少一半，按照平均10分钟挖出一个区块的执行效率，区块总数每隔四年将出现一次锐减。自2009年1月起，一旦'挖矿'成功，'矿工'将会在该区块内获得50个比特币的奖励；2012年11月，奖励的数额减半为每个区块25个比特币，2016年7月减半为每个区块12.5个比特币。基于这个规则，截至2140年，所有比特币将会发行完毕。"截至撰写本书时，比特币兑美元的汇率为1: 3481.67。

另请参阅：区块链

更多资源：bitcoin.org/zh_TW，www.zhihu.com/question/37290469/answer/293890531

黑网

术语"黑网"是深网的子集。与"暗网"概念类似,"黑网"指的是建立在现有互联网基础之上的加密网络,需借助特定访问工具或达到一定访问门槛后才能进行访问。还有一种说法认为"暗网"是一个集合概念,"黑网"则是包含在前者中的单个元素。按照这种说法,"黑网"指的是运行于"暗网"上的一个个网络站点,后者则为前者提供技术架构方面的支撑。

另请参阅:深网、暗网

暴雪娱乐公司

暴雪娱乐公司是由迈克尔·莫怀米(Michael Morhaime)、艾伦·阿德汗(Allen Adham)和弗兰克·皮尔斯(Frank Pearce)于1991年2月正式成立于美国的一家著名游戏视频制作发行公司。截至今日,该公司推出包括《魔兽世界》("Warcraft")、《星际争霸》("StarCraft")、《守望先锋》("Overwatch")和《炉石传说》("Hearthstone")在内的多款经典网络游戏,其中囊括了多项电子竞技比赛项目。

有人对该公司做出了这样的评价:"美国有家全球著名的游戏设计公司,在全球拥有数以千万计的铁杆玩家,每每翘首期盼它推出新款游戏,可人家自己却不急,一款经典游戏可以开发10年才最终面世,但就是这款游戏可以让人玩10年甚至更长时间。它用先进的技术手段,将西方神话元素熔为一炉,创造了一个恢宏的世界。"

另请参阅:游戏

更多资源:games.sina.com.cn/t/n/2013-10-25/1030739770.shtml

区块链

中本聪于2008年在《比特币白皮书》中首次提出并明确"区块链"概念。顾名思义,"区块"指的是内容具有一定保密性的交易记录;"区块链"则指的是一串由"区块"首尾相连而成的链条,其串联方式以密码学为根据。

区块链的出现与"去中心化"的交易模式关系密切。这种交易模式解构了存在于传统交易模式中的权威性中心代理,再以点对点的直接交互模式取而代之。这样一来,首先,发生在买家和卖家之间的交易将无须再承担将钱转给第三方代理这一行为的风险性。其次,由于该方式将交易过程中金钱的流通路径由"买家→第三方代理→卖家"简化为"买家→卖家",交易效率也因此大幅提升。最后,根据基于SHA256函数和非对称性加密等密码学原理的数据处理模式,基于区块链技术的交易记录将永远不会遗失或遭到篡改。

为解释区块链的具体形成机制,我们首先应从"区块"概念入手。在去中心化的经济世界中,当一笔交易发生时,买卖双方将对这笔交易进行记录,得到仅能为彼此所解读的一条交易记录,这便是单位区块的构成部分之一。如前所述,由于不存在作为权威中心而存在的第三方代理平台,为保证交易公开公正性,唯一的办法就是将这条交易记录进行广播,令这个去中心化世界中的所有人都承认这笔交易的真实性。为给来自他人的承认提供动力,一个单位区块内还会放有一定数量的数字货币,作为给此区块第一个发现者的奖励。该过程被称为"数字挖矿"。其中,挖矿者的能力被称为"算力",挖矿者本"人"被称为"节点"。为避免多个节点同时发现某一区块的现象出现,这个经济世界会给"挖矿"过程设置难度,此为"工作难度"。

一旦某个区块被某个节点挖矿成功,这个节点将会结合该区块的唯一ID打上时间戳，清零存在于其内部的数字货币，再将其连接在自身区块链主链条的末端。其他节点将只能得到已经不包含数字货币的区块副本，并将其内部交易记录的正确性加以检验。存在于区块链上的每一个区块内部都由上一个区块的"交易数据"、该交易数据经散列函数计算后得到的"数字签名"和"时间戳记"三部分构成。需要注意的是，区块的链接遵循"少数服从多数"原则，即当超过一个节点同时发现某一区块所导致的"区块分叉"现象出现时，连接在较短支链尾端的区块会在面对连接在较长主链尾端的区块时被立刻丢弃。该机制能够在最大程度上保证区块链世界的稳定性。

简而言之，区块链技术即通过制造数据冗余实现分布式存储和"去中心化"的经济交易模式，促进交易活动安全、民主、高效地运行。中本聪于2009年创立"比特币网络"并开发出第一个区块——"创世区块"。截至今日，关于区块链的算法优化升级仍在继续，区块链技术也以其较低的准入门槛（凡是有能力运行节点者皆可以发起并参与区块）将"去中心化"浪潮带往全世界的更多领域。

另请参阅：比特币

更多资源：gcalhoun.files.wordpress.com/2015/11/15-10-31-e-blockchains-the-great-chain-of-being-sure-about-things.pdf, zh.wikipedia.org/wiki/%E5%8C%BA%E5%9D%97%E9%93%BE, www.zhihu.com/question/37290469/answer/293890531

云计算

术语"云计算"指的是基于互联网技术，对于软硬件资源、信息和服务的共享。其中，"云"是对于互联网技术的比喻性描述。借助每秒高达十万亿次运算速度的云计算技术，用户可以通过桌面或应用程序访问和使用云服务；企业可以依据资源来实现产业布局和数据分析。此外，对投资数目和信息量要求较高的规模经济、基础设施建设甚至行业市场分析工作的开展难度也将随之降低。

关于"云计算"的确切定义并不唯一。目前，由美国国家标准与技术研究院所做出的定义为大多数人所认可：云计算是一种按使用量付费的模式，这种模式提供可用的、便捷的、按需的网络访问。进入可配置的计算资源共享池（资源包括网络、服务器、存储、应用软件），只需投入很少的管理工作，或与服务供应商进行很少的交互，这些资源就能够被快速提供。随着互联网技术的发展和全球化进程的推进，云计算技术覆盖了包含云存储、云教育、云社区、云安全和云政务等领域在内的诸多方面，在社会生产和人类生活中扮演着越来越重要的角色。

暗网

暗网是深网的子集。根据维基百科的解释，暗网指的是仅能通过非常规协议和端口以及可信节点进行连接的私有网络，相关访问工具包括洋葱浏览器（Tor）、Freenet、RetroShare、GNUnet、OneSwarm、Tribler等。

通过梳理暗网的历史，我们可以发现该概念最早可追溯至由美国军方于1994年提出的网络设想。次年，美国海军研究试验室和国防部高级研究项目署提出研究一种基于匿名性质的网络通信工具，使用该工具的用户在连接互联网的过程中将不会向服务器泄露身份，进而有效避免了自身行迹在互联网上被追踪到。人们把这项技术命名为"洋葱路由"，意思是用于保护数据的口令像洋葱一样，拥有层层叠叠的加密结构。这一想法实施于2003年10月。作为暗网的最初形态，"保密性"是其核心属性。

暗网的最大特点在于"隐形"。基于此，美国警方借助暗网隐蔽调查非法线上组织、保持军方和情报机构的秘密联络以及开展其他机密军政外交事宜就成为可能。然而，随着电子信息技术的飞速发展，暗网的实际使用范畴逐渐溢出美国政府的原始初衷。2006年，一个名为"农贸市场"的网站开始借助暗网平台出售大麻，由罗斯·乌尔布里希特（Ross Ulbricht）创建的、用于从事毒品交易的"丝绸之路"和随后于2013年11月卷土重来的"丝绸之路2.0"也以暗网为肇始。在包括但不限于此的诸多暗网平台中，用户可以借助比特币进行毒品、枪支，甚至人体器官等的非法交易。除此之外，暗网中还普遍存在着大量与色情、暴力、宗教及无意识或非理性相关联的内容。有观点认为，以上内容吸纳了暗网的大部分网络流量。

事实上，一味针对暗网进行简单的阴谋论解读也是不明智的。中国灾备技术国家工程实验室的朱洪亮博士表示，充斥着违法内容的暗网数量并不庞大。在普遍使用的洋葱路由中，有54.5%的内容属于合法的数据，还有17.7%的僵尸网络无法访问或无人维护。另一份来自伦敦国王学院的研究则称，他们检索到暗网上存在着30万个隐藏服务器和5000多个活跃网页。目前，全世界有超过12.3亿个网站。这就意味着即使我们将暗网中的全部内容都算上，它也仅占正常网络的0.03%。此外，暗网还拥有较高的访问门槛。因此，暗网对整个社会造成不良影响的程度是值得商榷的。

然而，这绝不意味着人们应该停止对暗网进行打击限制的脚步。事实上，在限制暗网规模和可能造成的不良社会影响方面，美国一直在努力，但收效甚微。针对臭名昭著的"丝绸之路"，美国联邦调查局足足花费一年多时间才将其剿灭；2013年，前美国中央情报局职员爱德华·约瑟夫·斯诺登（Edward Joseph Snowden）在中国香港将美国国家安全局关于"棱镜计划"监听项目的机密文件披露给英国《卫报》和美国《华盛顿邮报》的过程中，还泄露了一份名为《Tor糟透了》的文件，该文件内容显示了美国国土安全部在摧毁暗网过程中遭遇到的重重困难以及因难以将其根除而产生的绝望情绪。

暗网系统的复杂性并不仅在于其所涉及领域的非法性和隐秘性，还在于运作于其背后的利益推手的多重性。有证据表明，基于暗网特有的匿名特性，美国政府仍需利用它来实现执法和获取军事情报等目的。因此，截至现在，美国政府并未停止向暗网注资。

另请参阅：深网、比特币、网络流量

更多资源：edwardsnowden.com/docs/doc/tor-stinks-presentation.pdf, www.theguardian.com/world/2013/oct/04/nsa-gchq-attack-tor-network-encryption, edwardsnowden.com/docs/doc/tor-stinks-presentation.pdf

深网

2001年，计算机科学家迈克尔·K.鲍曼（Michael K. Bergman）在研究搜索引擎的过程中创造了术语"深网"。"深网"又称"不可见网"或"隐藏网"，指的是存在于互联网上且不能被标准引擎搜索到的领域。有两点值得注意：其一，术语"深网"是一个非确定性概念，它并非指某一个具体网站，凡是仅能通过非常规技术才能被搜索到的网络皆属于"深网"；其二，此概念具有一定的相对性。由于不同网络用户所拥有的信息抓取能力不相同，因此，对于互联网普通使用者而言，"深网"概念一直存在，而对于深网使用者而言，该概念则是毫无意义的。因此，想要对这一概念进行确切把握，需借助"搜索引擎"概念。总而言之，"深网"是一个以搜索引擎为衡量标准而出现的概念，它涵盖了一切不能被常规搜索引擎抓取到的网络内容。

如果我们将网络世界比喻为漂浮在海洋中的冰山，深网则代表了冰山隐藏于水面之下的不可见的大部分。鲍曼指出，深网在目前的网络环境中占据主体地位；根据他的研究，截至2000年，深网的信息容量已经达到常规表层网络的400—550倍之多。事实上，存在于"深网"和"暗网"两个概念之间的混淆时有发生。需要注意的是，这两个概念拥有不同的意味。深网涵盖了互联网超过50%的内容，而暗网仅作为前者的子集而存在；深网部分网站并非可以隐藏而无法通过常规搜索引擎被搜索到，而暗网中的网站则往往进行了刻意隐藏的技术处理；深网中的大部分网站为合法网站且系非匿名注册，而暗网中的大部分网站则恰好相反，它们多为匿名注册的非法网站。

另请参阅：暗网

更多资源：迈克尔·K.鲍曼（Michael K. Bergman，2001）

数字土著

术语"数字土著"指的是从小就在被各种各样数字产品环绕的环境之中生活、在各式数字产品的熏陶之下成长起来的群体。相对应概念为"数字移民"，指的是小时候未接触或较少接触数字产品而长大后才开始正式接触数字产品的群体。相比"数字移民"群体，"数字土著"们往往在认识和使用数字设备方面具备更强的适应性和更优的流畅度。当然，通过后天学习，"数字移民"群体在数字设备使用方面赶超"数字土著"群体也是完全可能的。术语"数字土著"和"数字移民"均出自马克·普伦斯基（Marc Prensky）于2009年发表的文章《数字土著与数字移民》。此外，对任何数字设备及相关知识均采取拒斥态度的群体通常被称为"数字难民"。

更多资源：马克·普伦斯基（Marc Prensky，2009）

次元

"次元"概念出自日本ACG〔（即"动画"（Animations）"漫画"（Comics）和"游戏"（Games）〕文化，通常指的是存在于ACG作品中包含虚拟角色、场景和事件等元素在内的诸要素综合体。为了与现实世界形成对比，存在于ACG世界中的虚拟要素综合体通常被称为"异次元"；横亘于"现实世界"与"异次元世界"之间的界限通常被称为"次元壁"。

基于多维空间理论，以动漫等平面载体为媒介的虚拟要素通常被认为隶属于"二次元世界"；以计算机三维建模、三维实体等三维载体为媒介的虚拟要素则被认为属于"二点五次元"。此外，以御宅族为代表、沉浸于虚拟世界而对现实世界兴致寥寥的群体通常被称为"二次元住人"。

另请参阅：日本动画、日本漫画、御宅族

脸书网站

脸书网站由马克·埃利奥特·扎克伯格（Mark Elliot Zuckerberg）及其哈佛大学室友于2004年2月4日创立于美国。该网站成立之初仅仅是一个采取会员制的网络社区，只有哈佛大学学生才能加入。后逐渐扩展规模，将斯坦福大学、麻省理工学院等高校包含在内。再往后，脸书已经取消了地域局限，允许任何声明自己年满13周岁的用户进行账号注册和使用。时至今日，该网站已经成为全球性社交网络平台和社会化媒体网站。脸书注册用户可以借此平台发送文字、图片、声音文件和视频等不同格式的消息，可以根据自身兴趣和其他条件加入不同组群、拥有可以进行列表分类的好友群，还可以借助卫星定位技术的支持，用地图功能与朋友进行地理位置共享。

脸书原定名为"thefacebook",灵感来自于常见于中学时代的、包含关于学生身份信息的"花名册"。

更多资源:玛西亚·艾米登·拉斯泰德(Marcia Amidon Lusted,2011)、卡利·科内尔(Kari Cornell,2016),en.wikipedia.org/wiki/Mark_Zuckerberg

《攻壳机动队》

影片《攻壳机动队》改编自日本漫画家士郎正宗首度刊载于1989年的同名漫画作品以及由Production I.G.制作于1995年的同名动画作品。该作品以2040年的日本为背景。经过第四次世界大战的洗礼,以科技装置取代人体器官的做法已经变得司空见惯。上层阶级为超越肉体的束缚、成就更强大的自我,往往选择进行义体手术,即通过加装电子脑及更高级的人造义肢来代替自己原有的身体部位。影片主人公是从小便完成全身义体化过程的草薙素子。作为最强义体拥有者,她能够如鱼得水地出入各种复杂的电子设备并完成任务。随着"电子大脑"的流行,它在为人类提供人机交互便利性的同时亦将人脑置于遭到电子入侵的风险之下。为应对以"幽灵黑客"为领导者的脑部入侵犯罪集团,身为一名出色的黑客,被人们尊称为"少佐"的素子将带领"公安九课"(即攻壳机动队)通过一系列非常规手段,对犯罪集团实施打击。

片名"Ghost in the Shell"含义为"内含于躯壳中的、无法被义体所替代的人类意识"。该影片立足于赛博格和反乌托邦语境,将"人机结合"发挥到极致,对自笛卡尔时期形成的"心物二元学说"进行了探讨。此外,该影片的特色除了精良的画面制作外,还在于其悲剧性的哲学内涵。

《攻壳机动队》的电影版本并不唯一。自2002年开始，神山健治导演了系列电视动画《攻壳机动队：孤立个体集合体》《攻壳机动队：S.A.C. 2nd GIG》和原创光盘动画（OVA）《攻壳机动队：S.A.C. 固态社会》；2004年，押井守导演了第二部动画电影《攻壳机动队2：无罪》。四年后，押井守在1995年版本的基础上发行计算机成像重制版《攻壳机动队2.0》。2017年，由鲁伯特·桑德斯导演、斯嘉丽·约翰逊主演的《攻壳机动队》电影在美国上映。

另请参阅：赛博格、赛博朋克

更多资源：www.YouTube.com/watch?v=0H7fRNexE2c

谷歌

谷歌是一家位于美国的跨国科技企业，同时也是全球最大的搜索引擎公司，由拉里·佩奇和谢尔盖·布林共同创建于1998年9月4日。1999年，谷歌网站正式启用；2010年3月23日，谷歌公司宣布关闭其在中国内地的搜索引擎服务；2015年8月10日，谷歌公司对原有企业架构进行全面整合，创建了名为Alphabet 的伞形公司来继承原谷歌公司的上市公司地位及股票代号；谷歌成为Alphabet旗下最大的子公司。

谷歌公司所承担的业务涵盖了包括云技术、广告技术、网络搜索技术等在内的广大范围。具体而言，互联网及其相关软件业务包括谷歌搜索、谷歌地图、YouTube、安卓、Chrome、谷歌邮箱、谷歌地球等，硬件业务则包括ChromeBook笔记本和谷歌自动驾驶汽车等。截至2010年底，谷歌公司的服务范围覆盖了包含美国、中国、比利时、巴西在内的102个国家和地区。

自1998年开始，谷歌公司开展了申请网页评级机制专利、设立中国研发中心、开发安卓系统、发射地图卫星、实施"潜鸟计划"、发展手势识别技术、申请防剧透系统专利、开发围棋人工智能程序AlphaGo技术等一系列科学技术或商业战略操作。2015年，Alphabet公司在"世界品牌500强"排名中位居榜首；2016年6月，该公司在"2016年BrandZ全球最具价值品牌百强榜"中以2291.98亿美元的品牌价值获得第一名。2017年6月，"2017年BrandZ全球最具价值品牌百强榜"公布，该公司旗下的谷歌公司再次位居第一。以上成就与该公司高超的技术水准和卓越的管理模式息息相关。

该公司的座右铭为"完美的搜索引擎，不作恶"。谷歌公司董事长埃里克·施密特（Eric Schmidt）在参加美国国家公共电台的节目时表示，所谓的"恶"并没有一个可量化的衡量标准。谷歌声称，"不作恶"已经成为他们的身份和他们自称的核心价值观念的核心支柱之一。这句口号指向谷歌核心价值观的第六点："做正确的事：不恶。我们所做的一切都诚实和正直。我们的经营做法无可非议。我们做好事来赚钱。"

更多资源：埃里克·施密特（Eric Schmidt，2004）

知识快消

作为一个著名的社会现象，术语"知识快消"指的是以付费平台为主要媒介、以"短平快"为核心特征的知识输出模式。从一定程度上来讲，这种输出模式是对于以周期长、程度深、收益慢为特点的传统知识授受模式的颠覆。以中介性付费平台为媒介，卖方市场可根据买方市场诉求制造和提供不同类别、不同内容的知识付费产品供其挑选和购买。以上商业行为明显符合快消品的经营模式。

时至今日，"知识快消"趋势已经形成，但其所造成的社会影响值得商榷。有人对这种社会现象持认可态度，他们认为此行为能够加速知识流动并与快节奏的现代社会步伐相契合；另外一些人则表示"知识变现"背后隐藏着知识制造者的"责任意识"这一不确定要素；此外，较短的学习周期和碎片化的知识体系是否真正有利于知识的吸收和良好学习习惯的养成？这也是一个问题。

网络流量

术语"网络流量"有两层含义。从技术角度来讲，网络流量指的是联网设备在网络上产生的数据量；从评价角度来讲，网络流量则往往意味着"话题度"，即在一定时间内针对某个网站地址的人气访问量。

掌握网络流量不仅对话题内容具有重要意义，同时也是网站经济效益的来源之一。运营商将根据用户使用流量的多少来收取信息费用。分析流量能够帮助网站检测异常流量，进而更好地了解网站访客的访问时间、群体构成和兴趣偏好的基本情况；能提前对网站信息荷载量进行衡量，进而为因信息过载导致网站崩溃的可能性提前做准备。此外，强大的流量效应往往与经济利益挂钩。通过分析流量情况，制定相应内容生产和网页布局战略，亦是网站获利的重要途径。

虚拟私人网络

虚拟私人网络（VPN）指的是一种在不同类型和规模的企业、团体和个人之间形成联系、构建连接的通讯方法。其特点在于利用"隧道协议"在公用网络上建立专用网络链路，以达到对目标网络进行远程、私密访问的目的。

对特定网络开展远程私密性访问的历史可向前追溯至20世纪90年代。针对企业内部网络开展的私密性远程访问往往需要借助数字数据网（DDN）专线及帧中继技术才能够实现。该技术主要侧重于在实体层面上保证两个远距离站点之间的私密性，因此，这种方法往往意味着较高的成本，具体包括网络通信费用和站点设备维护费用。当然，远端个人用户也可以通过线路拨号的方式对企业内部局域网络进行访问，但这往往意味着较高的风险性和较低的保密性。

虚拟私人网络多用于在不同企业之间所进行的内部网络访问。借助隧道协议，虚拟私人网络网关能够对数据包实施加密，还能对数据包目标地址加以转换，以此确保信息传输的私密性。在虚拟私人网络技术指导下，我们可以在作为访问目标的企业内部局域网络中架设一台虚拟私人网络服务器，以此作为存在于访问者和访问目标之间的中介。在访问者、虚拟私人网络服务器和访问目标之间流通的数据均已完成数据加密处理，宏观来看，一条兼具远程性与私密性的数据传输链路由此形成。尽管虚拟私人网络在本质上是一个存在于局域网上的服务器站点，但具体到应用环节，它并不受访问者的访问时间和访问地点限制。因此，我们可以将其视为由访问者主动发起并自主封装的一条虚拟私人远程数据传输链路。

需要注意的是，虚拟私人网络并不意味着能够实现绝对保密的信息访问；此外，官方对于虚拟私人网络的限制也并非"一刀切"，其具体力度往往还会受到访问目标的政治敏感度、社会威胁度等诸多因素影响。

微信

微信是由腾讯旗下张小龙团队于2011年推出的一款支持安卓系统和iOS塞班系统的、以智能手机用户和电脑用户为主要对象的即时性通讯软件。借助这款软件，用户可以通过导入通讯录来添加好友，并利用客户端向好友发送文字、图片、长度在1分钟以内的语音和长度在15秒以内的视频。此外，微信还支持分组聊天、语音通话、视频通话和位置共享等多项服务。在此，笔者将选取以下四个微信的代表性功能进行简要介绍。

• 朋友圈

朋友圈是微信移动版客户端提供的用于显示微信好友日常状态更新的半公开化网络平台。微信用户可以在朋友圈中发表文字、图片、音乐或视频等，还可以为好友的朋友圈点赞或留言。其中，用户可以选择将自己发布在Facebook、Twitter及QQ空间上的内容同步至微信朋友圈。此外，在朋友圈隐私性维护方面，用户不仅拥有"朋友圈仅自己可见""朋友圈仅三天可见""朋友圈半年可见"和"朋友圈全部可见"四个选项可供选择；针对每一条朋友圈内容，用户还可以根据"好友标签"来决定这条动态能不能被某些人看到。最后，微信也可以在朋友圈中插入广告。在撰写本书期间，微信每日插入广告上限数为2条。

• "扫一扫"与"摇一摇"

微信移动客户端内置"扫一扫"与"摇一摇"两个功能。前者侧重于对图像信息进行即时处理。借助这个功能，用户可透过扫描框对二维码、条形码、封面、电影海报、街景及待翻译的文字内容（仅限中/英文）进行扫描来完成信息处理和识别。后者则侧重于针对声音信息的即时处理。用户可以在人、歌曲或电视节目发声的状态下，在"摇一摇"界面摇动手机，完成对于声音信息的辨认。

• 公众号

公众号为微信内置功能，其受众为该公众号的订阅者，每个公众号运营者将登录微信公众平台（mp.weixin.qq.com），以一定的频率（最多一天一次）将原创或转载内容推送给订阅者，并与读者们进行互动。微信平台保护公众号所推送内容的原创性。

除公众号推文文末"点击原文"选项外，该平台不允许公众号作者在文章里添加其他外部链接。

- 小程序

微信小程序功能推出于2017年。用户既可以在"发现"页面对微信小程序进行搜索，也可直接下拉微信首页来使用它。微信小程序覆盖的范围极广，其中包括热门文字、视频和社交软件、游戏、订餐、叫车、共享单车、超市结算等。借助微信小程序，用户无须再重复性安装相应软件。此外，腾讯正计划和Tech in Asia打造自家的智能手机增强现实平台，该功能有望在未来上线。

对于微信的成功，有人做出了这样的评价："比它炫的没它简单，比它简单的没它快。没有谁比它更快。"作为一款互联网产品，微信的大部分核心功能（如添加好友、发送消息等）并非其自身原创，但微信的最大优势在于"微"，以及与当今快节奏社会相匹配的便捷性。截至2018年3月，微信在全球范围内的活跃用户数量已经超过10亿人次。

更多资源：www.roadtovr.com/chinas-largest-messaging-app-wechat-creating-ar-platform, mp.weixin.qq.com/s/K5uGwPreMx-iMbVToy3tnw

无线热点

无线热点（Wi-Fi）指的是基于IEEE 802.11通用标准的无线局域网技术。此名称来自于Wi-Fi联盟制造商的商标。该联盟成立于1999年，当时的名称叫作Wireless Ethernet Compatibility Alliance（WECA）。在2002年10月，该联盟正式更名为Wi-Fi Alliance。

目前，无线热点技术主要依靠无线路由器将有线信号转化为无线信号的无线网络传输技术进行网络访问。内置无线热点功能的电子设备将无线信号捕捉，进而实现网络访问。在数据传输方面，尽管无线热点技术在数据传输方面的安全性能不如蓝牙技术，但它能够提供比网络流量更高的、高达54Mbps的数据传输速度。时至今日，无线热点技术的应用范围覆盖了包括智能手机、笔记本电脑、平板电脑和相机在内的部分电子设备。

无线热点技术摆脱了传统布线工程带来的诸多条件限制，为广大用户传输数据、访问网络提供了便利。目前，已有国家和地区开始在公共场所提供免费无线热点联网服务，以此作为市政建设的重要构成部分。

另请参阅：网络流量

YouTube 网站

作为一个视频共享网络平台，YouTube网站由陈世骏（Steve Chen）、查得·贺利（Chad Hurley）和贾德·卡林姆（Jawed Karim）于2005年2月在美国创立。作为网站创始人之一的卡林姆亦是最早的视频《我在动物园》（*Me at the Zoo*）的上传者。这条长度仅有19秒钟的视频拍摄于美国加州圣地亚哥动物园，卡林姆面对镜头说出了这样的话："好的，我们现在正站在大象前面，这些家伙很酷的一点是他们的象鼻真的、真的、真的很长。而这实在……实在很酷。我要说的就是这些。"从此，用户可以借助这个平台观看、评论、共享网络视频。需要注意的是，YouTube视频网站并非完全不受限制，它包含视频举报和审核机制。被多次举报的视频将会滑入审核队列，若视频中包含裸露、暴力镜头，则会被划定为"18岁以上注册用户可以观看"；若视频内容包含涉及侵权、色情及其他违法犯罪事项的内容，则会被删除。

随着网络文化的日渐发展，YouTube迎来了一系列发展。如今，Youtube网站已经与一部分知名媒体公司建立合作伙伴关系，其中包括哥伦比亚广播公司、英国广播公司、VEVO唱片公司等。除此之外，YouTube在推进流量变现、流量转化方面亦很努力。YouTube国际年度盛典（YouTube FanFest）邀请大量当红明星，坐拥庞大收视人数。YouTube还十分鼓励创作，根据不同作品内容进行分类的大量网络社区由此生成。在流量量化方面，YouTube以点击率和订阅量作为主要参考标准。近几年来，该网站十分重视拥有百万订阅量的内容制造者。对于这类炙手可热的用户，网站往往会主动向他们伸出橄榄枝，主要包括线下活动邀请、奖杯发放或薪资分红等。根据维基百科，这类职业化的博客经营者往往被称为"YouTuber"。可以说，点击率或订阅量直接与金钱挂钩。纵观YouTube历史，第一个突破十亿点击率的女歌手是凯蒂·佩里（Katy Perry），第一个观看次数突破100亿次的YouTube频道则是出现于2015年9月的PewDiePie。

随着YouTube的飞速发展，一些问题也逐渐浮出水面。2018年年初，一批包装着《米老鼠和唐老鸭》《小猪佩奇》和《艾莎公主》等儿童动画外皮的儿童邪典动画大量流入YouTube网站中的少儿频道并被大量儿童观看，对儿童心理和社会稳定均造成不良影响。这件事的发生还要追溯至2015年2月，YouTube推出一款名为"YouTube儿童版"的软件，并宣称这款软件能够甄别出适合幼儿观看的视频内容。部分社会组织趁此时机，利用低廉成本在为儿童所熟知的诸多动画形象之间进行混搭，由此制造出大量弥漫在诡异音效中的邪典动画。YouTube随后对此类动画进行删除，但公众关于该网站的视频筛选和推荐算法、安全性机制等问题的质疑声从未停过。此事件被称为"艾莎门事件"。

另请参阅：网络流量

更多资源：zh.wikipedia.org/wiki/YouTube#cite_note-10

BIBLIOGRAPHY

Abbate, J. (2000) *Inventing the Internet*, Cambridge, MA: MIT Press

Acquilla, J. and Rondfeldt, D. (1997) *In Athena's Camp: Preparing for Conflict in the Information Age,* Santa Monica, CA: RAND

——(2001) *Cyberwar is Coming!*, Santa Monica, CA: RAND

Alkalimat, A. and Williams, K. (2001) "Social Capital and Cyberpower in the African American Community: A Case Study of a Community Technology Center in the Dual City", in L. Keeble and B. Loader (eds), *Community Informatics: Shaping Computer-Mediated Social Relations*, London: Routledge

Aurigi, A. and Graham, S. (1998) "The 'crisis' in the urban public realm", in B. Loader (ed.), *Cyberspace Divide: Equality, Agency and Policy in the Information Society,* London: Routledge

Bagdikian, B. (1992) *Media Monopoly,* Boston: Beacon Press

Barlow, J. P. (1996a) "Thinking locally, acting globally", *Time,* 15 Jan.

——(1996b) "A Cyberspace Independence Declaration", *Cyber-Rights List*, 8 Feb.

Bassett, C. (1997) "Virtually gendered: life in an on-line world", in K. Gelder and S. Thornton (eds), *The Subcultures Reader,* London: Routledge

Baudrillard, J. (1983) *Simulation and Simulacra,* New York: Semiotext(e)

——(1988) *America*, London: Verso

Becker, T (1981) "Teledemocracy: bringing power back to the

people", *Futurist*, December 6–9

——(1998) "Governance and electronic innovation: a clash of paradigms", *Information, Communication and Society*, 1, 3:339–343

Bell, D. (1976) *The Coming of Post-Industrial Society: a venture in social forecasting*, Harmondsworth: Penguin

Bell, D. (2001) *An Introduction to Cybercultures*, London: Routledge

Bell, D. and Kennedy, B. (eds) (2000) *The Cybercultures Reader*, London: Routledge

Bellamy, C. and Taylor, J. (1998) *Governing in the Information Age*, Oxford: Oxford University Press

Bennahum, D. (1996) "Call for comments from around the world", *MEME*, 2 March

Bergman, M. K. (2001) *White Paper: The Deep Web: Surfacing Hidden Value*, Volume 7, Issue 1: *Taking License*, August, 2001

Berners-Lee, T. (1999) *Weaving the Web,* London: Orion Business Books

Bikson, T. K. and Eveland, J. D. (1998) "Sociotechnical reinvention: implementation dynamics and collaboration tools", *Information, Communication and Society*, 1, 3, 270–290

Bloch, L. and Lemish, D. (1999) "Disposable love: the rise and fall of a virtual pet", *New Media and Society*, 1:283–303

Bollier, D. (2002a) "Reclaiming the Commons: Why we need to protect our public resources from private encroachment", *Boston Review*, Summer: bostonreview.mit.edu/BR27.3/bollier.html

——(2002b) *Silent Theft: The Private Plunder of Our Common Wealth*, New York: Routledge

Brook, J. and Boal, I. A. (1995) *Resisting the Virtual Life*, San

Francisco: City Lights

Bukatman, S. (1997) *Blade Runner*, London: British Film Institute

Burnham, V. (ed.) (2001) *Supercade: A Visual History of the Videogame Age 1971–1984,* Cambridge, MA: MIT Press

Burrows, R. (1995) "Cyberpunk as Social Theory: William Gibson and the Sociological Imagination", in S.Westwood and J. Williams (eds), *Imagining Cities: Scripts, Signs and Memories,* London: Routledge

Burrows, R. and Nettleton, S. (2000) "Reflexive Modernisation and the Emergence of Wired Self-Help", in K. Renniger and W. Shumar (eds), *Building Virtual Communities: Learning and Change in Cyberspace*, New York: Cambridge University Press

Cartwright, L. (2000) "The Visible Man: the male criminal subject as biomedical norm", in D. Bell and B. Kennedy (eds), *The Cybercultures Reader*, London: Routledge

Castells, M. (1996) *The Rise of the Network Society—The Information Age: Economy, Society and Culture*, Cambridge, MA: Blackwell

——(2001) *The Internet Galaxy: reflections on the Internet, business, and society*, Oxford: Oxford University Press

Cavallaro, D. (2000) *Cyberpunk and Cyberculture*, London: Athlone

Ceruzzi, P. E. (1998) *A History of Modern Computing*, Cambridge, MA: MIT Press

Cheung, C. (2000) "At home on the web: presentations of self on personal homepages", in D. Gauntlett (ed.), *Web, Studies: rewiring media studies for the digital age*, London: Arnold

Chong-Moon, L. *et al.* (eds) (2000) *The Silicon Valley Edge: A Habitat for Innovation and Entrepreneurship*, Palo Alto, CA: Stanford University Press

Clegg, S. (1990) *Modern Organisations: Organizational Studies in the Post-Modern World*, Oxford: Blackwell

Cohen, S. and Wills, T. (1985) "Stress, Social Support and the Buffering Hypothesis", *Psychological Bulletin*, 98:310–357

Coleman, S. (2000) *Elections in the Age of the Internet*, London: Hansard Society

——(2001) *Cyber Space Odyssey*, London: Hansard Society

Coleman, S. and Gotze, J. (2001) *Bowling Together: online public engagement in policy deliberation*, London: Hansard Society

Cornell, K. (2016) *Facebook Founder and Internet Entrepreneur Mark Zuckerberg*, Minneapolis: Lerner Publications

Cornford, J. and Pollock, N. (2003) *Putting the University Online*, Buckingham: Open University Press

Cringely, R. X. (1996) *Accidental Empires*, 2nd edn, Harmondsworth: Penguin

Cronberg, T. (1992) *Experiments into the Future*, Technical University of Denmark

Cronin, B. and Davenport, E. (2001) "E-rogenous zones: positioning pornography in the digital economy", *The Information Society*, 17, 1: Jan.—March, 33–48

Cubitt, S. (1999) "Le reel, c'est impossible: the sublime time of special effects", *Screen*, 40:123–130

——(2001) *Simulation and Social Theory*, London: Sage

Curtis, P. (1999) "MUDding: social phenomena in text-based virtual realities", in P. Ludlow (ed.), *High Noon on the Electronic Frontier: conceptual issues in cyberspace*, Cambridge, MA: MIT Press

Danet, B., Ruedenberg, L. and Rosenbaum-Tamari, Y. (1998)

"'Hmmm… Where's That Smoke Coming From?' Writing, Play and Performance on Internet Relay Chat", in F. Sudweeks, M. McLaughlin and R. Sheizaf (eds), *Network and Netplay: Virtual Groups on the Internet*, Cambridge, MA: MIT Press

Danziger, J. *et al.* (1982) *Computers and Politics: high technology in American local governments*, New York: Columbia University Press

Davies, M. (1992) *City of Quartz: Excavating the Future in Los Angeles*, New York: Vintage Books

Davies, S. (1996) *Big Brother: Britain's web of surveillance and the new technological order*, London: Pan Books

Davis, E. (1998) *TechGnosis: myth, magic and mysticism in the age of information*, London: Serpent's Tail

Day, P. and Schuler, D. (2004) *Community Practice in the Network Society: local action/ global interaction*, London: Routledge

DemocraticMedia: www.democraticmedia.org/issues/digitalcommons/dotcommonstour.html

Denzin, N. (1998) "In Search of the Inner Child: Co-Dependency and Gender in a Cyberspace Community", in G. Bendelow and S. Williams (eds), *Emotions in Social Life*, Routledge: London

Dery, M. (1996) *Escape Velocity: cyberculture at the end of the century,* London: Hodder & Stoughton

Diamond, D. (1999) "The sleaze squeeze", *Business*, 2, February

Diani, M. (2000) "Social Movement Networks Virtual and Real", *Information, Communication and Society*, 3, 3:386–401

Dibbell, J. (1995) "Viruses are good for you", www.levity.com/julian/viruses.html

——(1999) "A rape in cyberspace; or how an evil clown, a Haitian trickster spirit, two wizards, and a cast of dozens turned a database into a society", in P. Ludlow (ed.), *High Noon on the Electronic Frontier: conceptual issues in cyberspace* , Cambridge, MA: MIT Press

Dick, P. K. (1968) *Do Androids Dream of Electric Sheep?* , New York: Ballatine

Dizzard, W. P. (1989) *The Coming Information Age: an overview of technology, economics, and politics* , 3rd edn, London: Longmans

Donk, W.v.d. *et al.* (eds) (2004) *Cyberprotest: New Media, Citizens and Social Movements* , London: Routledge

Douglas, K. M. and McGarty, C. (2001) "Identifiability and self-presentation: computer-mediated communication and intergroup interaction", *British Journal of Social Psychology* , 40:399–416

Durkin, K. and Barber, B. (2002) "Not so doomed: computer game play and positive adolescent development", *Journal of Applied Developmental Psychology* , 23 (4):373–392

Dutton, W. H. (1999) *Society on the Line: Information Politics in the Digital Age* , Oxford: Oxford University Press

Dutton, W. H. and Loader, B.D. (eds) (2002) *Digital Academe: The New Media and Institutions of Higher Education and Learning* , London: Routledge

Edge magazine: www.edge.com

Edwards, P. (1996) *The Closed World: computers and the politics of discourse in Cold War America* , Cambridge, MA: MIT Press

Featherstone, M. and Burrows, R. (1996) *Cyberspace/Cyberbodies/Cyberpunk: Culture of Technological Embodiment* , London: Sage

Federal Bureau of Investigation (2001) "Carnivore". There is a subsite devoted to Carnivore at www.fbi.gov/hq/lab/carnivore/carnivore.htm

Finn, C. (2001) *Artifacts: an archaeologist's year in Silicon Valley*, Cambridge, MA: MIT Press

Fountain, J. E. (2001) *Building the Virtual State: information technology and institutional change*, Washington, DC: Brookings Institutional Press

Funk, J. B. *et al.* (2002) "Aggression and psychopathology in adolescents with a preference for violent electronic games", *Aggressive Behavior*, 28 (2):134–144

Gibson, W. (1984) *Neuromancer*, London: Victor Gollancz

——(1986) *Count Zero*, London: Grafton

——(1988) *Mona Lisa Overdrive*, London: Grafton

——(1993) *Virtual Light*, London: Viking

——(1996) *Idoru*, London: Viking

——(1999) *All Tomorrow's Parties*, London: Viking

Gillies, J. and Cailliau, R. (2000) *How the Web Was Born: The Story of the World Wide Web*, Oxford: Oxford Paperbacks

Gonzalez, J. (2000) "Envisioning cyborg bodies: notes from current research", in D. Bell and B. Kennedy (eds), *The Cybercultures Reader*, London: Routledge

Goodwin, M. (ed.) (1996) *High Noon on the Electronic Frontier*, Cambridge, MA: MIT Press

GPPN Resource Group: www.gppnresearch.org/about

Granovetter, M. (1973) "The Strength of Weak Ties", *American Journal of Sociology*, 78:1360–1380

Gray, C. (ed.) (1995) *The Cyborg Handbook*, London: Routledge

——(1997) *Postmodern War: the new politics of conflict*, London: Routledge

Greider, W. (1998) *One World, Ready or Not: The Manic Logic of Global Capitalism*, New York: Touchstone

Gurstein, M. (2000) *Community Informatics: enabling communities with information and communications technologies,* Hershey, PA: Idea Group

Habermas, J. (1989) *Structural Transformation of the Public Sphere,* Cambridge, MA: MIT Press

Hague, B. and Loader, B. D. (eds) (1999) *Digital Democracy: Discourse and Decision-making in the Information Age*, London and New York: Routledge

Haraway, D. (1995) "Cyborgs and symbionts: living together in the New World Order", in C. Gray (ed.), *The Cyborg Handbook,* London: Routledge

——(2000) "A Cyborg Manifesto: Science, technology and socialist-feminism in the late twentieth century", in D. Bell and B. Kennedy (eds), *The Cybercultures Reader*, London: Routledge

Harcourt, W. (ed.) (1999) *Women@Internet: creating new cultures in cyberspace*, London: Zed Books

Hardin, G. (1968) "The Tragedy of the Commons", *Science*, 162:1243–1248

Harding, S. (1986) *The Science Question in Feminism,* Milton Keynes: Open University Press

Hauben, J.R. (1995) "A Brief History of Cleveland Free-Net", *The Amateur Computerist,* 7, 1. Available online at: www.prometheusonline.de/heureka/kommunikationswissenschaft/monografi

Hauben, M. and Hauben, R. (1997) *Netizens: on the History and Impact of Usenet and the Internet*, Los Alamitos, CA: IEEE Computer Society

Hayles, N. K. (1999) *How We Became Posthuman: virtual bodies in cybernetics, literature, and informatics*, Chicago: University of Chicago Press

Haywood, T. (1995) *Info Rich, Info Poor: Access and Exchange in the Information Society*, New Providence, NJ: Bowker-Saur

Hebdige, D. (1979) *Subculture: the meaning of style*, London: Methuen

Heeks, R. (1999) *Reinventing Government in the Information Age*, London: Routledge

Hertz, N. (2001) *The Silent Takeover: global capitalism and the death of democracy*, London: Heinemann

Hess, D. (1995) "On low-tech cyborgs", in C. Gray (ed.), *The Cyborg Handbook*, London: Routledge

Hill, K. A. and Hughes, J. E. (1998) *Cyberpolitics: Citizen Activism in the Age of the Internet*, Lanham: Rowman & Littlefield

Hutton, W. and Giddens, A. (2000) *On the Edge: Living with Global Capitalism*, London: Jonathan Cape

Indymedia: www.indymedia.org for umbrella site; individual nodes are identified, for example, as follows: seattle.indymedia.org

Ishida, T. and Isbister, K. (eds) (2000) *Digital Cities: Technologies, Experiences and Future Perspectives*, Berlin: Springer-Verlag

Jenkins, H. and Thorburn, D. (eds) (2003) *Democracy and New Media*, Cambridge, MA: MIT Press

Johnson, S. (1997) *Interface Culture: How New Technology Transforms the Way We Create and Communicate,* New York:

HarperCollins

Jordan, B. (1996) *A Theory of Poverty and Social Exclusion*, London: Polity Press

Kaloski, A. (1999) "Bisexuals making out with cyborgs: politics, pleasure, con/fusion", in M. Storr (ed.), *Bisexuality: a critical reader*, London: Routledge

Keck, M. and Sikkink, K. (1988) *Activists Beyond Borders: Advocacy Networks in International Politics*, Ithaca, NY: Cornell University Press

Keeble, L. and Loader, B. (2001) *Community Informatics: Shaping Computer-Mediated Social Relations*, London: Routledge

Kellner, D. (1995) "Mapping the Present from the Future: From Baudrillard to Cyberpunk", in A. D. Kellner (ed.), *Media Culture: cultural studies, identity and politics between the modern and the postmodern*, London: Routledge

Kember, S. (1999) "NITs and NRTs: medical science and the Frankenstein factor", in Cutting Edge (eds), *Desire By Design: bodies, territories and new technologies*, London: I. B. Tauris

Kendall, L. (1996) "MUDder? I hardly know 'er! Adventures of a feminist MUDder", in L. Cherney and E. Reba Weise (eds), *Wired Women: gender and new realities in cyberspace*, Seattle: Bay Press

Kennedy, T. L. M. (2000) "An exploratory study of feminist experiences in cyberspace", *Cyberpsychology and Behavior*, 3 (5):707–719

Kent, S. L. (2001) *The Ultimate History of Video Games*, Roseville, CA: Prima

Kernan, J. (ed.) (1991) *Retrofitting Blade Runner*, Bowling Green,

OH: Bowling Green State University Popular Press

Kirkup, G. *et al.* (eds) (2000) *The Gendered Cyborg: a reader*, London: Routledge

Klein, N. (2000) *No Logo*, London: Flamingo

Kling, R. (1999) "What Is Social Informatics and Why Does It Matter?", *D-Lib Magazine*, January: www.dlib.org/80/dlib/january/kling/01kling.html

Kneale, J. (2001) "The virtual realities of technology and fiction: reading William Gibson's cyberspace", in M. Crang, P. Crang and J. May (eds), *Virtual Geographies: bodies, space and relations*, London: Routledge

Kubicek, H. and Wagner, R. (2002) "Community Networks in a Generational Perspective: the change of electronic medium within three decades", *Information, Communication and Society*, 5, 3:291–319

Landsberg, A. (2000) "Prosthetic memory: *Total Recall* and *Blade Runner*", in D. Bell and B. Kennedy (eds), *The Cybercultures Reader*, London: Routledge

Lane, F. (2000) *Obscene Profits: the entrepreneurs of pornography in the cyber age*, London: Routledge

Lash, S. (2002) *Critique of Information*, London: Sage

Lawrence, S. and Giles, C. (1999) "Accessibility of information on the web", *Nature*, 8, July:107–109

Lee, J. Y. (1996) "Charting the codes of cyberspace: a rhetoric of electronic mail", in L. Strate, R. Jacobson and S. Gibson (eds), *Communication and Cyberspace: social interaction in an electronic environment*, Cresskill, NJ: Hampton Press

Leebaert, D. (ed.) (1999) *The Future of the Electronic Marketplace*,

London: MIT Press

Leuf, B. and Cunningham, W. (2001) *The Wiki Way: Collaboration and Sharing on the Internet*, Boston: Addison-Wesley

Levi, A. (1996) *Samurai from Outer Space: understanding Japanese animation*, Chicago: Open Court

Loader, B. D. (1997) *The Governance of Cyberspace: politics, technology and global restructuring*, London: Routledge

——(ed.) (1998) *Cyberspace Divide: Equality, Agency and Policy in the Information Society*, London: Routledge

Lovink, G. and Riemens, P. (2003) "The Rise and Fall of Amsterdam's Digital City", in D. Schuler and P. Day (eds), *Shaping the Network Society: The New Role of Civil Society in Cyberspace*, Cambridge, MA: MIT Press

Ludwig, M. (1996a) "Introduction to *The Little Black Book of Computer Viruses*", in L. H. Leeson (ed.), *Clicking In: hot links to a digital culture*, Seattle: Bay Press

——(1996b) "Virtual catastrophe: will self-reproducing software rule the world?", in L. H. Leeson (ed.), *Clicking In: hot links to a digital culture,* Seattle: Bay Press

Lupton, D. (1994) "Panic computing: the viral metaphor and computer technology", *Cultural Studies*, 8:556–568.

——(2000) "The embodied computer/user", in D. Bell and B. Kennedy (eds), *The Cybercultures Reader*, London: Routledge

Lusted, M. A. (2011) *Mark Zuckerberg: Facebook Creator: Facebook Creator*, ABDO

Lyon, D. (1994) *The Electronic Eye: the rise of surveillance society,* Cambridge: Polity Press

McCaffrey, L. (ed.) (1991) *Storming the Reality Studio: A Casebook of Cyberpunk and Postmodern Fiction,* London: Duke University Press

Machlup, F. (1962) *The Production and Distribution of Knowledge in the United States*, Princeton, NJ: Princeton University Press

MacKenzie, D. and Wajcman, J. (eds) (1999) *The Social Shaping of Technology*, 2nd edn, Milton Keynes: Open University Press

McLaughlin, M. and Sheizaf, R. (eds) (1998) *Network and Netplay: Virtual Groups on the Internet*, Cambridge, MA: MIT Press

McLaughlin, M., Osborne, K. and Smith, C. (1995) "Standards of conduct on Usenet", in S.Jones (ed.), *Cybersociety: computer-mediated communication and community*, London: Sage

Margetts, H. (1999) *Information Technology in Government: Britain and America*, London and New York: Routledge

Marsden, C. T. (2000) *Regulating the Global Information Society,* London: Routledge

Martinez, D. (ed.) (1996) *The Worlds of Japanese Popular Culture,* Cambridge: Cambridge University Press

Miller, D. (2000) "The fame of Trinis: websites as traps", *Journal of Material Culture*, 5:5–24

Morais, R.C. (1999) "Porn goes public", *Forbes*, 14, June:214–220

Morris, D. (2003) "Globalization and Media Democracy: The Case of the Indymedia", in D. Schuler and P. Day (eds), *Shaping the Network Society: The New Role of Civil Society in Cyberspace,* Cambridge, MA: MIT Press

Morse, M. (1994) "What do cyborgs eat? Oral logic in an information society", in G. Bender and T. Druckrey (eds), *Culture on the Brink: ideologies of technology*, Seattle: Bay Press

Muncer, S. *et al.* (2000a) "Births, deaths, sex and marriage …but very few presents? A case study of social support in cyberspace", *Critical Public Health*, 10, 1:1–18

——(2000b) "Form and structure of newsgroups giving social support: A network approach", *Cyberpsychology and Behavior*, 3 (6), 1017–1029

Murphie, A. and Potts, J. (2003) *Culture and Technology,* Basingstoke: Palgrave

Nakamura, L. (2000) "'Where do you want to go today?' Cybernetic tourism, the internet, and transnationality", in B. Kolko, L. Nakamura and G. Rodman (eds), *Race in Cyberspace*, London: Routledge

——(2002) *Cybertypes: race, ethnicity, and identity on the internet*, London: Routledge

Negroponte, N. (1995) *Being Digital*, London: Hodder & Stoughton

Nielsen, J. (2000) *Designing Web Usability: The Practice of Simplicity,* Indianapolis: New Riders Publishing

NTIA (National Telecommunications and Information Administration) (1993) *The National Information Infrastructure: Agenda for Action*, September

——(1999) *Falling Through the Net: Defining the Digital Divide*, Washington, DC: U.S. Department of Commerce: www.ntia.doc.gov/ntiahome/fttn99/contents.html

Oehlert, M. (2000) "From Captain America to Wolverine: cyborgs in comic books: alternative images of cybernetic heroes and villains", in D. Bell and B. Kennedy (eds), *The Cybercultures Reader*, London: Routledge

Ostrom, E. (1991) *Governing the Commons: The Evolution of Institutions for Collective Action*, Cambridge: Cambridge

University Press

Pierson, M. (1999) "CGI in Hollywood science-fiction cinema 1989–95: the wonder years", *Screen*, 40:158–176

Pilger, J. (2003) *The New Rulers of the World*, New York: Verso

Plant, S. (1997) *Zeros and Ones: digital women and the new technoculture,* London: Fourth Estate

——(2000) "On the matrix: cyberfeminist simulations", in D. Bell and B. Kennedy (eds), *The Cybercultures Reader*, London: Routledge

Pleace, N. *et al.* (2000) "On-line with the Friends of Bill W: problem drinkers, the Internet and self help", *Sociological Research On-Line*: www.socresonline.org.uk/5/2/pleace.html

——(2001) "A safety net? Some reflections on the emergence of virtual social support", in L. Keeble and B. Loader (eds), *Community Informatics: Computer Mediated Social Networks*, London: Routledge

Polikanov, D. and Abramova, I. (2003) "Africa and ICTs: A chance for breakthrough", *Information, Communication and Society*, 6, 1:42–56

Poole, S. (2000) *Trigger Happy*, London: Fourth Estate

Porat, M. U. (1977) *The Information Economy: Definition and Measurement,* Washington DC: U.S. Department of Commerce

Porter, D. (ed.) (1997) *Internet Culture*, London: Routledge

Poster, M. (1995) *The Second Media Age*, Cambridge: Polity Press

Prensky, M. (2009) "H. Sapiens Digital: From Digital Immigrants and Digital Natives to Digital Wisdom", *Innovate: Journal of Online Education*, Vol. 5, Iss. 3, Article 1.

Purcell, D. and Kodras, J. E. (2001) "Information Technologies and Representational Spaces at the Outposts of the Global Political Economy: Redrawing the Balkan image of Slovenia", *Information, Communication and Society*, 4, 3:341–369

Putnam, R. (2000) *Bowling Alone: the collapse and revival of American community*, New York: Simon & Schuster

Qvortrup, L. (ed.) (1987) *Social Experiments with I.T. and the Challenges of Innovation*, Copenhagen: Kluwer

Raymond, E. (1999) *The Cathedral and the Bazaar*, Sebastopol, CA: O'Reilly-Doug

Reich, R. (1992) *The Work of Nations: Preparing ourselves for 21st century capitalism*, New York: Vintage

Reid, E. M. (1996) "Informed Consent in the Study of On-Line Communities: A Reflection on the Effects of Computer Mediated Social Research", *Information Society*, 12, 2:169–174

Reinicke, W. H. (1999/2000) "The Other World Wide Web: Global Public *Policy Networks*", *Foreign Policy*, Winter: 127–139

Rheingold, H. (1991) *Virtual Reality*, New York: Summit

——(1993) *The Virtual Community: Homesteading on the Electronic Frontier*, available online at www.rheingold.com/book

——(1994) *The Virtual Community*, London: Seeker and Warburg

Roberts, L. and Parks, M. (1999) "The social geography of gender-switching in virtual environments and the internet", *Information, Communication and Society*, 2: 521–540

Robins, K. (1995) "Cyberspace and the world we live in", *Body and Society*, 1, 3–4: 135–155

Robinson, S. (2003) "Rethinking Telecenters: Microbanks and Remittance Flows—Reflections from Mexico", in D. Schuler and P. Day (eds), *Shaping the Network Society: The New Role of*

Civil Society in Cyberspace, Cambridge, MA: MIT Press

Roe, K. and Muijs, D. (1998) "Children and computer games—A profile of the heavy user", *European Journal of Communication*, 13 (2): 181–200

Rony, E. and Rony, P. (1998) *The Domain Name Handbook: high stakes and strategies in Cyberspace*, New York: R and D Books

Ross, A. (2000) "Hacking away at the counterculture", in D. Bell and B. Kennedy (eds), *The Cybercultures Reader*, London: Routledge

Sammon, P. (1997) *Future Noir: The Making of Blade Runner*, London: Orion

Sandoval, C. (2000) "New sciences: cyborg feminism and the methodology of the oppressed", in D. Bell and B. Kennedy (eds), *The Cybercultures Reader*, London: Routledge

Schiller, H. (1989) *Culture Inc.: The Corporate Takeover of Public Expression,* New York: Oxford University Press

Schuler, D. (1996) *New Community Networks: Wired for Change*, New York: ACM Press

Schuler, D. and Day, P. (eds) (2003) *Shaping the Network Society: The New Role of Civil Society in Cyberspace*, Cambridge, MA: MIT Press

Shortis, T. (2001) *The Language of ICT*, London: Routledge

Smith, M. A. and Kollock, P. (eds) (1999) *Communities in Cyberspace,* London: Routledge

Springer, C. (1999) "Psycho-cybernetics in films of the 1990s", in A. Kuhn (ed.), *Alien Zone II*, London: Verso

Squires, J. (2000) "Fabulous feminist futures and the lure of cyberculture", in D. Bell and B. Kennedy (eds), *The*

Cybercultures Reader, London: Routledge

Stallabrass, J. (1999) "The ideal city and the virtual hive: modernism and emergent order in computer culture", in J. Downey and J. McGuigan (eds), *Technocities: the culture and political economy of the digital revolution,* London: Sage

Stelarc (2000) "From psycho-body to cyber-systems: images as post-human entities", in D. Bell and B. Kennedy (eds), *The Cybercultures Reader*, London: Routledge

Stephenson, N. (1992) *Snow Crash*, London: Roc

——(1995) *The Diamond Age*, New York: Bantam

Sterling, B. (1994) *The Hacker Crackdown*, Harmondsworth: Penguin

Stone, A. R. (1995) *The War of Desire and Technology at the Close of the Mechanical Age*, Cambridge, MA: MIT Press

Stork, D. (ed.) (1998) *HAL's Legacy: 2001's Computer as Dream and Reality,* Cambridge, MA: MIT Press

Tanabe, M., van den Besselaar, P. and Ishida, T. (eds) (2002) *Digital Cities II: Computational and Sociological Approaches*, Berlin: Springer-Verlag

Taylor, P. (1999) *Hackers: crime in the digital sublime*, London: Routledge

Terranova, T. (2000) "Post-human unbounded: artificial evolution and high-tech subcultures", in D. Bell and B. Kennedy (eds), *The Cybercultures Reader*, London: Routledge

Thomas, D. and Loader, B. D. (eds) (2000) *Cybercrime: law enforcement, security and surveillance in the information age*, London: Routledge

Tomas, D. (2000) "The technophilic body: on technicity in William

Gibson's cyborg culture", in D. Bell and B. Kennedy (eds), *The Cybercultures Reader*, London: Routledge

Turkle, S. (1997) *Life on the Screen: identity in the age of the internet*, London: Phoenix

——(1999) "What are we thinking about when we are thinking about computers?", in M. Biagiloi (ed.), *The Science Studies Reader*, London: Routledge

Van den Besselaar, P. (2001) "E-community versus e-commerce: the rise and decline of Amsterdam Digital City", *AI and Society: the Journal of Human-centred Systems and Machine Intelligence*, 1:280–288

Wajcman, J. (1991) *Feminism Confronts Technology*, Cambridge: Polity Press

Wakeford, N. (2000) "Cyberqueer", in D. Bell and B. Kennedy (eds), *The Cybercultures Reader*, London: Routledge

Waldby, C. (2000) *The Visible Human Project: informatic bodies and posthuman science*, London: Routledge

Ward, K. (2000) "A cyber-ethnographic analysis of the impact of the internet on community, feminism and gendered relations", unpublished PhD thesis, Staffordshire University

Wark, M. (1999) "The Matrix: Keanu lost in Plato's Cave", *Cybersociety:* www.unn.ac.uk/cybersociety

Web Accessibility Initiative: www.w3c.org/WAI

Webster, F. (ed.) (2001) *Culture and Politics in the Information Age: a new politics?*, London: Routledge

——(2002) *Theories of the Information Society*, 2nd edn, London: Routledge

Webster, F. and Robins, K. (1998) "The iron cage of the information society", *Information, Communication and Society*, 1:1:23–45

Weizenbaum, J. (1976) *Computer Power and Human Reason*, San Francisco, CA: W. H. Freeman

Wellman, B. and Gulia, M. (1999) "Virtual communities as communities: Net surfers don't ride alone", in M. A. Smith and P. Kollock (eds), *Communities in Cyberspace*, London: Routledge

Wellman, B. *et al.* (2001) "Does the internet increase, decrease, or supplement social capital? Social networks, participation, and community commitment", *American Behavioral Scientist*, 45, 3:436–455

Whittle, S. (2001) "The trans-cyberian mail way", in R. Holliday and J. Hassard (eds), *Contested Bodies*, London: Routledge

Williams, A. (2000) *Digital Libraries*, Cambridge, MA: MIT Press

Wilson, R. (1995) "Cyber(body)parts: prosthetic consciousness", *Body and Society*, 1:239–259

Wilson, S. (2003) *Information Arts: Intersections of Art, Science, and Technology*, Cambridge, MA: MIT Press

Winner, L. (1997) "Cyberlibertarian myths and the prospects for community", *Computers and Society*, 27:3, September: 14–19.

Zizek, S. (1999) "The Matrix, or, the two sides of perversion", *Cybersociety* : www.unn.ac.uk/cybersociety

译后记

　　根据维基百科的解释，本书关键词"赛博朋克"包含了两层含义。第一层含义为"控制论"（Cybernetics），指的是与控制系统的结构原理及其所产生的影响相关的学科性研究；第二层含义为"朋克"，指的是一种以20世纪70年代的音乐派别为起源，并在随后蔓延至影视、服装、游戏与个人意识等多个方面的非主流文化风格。"赛博文化"即一种以"赛博朋克"为核心所产生出的文化，它以新媒体技术为开端，以信息技术发展下日新月异的计算机科学技术与人之间的关系为终点。"高科技与低生活"（"High Tech & Low Life"）这对存在于赛博朋克作品中的核心矛盾使赛博文化被覆盖上一层悲剧色彩。一系列与身份角色、意识形态、科学技术和社会结构等方面相关的问题随之出现了：随着机械控制理论和自动化技术的发展，"人"的被动状态逐渐凸显；随着制造业和社会分工精细程度的逐渐加深，机器与人类在被碎片化的过程中一同走向被解构的命运；随着人工智能算法与人类意识之间挤压力的加剧，和自由主义与创新意识一同爆发的是无政府主义与反乌托邦思想……

　　赛博文化究竟是什么？赛博文化又意味着什么？对于第一个问题，本书并未且无法给出明确答案。作为政治、经济、时代和社会等多重力量作用下的产物，永远处在"被塑造"的动态过程中的"文化"无法被人们从任何一个特定角度窥见全貌。相信随着网络技术的发展和文化世界复杂程度的加深，这一问题会在不同群体、社会环境和时代语境下呈现出不同的答案。第一个问题的复杂性在无形中为第二个问题提供了广泛的解读空间。译者将结合自身在本书翻译过程之中所收获的思考和体验，尝试从以下三个方面谈谈自己所理解的、一种具有"边界"意味的赛博文化。

一、人人边界

基于个体生命异质性特点，人与人之间的边界一直存在。从古至今，通过地域、阶级等划分标准，这种"边界"获得了不同的体现形式。到了今天，交通工具和通信技术的发展以及全球化趋势的加强在很大程度上缩短了世界各地之间的空间距离，人与人之间的地域边界因此不再分明。从客观上来看，部分社会意识形态中人与人之间的阶级边界也不再明显。随着经济的发展，区域文化形态逐渐由封闭走向开放；随着产业分配的全球化趋势进一步扩展，区域内外文化、新旧文化的不断碰撞也在文化语境熏陶下在人与人之间所形成的种族、民族和社会习俗等边界处敲开了一条条裂缝。基于以上种种客观事实，当今世界似乎真的从分散而杂乱的原始形态一步步迈向一个统一而致密的"地球村"。

事实当然远非如此。原因就在于除上述种种"作为形态的边界"之外，"作为意识的边界"的地位是难以被撼动的。根据学者杨宜音在《自我与他人：四种关于自我边界的社会心理学研究述要》中的归纳总结，作为"自我意识"的边界往往拥有以下几种表现形式：从自我动机层面出发，可分别得到获得社会赞许所造就的"公我"（public self）、实现个人成就所造就的"私我"（private self）和达成群体要求所造就的"群体我"（collective self）；从"自我"与"非我"的边界性质出发，可以得到边界清晰、强调个人控制属性和排他性的"自足式自我的个体主义"（self-contained individualism）和边界模糊、强调场域控制个人和包容性的"包容式个体主义"（inclusive individualism）；从处在文化语境熏陶下的"个人"

概念出发，可得到自我知觉多来自于自我特性的"独立型自我"（independent self）和自我知觉多来自于人际关系的"互赖型自我"（interdependent self）。①可以发现，以上对于"个体边界"的不同界定虽存在着由文化背景、边界程度等因素所导致的差异，但它们都不约而同地指向了一个事实：尽管根据马克思的学说，"人"可以被解读为"社会关系的总和"，但人仍需要独立于外界的心灵空间。该空间的边界以发生在人与社会之间的能量互换为存在基础；受人生经历、性格特质等多方面因素影响，该边界又呈现出相对稳定的动态状态。这是一层"双面"的边界，处在"边界状态"下的个体生命借此在确保个人身份、尊严、自由和权责的前提下往返于"自身之内"与"自身之外"两个世界，既"出世"又"入世"，既被他人同化又不丧失本我。可以说，适当的"个人边界"成就了人的完整性。

随着互联网技术的发展，赛博文化似乎打破了人正常的"边界状态"，在原有边界的基础上又施加了一道另外的藩篱。换而言之，在当今社会，由赛博文化语境所带来的、以网络社区和流量平台为社交场域的新型社交模式产生了人与人之间的边界问题。从个人角度来讲，如雨后春笋般层出不穷的各大网络平台为广大互联网使用群体提供了多个发声场所，使他们的社交场所从唯一的"现实"中解脱出来。与众多拥有不同特点的互联网产品相伴随的是其鲜明的功能性，这就导致互联网用户们将在不同平台刻意营造不同的社交形象，最终使"一人多面"的社交状态成为常态。当线上接触开始挤占线下社交的存在空间，基于线上用户较低的"伪装成本"，"'片面的自己'接触'片面的他人'"现象将成为一个未解之结。从群体角度来讲，互联网参与下出现在人与人之间的"双重边界"也可能导致"边缘型人格"

---

① 杨宜音：《自我与他人：四种关于自我边界的社会心理学研究述要》，《心理学动态》，1999(03)，第58—62页。

的出现。作为"数字土著"的衍生概念,"数字难民"由马克·普伦斯基首度提出于其所发表文章《数字土著与数字移民》中,它指的是与卢德分子一样拒绝学习使用数字产品的族群。"御宅族"这一概念则更具有医学色彩,指的是那些对科学或信息通信技术感兴趣,而在交友和建立性关系方面比较失败的、具有社交偏差的强迫症群体。这两类人皆是互联网世界极端状态下的病态产物,其共同特点是离群索居,因缺乏社交能力而自愿或被迫生活在自己的"孤岛"上。可以发现,作为一种"边界"的赛博文化氛围在一定程度上对人类边界意识造成了破坏;从社会和伦理层面上看,这种入侵使或广义或狭义或短暂或持久或主动或被迫的"非健全互联网用户"的出现成为可能。

二、人机边界

作为赛博文化的重要标志,唐娜·哈拉维首次对赛博格进行了定义:"赛博格是一种控制生物体,一种机器和生物体的混合,一种社会现实的生物,也是一种科幻小说式的生物。""赛博格"一词指一种有机生命与赛博技术的混合状态。根据概念本身和部分影视作品(如《终结者》《攻壳机动队》等)对赛博格形态的表现,皮肤——这一人类身体与外部世界的边界,因机械的插入而遭到突破,"人"也因此成为"半人半机"。回顾这类影视作品,可以发现其中蕴含着大量关于赛博格"身份"的讨论——是机器得到了思想,还是人失去了完整性?是机器入侵了人,还是人融入了机器?肉体的替换与思想的更迭之间又有着怎样的关系?

针对这个问题,哈拉维曾无不夸张地指出,佩戴眼镜甚至其他医疗器械者在一定程度上也是赛博格,是属于后人类范畴的存在。这一说法扩大了赛博格群体范围,即无须穿破皮肤,只需人机"相触"并达成双向或单向的辅助关系,就可以被视为赛博格。海德格尔则从更为抽象的角度丰富了这一问题。他曾提出

"储备物"概念：人不得不"受命"去无止境地开发、发掘、剥削、掠夺自然，甚至人自身也被当作臣服于技术的所谓"备料""人力资料""人才"。人的人性和物的物性一样，融合为可算计的（市场）价值。人彻底忘记了他自身的"存在"……总之，技术的任何一种形态无时不在纠缠人、压榨人。"人的生存空间越来越狭窄"，而人又情不自禁地把自己的一切都交付给技术。[①]举个具体例子，随着大工厂制度下流水线生产技术的日益成熟和社会分工的愈发细化，自觉成为维持城市机器运转的一枚小小的"螺丝钉"所带来的虚无感已经成为现代人类焦虑情绪的重要来源之一。当劳动者失掉劳动产品的所有权，并逐渐在劳动过程中失去自我时，劳动者的异化状态出现了。不可否认，异化状态下的劳动者与机械插入状态下的人是极其类似的。

从沦为工厂零件的流水线工人到依靠医疗器械维持生命体征的重症患者，从戴眼镜的学生到人脑中内置夜视芯片的"半人半机"，可以发现存在于人机之间的边界从来都并不明确，人机之间的暧昧关系也从未得到厘清。赛博格的出现对于人机边界的意义并不在于它带来了人机边界问题，而在于它打破了人机结合的必要性，使人机结合的愿景从"不装不行"升级为"装了更好"，进而使一系列与消费力、公平性和安全性相关的问题浮出水面；此外，还在于借助影视作品中血淋淋的安装场景和赛博格实体观感为观者带来的恐怖谷心理效应等要素的放大作用。因此，赛博格的出现使人们首次开始正式审视"人类"与"非人"——不仅包括机械，还包括动物、植物和微生物——之间的关系。在去中心主义和解构思想浪潮作用下，机械或许无法再屈尊于人类的助手位置，从始至终一直存在的人机边界问题也将因此成为一颗埋在人类身份认同之路上的雷。

---

① Heidegger, *Holzwege*, Klostermann, 1950. 李智：《海德格尔对"现代性"的批判》，《厦门大学学报（哲学社会科学版）》，2000年03期，第96-102页。

三、真假边界

21世纪初期,由美国国家医学图书馆牵头发起的"可视人项目"实现了人体全身数据化。以此为开端,百分之百意义上的"数字人类"成为现实。截至今日,个人身份信息的线上存储、编辑和识别技术早已成熟并得到普及,无须接触对方就能改写甚至抹杀其身份的行为不再是天方夜谭。不仅如此,虚拟现实技术的发展扰乱了视觉符码的原本形态,虚拟现实触觉感知技术的进步更是使眼前的"景观"变得亦真亦幻。以照相术为肇始,现代乃至后现代的视觉发生机制带来场景的切换、闪回和景观的重叠、堆砌。从数字人类步入数字世界的那一刻开始,一个与现实世界相对立的虚拟符号世界就诞生了。"人工指涉物在符号系统中复活了;符号是一种比意义具有更大影响力的物质。"[1]符号真实完美地替代了事件真实,"真实"的原始概念在大量视觉符号的扭曲和稀释作用下沦为虚无,最终成为一片"真实的荒漠"。

逐渐模糊的虚实边界带来了真假边界不确定的问题。唐·伊德在《技术中的身体》(*Bodies in Technology*)一书中通过表述作为"第三身体"的技术贯穿"主动身体"(Active Body,即被本我所建构的情感身体)和"被动身体"(Passive Body,即被社会所建构的道德身体)的过程[2],向读者呈现出一种或可被命名为"数字肉身"的状态:借助赛博技术的媒介作用,梅洛·庞蒂所定义的具备触觉、情绪和经验等"感受性"特质的"主动身体"与"被动身体"之间实际上是处在一种"准具身"状态之

---

[1] 让·鲍德里亚:《仿真与拟象》(马海良译),节选自《后现代性的哲学话语——从福柯到赛义德》,汪民安、陈永国、马海良主编,杭州:浙江人民出版社2001年,第330页。

[2] Ihde D., *Bodies in technology*, University of Minnesota Press, 2002. 刘铮:《虚拟现实不具身吗?——以唐·伊德〈技术中的身体〉为例》,《科学技术哲学研究》,2019,36(01),第88—93页。

下；现实世界与赛博世界的交叠部分取代了"自我"与"客观世界"二者之间的"褶皱"，存在于这一"第三世界"中的行为主体将能够模糊真假边界。

尽管这一说法曾被批判为"自相矛盾"，但无可否认的是它并不缺乏现实意义。随着计算机技术的发展和人工智能水平的提升，作为身份标识的个人信息面临着由过度收集和过度泄露所带来的双重风险，这为虚拟世界中行为主体的身份偷换提供了便利。此外，在"临场感"问题方面，以浸入式虚拟现实设备为例，它们在构建虚拟视觉场景的同时，能够通过欺骗现实世界行为主体的各处感官来为他们制造虚幻的临场感。就个人而言，尽管其现实实体并未因此发生丝毫改变，但发生在思维层面上的经历和该经历所带来的改变却是真实存在的。倘若该人的现实行为将从此被虚拟场景对思维所造成的影响所影响，当这一迭代过程的第一块多米诺骨牌被推倒，这个作为思维肉体的统一体而存在的人也将成为虚与实、真与假的融合和分裂下的产物。

赛博文化的含义广而又广，技术和文化的发展也在不断将其丰富。针对存在于赛博文化世界中的种种矛盾，在"赛博技术"与"人类问题"之间从来都不存在简单的双向箭头，赛博文化的"边界"意义也只是其众多意义中的一个小小的分支。与其说是赛博文化带来了种种边界，不如说种种边界因它而得到凸显。分析赛博文化的"边界"意味，目的在于试图捕捉赛博文化与人类碰撞过程中出现的小火花，为个人与社会、人类与机器、虚拟与真实等对立性问题的解决提供启发。

从一定程度上来讲，计算机科学技术仅仅是作为导火索点燃了这场赛博文化的狂欢。换而言之，想要对"赛博文化"进行全面了解，仅从技术单一角度入手是不够的。基于此，本书以互联网用户和计算机领域相关人士为主要读者群体，借助字典格式围绕"计算机""网络"等关键词给出了一系列涉及"赛博文化"

内涵或外延的关键概念，试图为赛博文化研究者与爱好者们提供一份全面的概念指南。本书原作成书于2004年，译文完成于2019年。横亘在中间的将近十五年时间在日新月异的互联网通信技术发展下显得无比漫长，这不仅使书中的部分早已被淘汰的概念（如"拓麻歌子"）在当今时代中显得格格不入；受成书时间的局限，亦有一定量的赛博文化重要概念（如"区块链"）并未被收入原作。在这里需要说明的是，针对前一部分内容，尽管它们放在今天已经是有些"落伍"的概念，但纵观整个赛博文化发展历史，却仍不失为经典的瞬间。因此，译者将充分尊重原作者的选择和表述，将这一部分概念尽量还原。针对后一部分概念，译者选择个人认为比较重要的十余个概念，依照原作格式在书中呈现出来。此外，对于原作中的一些语焉不详或信息缺失之处，译者也以"译者注"的形式对这部分内容进行呈现。

在此，我要向我的研究生导师曾军教授表示感谢，感谢他给予我此次翻译机会；向我的研究生师姐段似膺表示感谢，感谢她在翻译过程中为我提供的帮助。最后，重提原作者在本书"引言"中的话："我们的目的在于抛砖引玉"，愿这本书能够为对赛博文化感兴趣的您提供帮助。

2019年2月